古代歷史文化研究輯刊

八 編

王明蓀 主編

第18冊

近代西北經濟地理格局的變遷
（1850～1950）

樊如森 著

國家圖書館出版品預行編目資料

近代西北經濟地理格局的變遷（1850～1950）／樊如森 著——
初版 — 新北市：花木蘭文化出版社，2012〔民 101〕
目 4+222 面；19×26 公分
（古代歷史文化研究輯刊 八編；第 18 冊）
ISBN：978-986-254-978-0（精裝）
1. 經濟地理　2. 經濟發展　3. 中國
618　　　　　　　　　　　　　　　　　　　101014975

ISBN-978-986-254-978-0

9 789862 549780

古代歷史文化研究輯刊
八　編　第十八冊　　　　　　　ISBN：978-986-254-978-0

近代西北經濟地理格局的變遷（1850～1950）

作　　者　樊如森
主　　編　王明蓀
總 編 輯　杜潔祥
出　　版　花木蘭文化出版社
發 行 所　花木蘭文化出版社
發 行 人　高小娟
聯絡地址　新北市永和區中正路五九五號七樓
　　　　　電話：02-2923-1455／傳真：02-2923-1452
網　　址　http://www.huamulan.tw 信箱 sut81518@gmail.com
印　　刷　普羅文化出版廣告事業
初　　版　2012 年 9 月
定　　價　八編 22 冊（精裝）新台幣 35,000 元

近代西北經濟地理格局的變遷
（1850～1950）

樊如森　著

作者簡介

樊如森，山東鄆城人，出生於陝西黃龍，歷史學博士。現任復旦大學中國歷史地理研究所副教授，復旦大學長三角港口發展研究中心研究員。曾任日本學習院大學文學部客員研究員，關西大學文化交涉學教育研究中心訪問研究員。主要從事中國歷史經濟地理、長三角與環渤海經濟比較、中外經濟交流等研究。已經出版的學術著作，包括《天津與北方經濟現代化（1860～1937）》（個人專著，2007年），《港口——腹地與北方的經濟變遷（1840～1949）》（第二作者，2011年），《近代華北與蒙古高原經濟地理》（個人專著，2012年），學術論文40餘篇。

提　要

　　本書作者選取1850～1950年這一促使中國發生「亙古未有之大變局」的歷史時期，關注於包括蒙古高原、天山南北和陝甘高原在內的遼闊地域，通過自己多年的潛心研究和實證分析，以歷史地理學的獨特時空間視角，多維度，多層面地綜合考察了近代百餘年間，西北地區在政策環境、市場格局、交通網絡、生態環境、區際聯繫等方面的經濟地理格局變遷問題。該書資料翔實，圖表規範，數據完備，論證嚴密，是深入學習和研究近代西北經濟發展進程的有益參考。

緒　論

本章主要闡述與本書相關的基本歷史經濟地理概念、學術研究狀況、主要內容框架等問題，以便於讀者能對全書內容有一個整體和概括性的把握。

第一節　基本歷史經濟地理概念的學術界定

本書涉及到的基本歷史經濟地理概念有很多，但是最首要和最根本的，莫過於對近代西北空間和時間範圍的學術界定。

一、近代西北的空間範圍

在歷史地理學科看來，由相同文字組成的同一區域地理名詞，在不同的歷史時期內，其空間範圍會很不相同；即便是在同一個歷史時期，同一個區域地理名詞所包含的空間內涵和外延，也會隨著學者們研究任務和劃分標準的不同，而產生很大的差異。近代「西北」，就屬於這樣的區域地理名詞。

這是因為，首先，「空間」本身是一個十分寬泛的概念。一般意義上的空間，原本是指數學的三維立體空間以及有明顯界限的二維平面空間。而隨著學科的不斷發展，現代數學的空間概念，又包括了該學科的抽象空間，如點空間、線空間、面空間、立體空間和多維空間，等等。其次，在對空間概念進行學習、吸收和運用的過程中，數學之外的其他不同學科，如物理學、哲學、地理學等，又都根據自己的理解和需要，進行了迥乎不同的學科演繹。

比如，在地理學看來，空間是指地球表面的一部分，即一種二維的地表空間，可以名之為區域、地表、地方、地區、地帶、領域、景觀等等。如果再在其中加入時間、人的活動等要素，它就形成了一種三維乃至多維的空間

結構。〔註1〕而根據研究對象和研究目的的不同，地理空間又可以再細分爲經濟空間、文化空間、社會空間、生活空間、感知空間、景觀空間等等。而對於每一類空間的研究，又都往往強調空間的構成要素、空間尺度、空間主體、空間過程和空間結構5種最基本的空間屬性。〔註2〕

具體到與本書相關的學術命題，拋開物質、社會層面的空間含義不談，僅經濟層面的空間內容也是相當繁雜的。比如就「西北」的空間範圍來說，它顧名思義，就是相對於中原而言的、地處中國版圖西北部的一片區域。然而，由於歷代中原王朝統治區域的廣狹不一，「西北」的空間指向和幅員大小便有著很大的差異。以清末民國時期的西北爲例，人們雖然認同「西北」這樣一個地理方位，但卻並不完全認同彼此對於「西北」空間範圍的界定。

學術界最早是由誰、在什麼時間給「西北」的空間範圍進行過界定？筆者不敢妄下結論。然而，從對有關西北研究成果的學術史梳理中，卻可以明顯地感覺到，1928年「皇姑屯事件」後，日本軍國主義者加快了對滿蒙地區的侵略，直接造成了中國東北邊疆的嚴重危機，進而引發了中國政府和民間對西北邊疆的憂慮和關注，舉國上下掀起了考察西北、研究西北、保衛西北、建設西北的熱潮。在這樣一種複雜的社會背景之下，學者們對於「西北」空間範圍的界定也就各抒己見，互有短長了。比較有代表性的，是學者村之在文章中所引用的學者防如的定義：「所謂西北，不是一個天成的自然區，也不是一個固定的政治區，只不過指那比較偏於西北的各地而言罷了。拿今天的地圖看起來之大概，包括蒙古、青海、新疆、甘肅、陝西、山西、寧夏、綏遠及察哈爾各省」；〔註3〕蕭啓旗在其稍後的相關定義中，去掉了其中的「察哈爾」和「青海」：「西北有廣意、狹意兩種解釋：狹意的西北，係指潼關以西晉、陝、寧、甘各省；廣意的西北，除包括潼關以西晉、陝、寧、甘各省而外，還要列入綏遠、外蒙古、新疆」；〔註4〕有著較爲廣泛認同的西北五省說，是由楊希堯較早提出的：「所謂西北，即指陝、甘、青、寧、新五省而言也」；〔註5〕黎小蘇同意並沿用了這一提法：「西北範圍，包括陝西、甘肅、寧

〔註1〕 柴彦威等：《中國城市的時空間結構》，第二章“時間地理學理論研究”，北京大學出版社2002年。

〔註2〕 柴彦威：《城市空間》，第2章“城市空間的相關概念”，科學出版社2000年。

〔註3〕 村之：《西北商務衰落之原因及其救濟之方策》，《西北》1929年第10期。

〔註4〕 蕭啓旗：《西北問題研究》，《蘇衡半月刊》1936年第20期。

〔註5〕 楊希堯：《西北經濟概況及開發芻議》，《邊事月刊》1932年第1期。

夏、青海、新疆五省」。〔註6〕

　　從學術研究的視角來看，這些內涵和外延參差不一的「西北」定義，雖然給人們認識和研究西北帶來了一些的不便，但卻均具有一定的合理性，它們共同反映出西北地區自然和人文環境的複雜性和廣博性。

　　在筆者看來，任何自然和人文現象，都有其在時間維度上的演化和在空間維度上的差異；再加上不同學科和不同學者所關注的研究對象和時段、所採用的研究視角和研究方法上的差別，不同學術成果中對同一名詞的定義上出現一些偏差，是很正常和自然的事情，沒有根本上的對錯和優劣之分。

　　有鑒於此，筆者個人在本書中對近代「西北」空間範圍的界定就是，崑崙——秦嶺以北、潼關和山陝邊界黃河大轉彎以西，民國行政建制下的陝西、甘肅、青海、寧夏、新疆、綏遠 6 省和外蒙古地方。〔註7〕1850 年以前，西北占全國陸地面積 1274 萬平方公里的 44%；後來割讓給俄國巴爾喀什湖以東 53 萬平方公里後，依然占到全國陸地面積的 45%（1945 年抗戰勝利之初，西北地區的陝西省面積為 19.5076 萬平方公里，甘肅為 38.0863 萬平方公里，青海為 72.8198 萬平方公里，新疆為 164.1554 萬平方公里，寧夏為 30.2451 萬平方公里，綏遠為 18.3860 萬平方公里，外蒙古為 161.2000 萬平方公里，共計 504.4002 萬平方公里，全國陸地國土面積為 1120.9519 萬平方公里）。〔註8〕西北地區從整體上，又可以劃分為蒙古高原、天山南北、陝甘高原 3 大自然風貌區。這一區域無論是在自然環境還是在人文環境方面，都構成了一個相對獨立的經濟地理單元。

二、近代西北的時間斷限（1850～1950）

1、選擇 1850 年作為時間上限的理由

　　地處北部邊疆的西北地區，特別是被稱為「西域」的天山南北和陰山以北的漠北高原，儘管一直屬於中國的疆域範圍之內，但它卻長期未曾受到中

〔註6〕　黎小蘇：《西北經濟的透視》，《戰幹半月刊》1943 年第 199、200 期合刊。

〔註7〕　綏遠地區在 1913 年以前隸屬於山西省的歸綏道，1913～1928 年 9 月以前為綏遠特別區，由綏遠都統轄之，1928 年 9 月以後劃綏遠特別區及察哈爾的 4 縣置為綏遠省。寧夏地區民國以前一部分隸屬於理藩院所轄的套西兩旗，一部分隸屬於甘肅省的寧夏道，至 1928 年 11 月改設為寧夏省。青海省則是 1928 年 9 月劃甘肅省所屬的西寧道及青海地方轄區所置。

〔註8〕　楊景雄等繪編：《中華民國最新分省地圖》說明部分第 1～2 頁，上海寰澄出版社 1946 年。

原政權的直接有效控制。換句話說，西北地區儘管一直屬於中國，但卻並不一直屬於中原政權。漢、唐、明等中原王朝，雖然也在這裡設置過都護府之類的統治機構，但在實際上僅具備一種象徵和羈縻意義，中原的政治軍事力量並未有效地主導這些地區。西北地區依然牢牢掌控在當地的部族頭領或者地方政權的手中。

滿清定鼎中原以後，曾在康熙、雍正、乾隆年間，數次對控制天山南北和青藏高原部分地區的準噶爾汗國用兵。清軍獲勝後，直接佔領了天山南北、外蒙古高原和青藏高原地區，並在當地設立了常駐的伊犁將軍、烏里雅蘇臺將軍、科布多參贊大臣、庫倫辦事大臣、西寧辦事大臣、駐藏辦事大臣等軍政機構，強化了對西北部邊疆的軍事和政治控制。到了這個時候，也就是 1750 年代清朝完成統一之後，多元一體的中華民族才經過數千年的自然凝聚而最終形成，中國的疆域版圖也隨之達到鼎盛，成為定格後的「歷史時期的中國的範圍」。〔註9〕

與此同時，沙皇俄國的擴張勢力也開始越過烏拉爾山，向東南延展到了中亞和西伯利亞地區，中俄兩國從相距遙遠的國度逐漸變成了世界上最大的兩個鄰國。兩國在經過一系列的軍事衝突、而感到彼此勢均力敵之後，開始通過簽訂條約的形式來確認雙方之間的邊界和其他事務。1689 年《中俄尼布楚條約》和 1727 年《中俄恰克圖條約》，劃定了中俄雙方的東段和中段邊界，並將尼布楚和恰克圖兩地作為雙方商民進行邊境貿易的據點，使中國對外政治和商務關係的處理方式，由朝貢關係時代開始進入條約時代。

1842 年，在第一次鴉片戰爭中受到重挫的清朝中央政府，被迫同英國簽訂了《中英南京條約》，把原來廣州一口對歐美通商的做法，重新擴展到了五口。〔註10〕這樣，歐美國家的商品便可以在通商口岸繳納了 5%的進口稅和

〔註9〕 譚其驤：《歷史上的中國和中國歷代疆域》，《中國邊疆史地研究》1991 年第 1 期。

〔註10〕 1684 清廷從鄭氏政權手中收復臺灣後，廢除了長達 30 年嚴厲海禁，分別在廣州、廈門、寧波、松江（1687 年移到上海）設立了粵、閩、浙、江 4 個海關，負責管理包括歐洲在內的中外貿易。1759 年，由於英國人佛林德不堪廣州商行欺壓而到北京告御狀，致使乾隆皇帝下令關閉了其他 3 個海關對歐洲的貿易（東洋、南洋貿易照舊），規定歐洲人只能在廣州一地進行貿易。第一次鴉片戰爭後“五口通商”的實際意義，就是把原來閩海關的分關福州關升格為一級海關稱閩海關，而把原在廈門的閩海關改稱廈海關，並把限定在廣州一口的對歐貿易，重新擴展到五口而已。清朝在當時的對外開放力度，並沒有

2.5%的內地子口稅之後，藉助於中國商人原有的商品營銷網絡而行銷到包括中國西北在內一些地區。與此同時，俄國商人則依然嚴格按照《恰克圖條約》的規定，在北面的尼布楚和恰克圖兩地進行中俄邊境貿易，並每隔 3 年才能向北京派遣一支低於 200 人、沿途不能銷售、交易不超過 80 天的商隊。

　　除了在中國北部邊境進行的互市貿易之外，中俄兩國民間商人在天山南北地區的商貿活動也由來已久，祇是沒有像北部邊貿那樣嚴格限定在兩國邊界上的塞米巴拉金斯克，而是越過邊境而偷偷進入到中國境內的伊犁、塔爾巴哈臺、喀什噶爾地區，因而引起中俄雙方政府的高度重視。另一方面，俄國政府也深受《中英南京條約》的刺激，準備與清政府簽訂擴大其在華商業利益新的條約。所以自 1846 年開始，俄國政府就通過東正教駐北京使團的首領波利卡爾普，與清朝理藩院交涉增開新疆邊境地區口岸、擴大恰克圖貿易的事宜，被清廷拒絕。直到道光三十年四月初三（1850 年 5 月 4 日），清廷才同意了理藩院的奏議，讓伊犁將軍薩迎阿，通知俄國方面派官員前來商議俄羅斯要求開放伊犁、塔爾巴哈臺作為通商口岸，並訂立通商章程的事宜。此舉成為雙方次年（1851 年）訂立《中俄伊犁塔爾巴哈臺通商章程》，擴大中俄中亞貿易規模的開端。〔註 11〕

　　太平天國和第二次鴉片戰爭期間，俄國人更是趁火打劫，先後迫使實力嚴重受損的清政府，簽訂了《中俄璦琿條約》和《中俄北京條約》，割占了《中俄尼布楚條約》中明確規定的外興安嶺以南、黑龍江以北、烏蘇里江以東 100 萬平方公里的中國領土。並挾其餘威，於同治元年（1862 年）迫使清朝簽訂了《中俄陸路通商章程》，打開了俄國經恰克圖穿越整個蒙古草原抵達天津海口的貿易大通道。1864 年，俄國又強迫清廷簽署了《中俄勘分西北界約記》（又稱《塔城議定書》），將兩國原在巴爾喀什湖東岸塞米巴拉金斯克的邊界線，向東推移到伊犁、塔城一線，使清朝又因此而喪失了 44 萬平方公里的肥沃領土。此後沙俄又通過 1881 年的《中俄伊犁條約》和此後的 5 個勘界議定書，以及 1892 年的軍事佔領，強佔了原屬中國的 9 萬多平方公里國土。俄國在中國西北邊疆的政治和經濟權益，獲得了極度的拓展。

　　如果說鴉片戰爭之前中俄雙方簽署的政治、經濟條約還算平等的話，那麼，

實質性的提升。

〔註 11〕米鎮波：《清代西北邊境地區中俄貿易——從道光朝到宣統朝》，第 49 頁，天津社會科學院出版社 2005 年。

兩次鴉片戰爭之後，雙方新訂立的一系列條約，則是原本血氣方剛的清廷，在內憂外患交相煎迫之下的被動無奈之舉。從此，中國西北對外貿易的天平，開始向俄國嚴重傾斜；當然，此後西北邊疆對外貿易特別是對俄貿易的規模，也空間地擴大了。從這個意義上說，1850 年中俄雙方政府有關中國西北邊貿條約的正式協商，成為近代西北經濟地理格局發生重大變遷的歷史開端。

2、選擇 1950 年作為時間下限的理由

1850 年代以後，中國西北部邊疆的政治、經濟形勢發生了很大的變化。政治上，通過一系列不平等條約和軍事佔領，俄國從這裡掠走了巴爾喀什湖以東、以南原屬清朝的領土 53 萬多平方公里。

清末和民國年間，俄國和蘇聯多次策動漠北蒙古和新疆地區脫離中國而獨立。據時任西北五省建設考察團團長的羅家倫回憶，「西北被蘇俄覬覦已久……我們眼見蘇俄對我國的處心積慮……是年（1944 年——筆者註）秋冬之際俄方已在伊犁發動軍事侵略性的變亂，佔據了沿邊要隘」，〔註 12〕從而引發了遍及伊犁、塔城、阿勒泰廣大地區的「伊寧事變」或稱「三區革命」。臺灣學者 1960 年代的研究結論是，「當時蘇聯不僅支持而且參與了三區革命，它直接影響了三區與國民黨之間的關係；蘇聯企圖通過建立三區臨時政府，介入新疆事務，從而達到吞併新疆的目的」。〔註 13〕大陸學者近 10 年的研究觀點是，「從革命的醞釀、組織、發動武裝鬥爭、三區方面與國民黨中央政府的和平談判、成立省聯合政府，到三區革命匯入全中國人民民主革命的洪流，整個過程都與蘇聯有著密切的關係」；「蘇聯總是積極扶持和支持新疆的親蘇勢力，打擊、反對新疆的反蘇勢力，支持建立受他影響和控制的親蘇政權，以便將新疆納入自己的勢力範圍」。〔註 14〕三區革命的直接國際原因是「蘇聯利用與新疆相鄰的有利條件，在新疆中蘇、中蒙邊界地區施行了一系列不同層次、不同類型、不同規模的侵略性、離間性和顛覆性的活動，以恢復在新疆所獲得的權益和對新疆的巨大影響，進而重新控制新疆」。〔註 15〕

在北方的外蒙古地區，蘇聯分裂中國領土的行徑更加直接而卑劣。1945

〔註 12〕羅家倫：《序言》（一），載《新疆研究》，台北中國邊疆歷史語文學會 1964 年。

〔註 13〕馬合木提‧阿布都外力：《新疆“三區革命”研究綜述》，《新疆社會科學》2009 年第 6 期。

〔註 14〕徐玉圻、頓時春：《蘇聯與新疆三區革命》，《西域研究》1999 年第 3 期。

〔註 15〕曹國芳：《蘇聯與三區革命前夕新疆邊境地區的社會政治局勢》，《北京科技大學學報（社科）》2005 年第 2 期。

年 8 月 14 日，蘇聯強力脅迫重慶國民政府簽訂了《中蘇友好同盟條約》，迫使 161 萬多平方公里的漠北蒙古於 1946 年 1 月 5 日，從中國的版圖上獨立出去，成為蘇聯的唐努烏梁海行省和依附於蘇聯的蒙古人民共和國；1949 年 10 月 16 日，新成立的中華人民共和國政府也被迫承認了外蒙古的獨立現狀。

至此，僅西北地區就有 214 萬多平方公里的中國領土，脫離了祖國母親的懷抱。這是中國西北邊疆政治格局所發生的最重大變化，實在令每個有良知的中國人，痛心疾首！單純從中國主權和領土完整的角度上講，這的確是中國相關執政當局的最大敗筆。

經濟上，一方面，214 萬平方公里領土的逐步淪喪，嚴重地擠壓了西北地區的市場空間和資源佔有量；另一方面，又向世界特別是俄國開放了更多的通商口岸，包括根據 1851 年《中俄伊犁塔爾巴哈臺通商章程》，在今新疆地區開放的伊犁、塔爾巴哈臺（今塔城市）；1861 年，根據《中俄北京續增條約》，開放的喀什噶爾（今喀什市）、外蒙古的庫倫（今蒙古國首都烏蘭巴托）；1881 年，根據《中俄改訂伊犁條約》，開放的迪化（今烏魯木齊市）、吐魯番、哈密、古城（今新疆奇臺縣）、甘肅的肅州（今甘肅酒泉市）、外蒙古的科布多（今屬蒙古國）、烏里雅蘇臺（今蒙古國紮布哈朗特）；1914 年自主開放的歸化（今內蒙古呼和浩特市），1921 年開放的包頭，共 13 個新增的口岸。結果，使得西北地區與國際市場特別是俄國市場的聯繫進一步擴大，給西方列強特別是俄國帶來更多工業原料和商品銷售市場；同時，也在一定程度上刺激和帶動了西北經濟的市場化、外向化和現代化進程。

中華人民共和國成立後，受到蘇聯政府巨大的政治經濟影響，開始在包括西北地區在內的大陸地區，實行國家強力干預的計畫經濟體制。1950 年 1 月，新疆軍區發佈新產字第一號命令，責成全體軍人一律參加當地的生產勞動，為當地經濟建設增添了眾多的勞動人手。同年 3 月，新疆軍區開設了霍爾果斯口岸，辦理對蘇聯的進出口業務，成為中共新政權領導下的第一個對外貿易機構。〔註 16〕這標誌著西北地區的對內經濟發展、特別是對外貿易，進入了一個新的歷史時期。

因此，1950 年，又可以看作西北地區由此前的近代市場經濟，走向新型計畫經濟的歷史轉折點。

〔註 16〕《新疆生產建設兵團大事記》1950 年 1～3 月，"天山網"
http://www.tianshannet.com.cn/GB/channel4/784/200511/09/194290.html

第二節　近代西北經濟發展研究之學術史回顧

　　作爲中國政治版圖重要組成部分的西北地區，其經濟開發問題一直是中外學術界關注的焦點之一，所取得的研究成果也相當豐碩。從成果的形式上看，考察單一問題的期刊論文和論述系列問題的研究著作，均有很大的數量。本處僅以成果的出版年代爲序，簡要回顧和評述那些原創性較強的主要研究著作。單篇論文的價值儘管也很高，但限於本書篇幅只能付之闕如了。

一、清末民國時期的研究著作

　　較早觸及近代西北經濟發展問題的研究著作，當屬清朝道咸年間張穆著、何秋濤校補《蒙古游牧記》，〔註17〕該書以史志體例，分別記述了清代前中期，內蒙古24部、外蒙古4部，以及額魯特蒙古、新舊土爾扈特部的游牧場所、山川地勢、四至八道、歷代尤其是元代以降的區域沿革概況。該書以盟旗爲單位，總敘與分述結合，考證翔實，是研究近代蒙古高原等地牧業經濟的必讀著作。

　　光緒年間姚明輝所編輯《蒙古志》3卷，除對蒙古高原的自然地理狀況和行政區劃進行梳理之外，也對該區域的貿易、物產、交通、財政等經濟內容進行了介紹，足資相關研究參考。

　　1906年，聖彼德堡出版了由俄國駐伊犁塔城領事、旅行家尼·維·鮑戈亞夫連斯基所著《長城外的中國西部地區：其今昔狀況及俄國臣民的地位》，〔註18〕除了對清朝末年新疆地區的自然、歷史、民族、政治、教育、中外關係、民眾生活進行具體介紹外，也詳細敘述了當時當地的城鎮、農業、礦業、工業、貿易、交通、賦稅等經濟內容，成爲研究這一時期新疆經濟狀況的重要參考。

　　進入民國時期以後，蒙古地區的政治危機日趨嚴重，人們對該區域的關注也日趨集中起來。1913年北洋法政學會編譯出版了俄國學者婆茲德奈夜夫著《蒙古及蒙古人》〔註19〕一書，此書是其1892～1893年間，沿著恰克圖——庫倫——烏里雅蘇臺——科布多——庫倫——張家口之線路，游歷考察的筆記，對於瞭解清朝末年蒙古高原的社會經濟狀況，具有重要的參考價值。

〔註17〕張正明、宋舉成點校，同治六年（1867年）刻本，山西人民出版社1991年。
〔註18〕新疆大學外語系俄語教研室翻譯，北京商務印書館1980年。
〔註19〕北洋法政學會1913年。

稍後的清末工科舉人和中華總商會招待委員卓宏謀，鑒於「民國成立，外蒙多事」，遂發憤編著了《最新蒙古鑒》〔註20〕一書，在查閱大量書籍資料和實地調查的基礎上，對內外蒙古地區的自然與人文內容詳加考訂，並專闢「實業」一卷，分類介紹各地農、牧、工、商各產業與交通的發展狀況，以資於該區域的經濟開發和「留心蒙事者之考鏡」，堪稱該時期有關蒙古高原狀況最為詳備的參考文獻。

新疆方面的研究成果，則有林競所著《新疆紀略》，〔註21〕該書正文雖然只有46頁的篇幅，但卻對民國初年的新疆吏治、軍政、財政、外交、教育、司法、種族、交通、實業方面的內容，做了條分縷析的整理，特別是在實業部分，更是系統記述了這一時期新疆的礦業、林業、農業、牧業、工業、商業發展狀況，為研究該時期天山南北經濟的發展，提供了有益參考。

1920年代，東方雜誌社編纂了《蒙古調查記》〔註22〕一書，內容包括王華隆著的「內蒙古人民之生活狀況」，美國人 Boy Chapman Andrews 著、易道尊譯的「庫倫寫眞」，英國人畢蘭勒（Pereira）著、甘永龍譯的「鄂爾多斯遊記」3部分，分別對內外蒙古相關地區的民族、語言、風俗、服飾，以及交易、生計、狩獵、牧畜等社會與經濟內容，進行了實地調查和記錄，對研究 1920 年代初年蒙古經濟的發展狀況，頗有參考價值。

劉虎如編著《外蒙古一瞥》〔註23〕一書，除對外蒙古地區的自然、民族、風俗、交通進行介紹之外，也述及了當地物產的種類、商業貿易情況，以及人民的衣食住行概貌，史料價值亦復明顯。而包羅多編著《外蒙古》〔註24〕一書，第三章「都市與曠野」及第四章「產業」，也有一定的參考作用。

蘇聯學者克拉米息夫著、王正旺譯《中國西北部之經濟狀況》，〔註25〕根據俄國商人和工業家所搜集的大量材料，敘述了中國西部即蒙古、甘肅、新疆地區，1910～1920年代前期十餘年間的進出口貿易狀況、商品種類、交通運輸狀況、自然資源的分佈、工業發展等方面的經濟內容。該書分類條理，邏輯清晰，資料豐富，是研究蒙古高原和甘、新兩省經濟發展不可或缺的原創性著作。

〔註20〕北京西城豐盛胡同四號卓宅發行 1919 年。
〔註21〕日本東京天山學會 1918 年。
〔註22〕上海商務印書館 1923 年。
〔註23〕上海商務印書館 1927 年。
〔註24〕上海昆侖書局 1928 年。
〔註25〕上海商務印書館 1933 年。

這一時期有關西北地區經濟發展的著述，還有督辦運河工程總局編輯處編著《調查河套報告書》，〔註26〕該書以大量的圖、表、原始文獻和實地調查，詳細記載了綏遠和寧夏二省沿黃地區的河道、墾務、渠工、物產、商務、交通等經濟發展狀況，可補該時期二省經濟研究資料的不足。

1931 年「九·一八」事變的爆發，使中國北部邊疆形勢急劇惡化起來，保衛邊疆建設邊疆的呼聲此伏彼起，學術界撰寫的著作和發起的調查也更多了。如馬鶴天著《內外蒙古考察日記》，〔註27〕詳細記述了張掖——額濟納——拜申圖——郭爾班賽恒——三音諾顏汗部——庫倫——買賣城·恰克圖——烏金斯克——庫倫——阿拉善沿線的風土民情、交通物產、市場貿易等方面的內容，與上述婆茲德奈夜夫的考察線路和內容，在時間和空間上，均有很大的互補性。

中國學者杜延年、孫毓鈞編輯《綏遠省實業視察記》，〔註28〕則本著「開發西北富原，供給中外市場之需要」的宗旨，先從空間上分述各縣產業的發展，再以圖表等形式綜述綏遠全省的礦產、農作物畝產量、物價等情況。而賀揚靈著《察綏蒙民經濟的解剖》，〔註29〕運用來自日本研究會和西北問題研究會的豐富資料，採用文字、表格、圖示相結合的方式，敘述了 1930 年代察綏地區農、牧業經濟的地域分佈、生產、貿易和居民的生活狀況。以上 2 本著作，各有特色和側重，均為研究 1930 年代綏遠經濟發展的重要參考。

獨立出版社編撰《我們的外蒙古》，〔註30〕儘管是一個只有 58 頁內容的戰時宣傳冊，但對於外蒙古地區的歷史和現狀，卻也給出了完整的交待，其中第五章「外蒙古的經濟情形」，對於瞭解當時當地的畜牧業、農業、交通和對外貿易狀況，也提供了不少的文字和統計資料。

黃奮生編《蒙藏新志》，〔註31〕以 3 編 16 章 50 萬字的篇幅，參考當時有關蒙藏地區的各種公報、期刊、專著近 800 餘冊，記述了 1929～1936 年間有關內、外蒙古，青海、新疆蒙古，西康、西藏等地的地理位置、行政區劃、氣候地形、都市、人口、風土民情、國家和地方相關法規、政治、黨務、教

〔註26〕北京京華印書局 1923 年。
〔註27〕南京新亞細亞學會 1932 年。
〔註28〕北平萬國道德總會 1933 年。
〔註29〕商務印書館 1935 年。
〔註30〕漢口獨立出版社 1938 年。
〔註31〕廣州中華書局 1938 年。

育、宗教、經濟、交通等諸多層面的內容，為研究該時期西北廣大地區的經濟狀況，提供了系統而豐富的參考信息。

吳紹璘編著《新疆概觀》，〔註32〕共分上、中、下3編19章，上編介紹新疆地區自上古至民國年間的歷史脈絡，下編介紹與新疆有關的人和事，中編從第9至第15章，分別介紹了新疆的自然、種族、交通事業、礦產、物產與實業、經濟概況、社會概況，是研究近代新疆經濟發展的有益參考。特別是第9章第4節之「失地志」，敢言被歷代主政者列為禁區的阿爾泰諾爾烏梁海、哈薩克等10處割讓領土的情況，彰顯出一代良史「秉筆直書」的過人膽識。

蔣軍章編著《新疆經營論》，〔註33〕共4章，扼要介紹了自漢唐至民國年間，中原地區對新疆地區的經營歷史及其所遇到的民族與國際問題，在從國防、移民和礦業3個方面論證了強化對新疆經營的必要性之後，又指出了從邊防、交通、移民、實業、民族關係諸方面，對該區域進行有效治理的基本策略。

譚惕吾著《新疆之交通》，〔註34〕對新疆民國年間省內外的水、陸道路、郵政、電報、航空等傳統和新式交通狀況，進行了細緻的考述。

曾問吾著《中國經營西域史》。〔註35〕則除了歷數歷代中原王朝對西域地區的「治理」方略和成效外，也在中篇第7章和下篇第3章，講述了新疆在清末民國時期的對外貿易和商業發展情況。

卓宏謀根據包（包頭）寧（寧夏府，治今銀川市）鐵路經濟調查隊的考察資料，編著了《包寧鐵路建設與計畫》，〔註36〕分包五（五原）、五磴（磴口）、磴寧3個區段，分別記述了各段的地質、工程和工商業情況。以包頭為例，記述了包頭的商業總況、以及米面業、油糧行業、皮毛業、牲畜業、蒙商業（即專做蒙古高原生意的商行）、雜貨業、貨店業、紙煙煤油業、藥材業、錢當業等方面詳盡的經營情況。儘管由於各種原因，這條鐵路當時並未修築，但作為研究近代該區域經濟發展的學術資料，價值還是非常高的。

傅作霖編著《寧夏省考察記》，〔註37〕對寧夏的自然與人文環境，人口與物產，工商與金融，風俗與民生概況，財政、教育、交通、水利和鹽務現狀，

〔註32〕南京仁聲印書局 1933 年。
〔註33〕南京正中書局 1936 年。
〔註34〕北平禹貢學會 1936 年。
〔註35〕上海商務印書館 1936 年。
〔註36〕北平東城王駙馬胡同卓宅 1933 年。
〔註37〕南京正中書局 1935 年。

以及軍事、政治、禁煙、宗教、建設等問題，均進行了較爲系統的介紹，對於研究 1930 年代前期寧夏地區的經濟發展，有很大參考意義。

青海省政府民政廳編寫的《最近之青海》，〔註 38〕既有公安、吏治、地方自治等政務建設，也有民族與風俗的調查，還有水利與墾殖等方面的經濟內容，可作研究青海經濟的歷史資料。

潘益民編寫的《蘭州之工商業與金融》，〔註 39〕作爲中央銀行小叢書，雖然篇幅不太厚重，但是，卻是對黃河上游最大的工商業中心城市蘭州市場、人口、建築、飲食、燃料、洗浴、娛樂、醫院、交通、新聞等 17 個基本方面，火柴、造幣、印刷、菸草等 6 類工業產業，京貨、雜貨、茶葉、土布、藥材、皮貨、典當、銀錢等 40 種商業，以及甘肅省自民國以來各個銀行的興廢始末和發行紙幣的情況，蘭州近年間的金融和匯款情況等，均做了條分縷析的介紹，是研究蘭州、甘肅、以及甘寧青廣大區域經濟發展的必要資料。

鐵道部業務司商務科編寫的《隴海鐵路甘肅段經濟調查報告書》和《隴海鐵路西蘭線陝西段經濟調查報告書》，〔註 40〕對於隴海鐵路沿線甘肅和陝西部分地區的自然地理狀況、人口、農業與農產、棉業與棉產、礦業與礦產、工業與工業品、輸出入貨物、交通運輸、市場、商業、金融、捐稅狀況，進行了深入細緻的調查和總結，參考價值重大。

許濟航編的《陝西省經濟調查報告》，〔註 41〕綜括了 1930 年代陝西省的自然環境，以及物產、金融、物價、農業、工業、商業、稅收等經濟內容，是考察該區域經濟發展的直接參考資料。

陳言著《陝甘調查記》〔註 42〕上、下兩冊，對於陝西和甘肅兩省的地理、政治、經濟等方面，均進行了比較條理、如實的記述。特別是經濟方面，有關二省農產、礦產、工業、商業、林業、畜牧、金融、農民生活、農村經濟方面的內容，對於考察西部地區東部省份 1930 年代中葉的經濟發展狀況很有價值。

日本學者吉村忠三著、李祖偉譯《外蒙之現勢》，〔註 43〕則根據日本人大

〔註 38〕 南京新亞細亞學會出版科 1934 年。
〔註 39〕 上海商務印書館 1936 年。
〔註 40〕 鐵道部業務司商務科 1935 年。
〔註 41〕 財政部直接稅署經濟研究室 1933 年。
〔註 42〕 北平北方雜誌社 1936 年。
〔註 43〕 上海商務印書館 1937 年。

量實業調查材料，以 11 章的篇幅，對外蒙古地區的政治制度、文化教育、宗教風俗、軍事情況，以及經濟與貿易、實業、工業、交通與通信、都市發展，均做了條理的介紹，也爲研究這一時期外蒙地區經濟發展的重要資料。

美國學者拉鐵摩爾著《中國的亞洲內陸邊疆》〔註 44〕一書，以宏大的歷史、地理視野，綜合考察了包括內外蒙古在內的中國西北部廣大地域的歷史、民族、產業、社會方面的狀況，特別是作者將游牧和農耕時時比對考量的視角和觀點，對於恰當定位蒙古高原經濟的歷史地位，有很強的啓發意義。

整個 1940 年代，由於受日本全面侵華戰爭和中國國內戰亂的巨大衝擊，以及蘇聯對外蒙古的脅持和中國中央政府的壓制，蒙古高原地區的社會、政治、經濟秩序一直處於極度混亂的狀態。受其影響，中國社會各界對蒙古高原社會經濟問題的關注變得越來越單薄起來。較有代表性的著作當屬吳懷冰編著《外蒙古內幕》，〔註 45〕從地理、歷史、政治、經濟、教育、文化、軍事、城市、國際關係的層面，概述了外蒙古地區政治上逐步走向獨立，經濟上不斷髮展的整個歷程。爲瞭解這一地區和中國內地的關係，包括其 1940 年代的經濟狀況提供了一定參考。

楊景雄、李慶成、邱祖謀、盛敘功、葛尚德繪編《中華民國最新分省地圖》，〔註 46〕第 39 圖「蒙古人民共和國」說明部分，以簡明準確的筆觸，概括了外蒙古當時的自然地理、物產、交通、民生和都市，可稍稍彌補該時期相關經濟資料不足的缺憾。同時，在該地圖集的說明部分，也有不少關於西北其他地區如綏遠、寧夏、陝西、甘肅、青海、新疆經濟發展狀況的介紹。

韓清濤編著《今日新疆》，〔註 47〕除介紹 1940 年代初期的新疆自然、政治、交通、教育、衛生、民族狀況外，用較多的篇幅勾勒了北中南各區域的主要城市、畜牧業、種植業、林業、礦業、工業等經濟領域的發展成就，既有文字描述，亦有數據分析，文字通暢而又不失於偏頗，可資參考。

張之毅所著的《新疆之經濟》，〔註 48〕是中央研究院西北科學考察團 1943 年 9 月至次年 1 月對南疆地區實地考察基礎上，綜合其他資料寫成的。全書

〔註 44〕1939 年著，1940 年出版；唐曉峰重新翻譯後，由江蘇人民出版社 2005 年重新出版。
〔註 45〕上海經緯書局 1947 年。
〔註 46〕"說明"部分第 67～69 頁，上海寰澄出版社 1946 年。
〔註 47〕貴陽中央日報總社 1943 年。
〔註 48〕中華書局 1945 年。

分爲地理條件、生產元素、生產組織、價格變動、財政金融、商品貿易、建設意見、附錄 8 章 9 個部分，圖文並茂，數據充分，是研究該時期南疆經濟的重要參考。

呂敢編著《新新疆之建設》，〔註49〕探討了新疆的重要性、建設新新疆的前提、基礎、交通、工礦、農林水利、畜牧等數個與經濟發展相關聯的領域和問題，資料豐富，見解深刻中肯，具有一定的參考價值。

馬凌甫編著《青海調查報告》，〔註50〕是國民政府軍事委員會委員長天水行營組織的西北實業考察團的調查報告之一，內容包括青海之特殊性、青海政治之主要設施、青海人民之主要生業、青海一般物產之調查、建議及總結 5 部分。正文儘管只有 37 頁，限於印刷條件書籍的質量也非常簡陋，但在青海相關資料明顯缺乏的情況下，仍不失爲研究者必顧的淘金之所。

許公武匯編《青海志略》，〔註51〕係在新亞細亞學會委員黎小蘇、丘向魯、朱允明等赴青海實地考察報告的基礎上，整理而成的有關青海歷史、自然、政區、經濟、民族、宗教、風俗等諸多領域的地志全書，其經濟研究方面的參考價值集中在第五章「青海之經濟狀況」，其中對青海之墾務、農產、林業、礦業、牧業、漁業、獵業、工業、商業 9 個產業部門，均有介紹。

王志文編著《甘肅省西南部邊區考察記》，〔註52〕是在實地考察與資料搜集的基礎上，對甘肅省西南部岷縣、臨潭、卓尼、夏河 4 縣局之自然環境、民族宗教、人口分佈、藏民習俗、農業經濟、林牧現狀、工業發展、商業金融等方面的分類白描，並從工作人員素質、事業成效、民眾基礎、開發目標、工作效率 5 個方面，闡述了作者對邊疆民族地區經濟發展的意見和建議。

甘肅省銀行經濟研究室編寫的《甘肅之工業》，〔註53〕對 1940 年代初期甘肅省傳統和現代工業的發展現狀、資本構成、各縣手工業品的產銷狀況、紡織工業、化學工業、土石工業、皮革工業、食品工業、菸草工業、造紙印刷工業、洗毛工業、機器及金屬工業、蘭州市內的機制工業等，進行了條分縷析的介紹，是研究抗戰時期甘肅工業發展的重要參考資料。

〔註49〕時代出版社 1947 年。
〔註50〕西北實業調查團 1940 年
〔註51〕商務印書館 1943 年。
〔註52〕甘肅省銀行經濟研究室 1942 年。
〔註53〕甘肅省銀行印刷廠 1944 年。

經濟部資源委員會經濟研究室編著《隴海（潼寶）沿線經濟調查》，[註54]
對於隴海鐵路陝西關中段各縣，即潼關、華陰、華縣、渭南、臨潼、長安、咸
陽、興平、武功、扶風、郿縣、岐山、鳳翔、寶雞 14 縣歷史、地理、人口、交
通、農業、商業、工業、金融等經濟內容，進行了條理的介紹，是研究抗戰時
期陝西關中地區經濟發展的重要資料。

二、1950 年代以後的研究著作

1949 年 10 月以後，西北地區的政治經濟形勢均發生了很大的變化，相關
的學術研究也出現了一定的不平衡。變化最大最明顯的，是學界對於近代外
蒙古地區的研究，出現了長時間的空白。最直接的原因在於，中華人民共和
國成立後，為了獲得蘇聯的大力支持，被迫重新承認了蒙古人民共和國的獨
立地位。《人民日報》發表了中共黨史專家胡華《關於承認和保證蒙古人民共
和國的獨立地位》的訪談錄，指出：「承認蒙古獨立，對每個真正愛國的中國
人來說，是天經地義的事，值得歡呼的事。只有國民黨反動派才痛恨蒙古獨
立」。[註55] 受這一政治形勢和基調言論的影響，大陸地區的學者，便自覺和
不自覺地遠離對漠北蒙古的研究，而將自己的學術視野，嚴格限定在對漠南
蒙古即內蒙古的探討了。

該時期有關內蒙古地區的學術成果，主要是佘元盦著《內蒙古歷史概
要》。[註56] 該書在查閱大量歷史文獻的基礎上，將蒙古高原從遠古到中華人
民共和國成立初期（自清代開始專講內蒙古）的民族、社會、政治、經濟、
文化變遷歷程，進行了系統深入的梳理。其中的近代經濟部分，參考價值較
為直接。

沈斌華著《內蒙古經濟發展史箚記》，[註57] 對內蒙古地區自上古石器時
代到 1949 年之間的經濟發展歷史做了大致的梳理，對該區域在清末民國年間
的農、牧業經濟狀況和演變，如「開放蒙荒」、「煙酒茶布糖換走了牛馬駱駝
羊」等細節內容，也有較多的敘述，值得參考。

〔註54〕經濟部資源委員會經濟研究室 1942 年。
〔註55〕《人民日報》1950 年 2 月 24 日第 4 版，人民日報圖文數據庫 1950 年 2 月，
　　　　第 271 條。
〔註56〕上海人民出版社 1958 年。
〔註57〕內蒙古人民出版社 1983 年。

　　鋼格爾主編《內蒙古自治區經濟地理》，[註58] 共分 5 篇 25 章，作爲新中國成立 40 年間相關研究的大成之作，主要對內蒙古自治區 1947 年成立以後的農牧業、工業、交通、商業與經濟區劃進行了敘述。但其中對該區域近代歷史時期經濟發展的簡要回顧，也有一定的參考價值。

　　能夠衝破內、外蒙古學術研究樊籬的，是盧明輝、劉衍坤著《旅蒙商——17 至 20 世紀中原與蒙古地區的貿易關係》，[註59] 該書共分 8 章，以明朝末年以後內地逐漸興起的赴蒙貿易商幫的產生、發展和衰亡過程爲主線，將中原地區與蒙古高原經貿交流的歷史畫卷清晰地展現出來。對於瞭解清代民國時期整個蒙古地區的畜牧和商業狀況，具有很大的理論、學術和史料價值。

　　阿岩烏恩著《蒙古族經濟發展史》，[註60] 共分 8 章，以大量蒙、漢、俄、日等文獻和調查資料，敘述了蒙古特別是內蒙古民族自遠古直到新中國建立以後的各個歷史時期內，其社會制度、經濟制度、畜牧業、農業、商業、手工業、寺院經濟的發展與演變概況，是一部通史性的蒙古經濟著作，其近代部分可資參考。

　　牛敬忠著《近代綏遠地區的社會變遷》，[註61] 對清末民國時期綏遠地區的政區沿革和與政治狀況、土地開墾與人口增長、階級結構與社會流動、物質生活與精神生活、社會問題與災荒救治、以及傳統教育向近代的轉化等內容進行了介紹，對於考察當地的近代經濟發展，有一定參考意義。

　　米鎮波著《清代中俄恰克圖邊境貿易》，[註62] 在全面參考學術界特別是俄國學術界相關研究成果的基礎上，大量發掘和運用俄文檔案資料，對中俄恰克圖貿易的來龍去脈和發展歷程，做了精深的梳理，原創性很強，資料價值很大。

　　閆天靈著《漢族移民與近代內蒙古社會變遷研究》[註63] 和王衛東著《融會與構建——1648～1937 年綏遠地區移民與社會變遷研究》，[註64] 分別通過大量梳理當地的檔案與方志資料，從移民與區域開發的角度，對清代民國時

〔註58〕新華出版社 1992 年。
〔註59〕中國商業出版社 1995 年。
〔註60〕呼和浩特：遠方出版社 1999 年。
〔註61〕內蒙古大學出版社 2001 年。
〔註62〕南開大學出版社 2003 年。
〔註63〕民族出版社 2004 年。
〔註64〕華東師範大學出版社 2007 年。

期漠南蒙古的蒙漢民族交流及其相應的社會變革，作了系統的勾勒。對於考察該區域近代以來的經濟發展背景，具有重要的實證研究參考。

　　烏日陶克套胡著《蒙古族游牧經濟及其變遷》，〔註65〕以蒙古民族的興衰演變爲核心內容，把游牧經濟看作人類獨立的基本生產方式之一，對其賴以產生和發展的自然環境、經濟特徵、社會組織、農牧關係及其演變歷程，進行了系統分析。大量當地文獻特別是蒙古文獻的運用，提升了該書的參考價值。

　　王建革著《農牧生態與傳統蒙古社會》，〔註66〕運用生態人類學和歷史學方法，主要根據滿鐵資料對近代蒙古草原的生態與社會進行了廣泛而深入的研究，內容包括草原生態、游牧生態、畜群、漢族的滲透農業與蒙古社會的關係及其歷史變遷，對於探索近代蒙古高原的經濟發展狀況，有一定的借鑒價值。

　　劉彥群、劉建甫、胡祖源著《新疆對外貿易概論》，〔註67〕主要考察 1950 年代以後新疆對外貿易的成就。其第二章「新疆對外貿易的歷史沿革」第二、第三節，也簡要回顧了新疆近代的對外貿易、主要是對俄貿易的情況。厲聲著《新疆對蘇（俄）貿易史（1600～1990）》，〔註68〕該書以 65 萬字、11 章的篇幅，歷述了新疆地區 17 世紀以降 400 年間對俄貿易的發展與變化過程，其中 2～9 章爲近代部分，利用大量的中、俄文檔案和俄國海關統計與外交文書資料，數據較爲系統翔實。附錄部分彙集了 20 種有關新俄貿易的章程和條約原文，參考價值較高。

　　殷晴主編《新疆經濟開發史研究》，〔註69〕彙編了新疆社科院新疆經濟開發史課題組成員的部分研究成果。包括從漢代到民國時期，天山南北地區的農業墾殖、商業流通及內外貿易、經濟開發對生態環境變遷的影響、民族和人口等內容，可資近代新疆經濟發展研究之啓發。

　　米鎮波著《清代西北邊境地區中俄貿易——從道光朝到宣統朝》，〔註70〕運用大量俄文檔案材料，重點介紹了清代中後期，新疆邊境地區的中俄貿易概況，對清政府西北地區對外開放政策的沿革、中俄之間一系列貿易條約的簽訂過程及其作用，分析得尤爲精當。

〔註65〕中央民族大學出版社 2006 年。
〔註66〕山東人民出版社 2006 年。
〔註67〕新疆人民出版社 1987 年。
〔註68〕新疆人民出版社 1993 年。
〔註69〕新疆人民出版社 1995 年。
〔註70〕天津社會科學院出版社 2005 年。

　　鍾銀梅著《近代甘寧青皮毛貿易與畜牧經濟開發研究》，﹝註71﹞闡述了甘寧青皮毛貿易、畜牧經濟的近代發展歷程，繁榮、衰敗的原因及其經驗和教訓。李全武、曹敏著《陝西近代工業經濟發展研究》，﹝註72﹞概括梳理了明清時期陝西商品經濟的出現和資本主義萌芽、陝西近代工業的產生、全面抗戰時期陝西工業發展概況、特點、衰落原因等。郭海成著《隴海鐵路與近代關中經濟社會變遷》，﹝註73﹞介紹了隴海鐵路的興築和營運狀況，隴海鐵路與關中交通體系重構、城鎮興衰、工商業發展、經濟社會外向型發展的關係等內容。3 書均有一定參考意義。

　　張萍著《地域環境與市場空間——明清陝西區域市場的歷史地理學研究》，﹝註74﹞從確立歷史商業地理學的基本理論和概念出發，依據明清時期的陝西商業市場狀況，分析了由商業中心城市——商業城鎮——農村市場构成的三級市場體系，以及陝北、關中、陝南 3 個區域市場之間的地理特徵，塡補了陝西歷史商業地理學術領域的不少空白，有著較高的學術參考價值。

第三節　本書內容框架簡介

　　從上面的學術史回顧中可以看出，長期以來，很多學者、特別是西北當地的學者們，通過大量的資料搜集和田野調查工作，對近代西北地區的經濟發展問題，投入了超乎一般的研究時間、精力和智慧，自然也取得了豐碩的研究成果，構築起近代西北經濟史的學術大廈。但是美中不足的是，受研究任務和視角的主客觀限制，能夠將考察的空間範圍突破西北各省區行政界限的宏觀性論著，迄今仍然鳳毛麟角。結果，使得有關近代西北經濟發展的許多共性和深層問題，長期得不到系統完整的考察，又反過來制約了對西北某一省區近代經濟發展的準確定位，影響了近代西北經濟史在全國區域經濟史研究當中學術地位的提升。換言之，對西北某一狹小區域的個體性研究固然重要，而對於西北廣大地區的整體性探索，也具有重大的學術啓迪價值。宏觀和微觀研究的結合，才是快速提升近代西北經濟發展研究水平的有效路徑。

　　筆者長期從事近代北方通商口岸與西北經濟腹地互動關係的研究，所在

﹝註71﹞寧夏人民出版社 2010 年。
﹝註72﹞陝西人民出版社 2005 年。
﹝註73﹞西南交通大學出版社 2011 年。
﹝註74﹞商務印書館 2006 年。

工作單位又坐落於西北地區之外，正好能夠以一種超然和旁觀的視角，跳出行政區劃和地理空間的限制，從容地思考近代西北經濟變遷的共性問題。與此同時，筆者多年的歷史經濟地理學訓練，也有利於本書能從歷史地理學的宏大時間和空間視野上，多維度地綜合考察近代歷史時期內，西北遼闊國土上所發生的政策環境、市場格局、交通網絡、生態環境、區際聯繫等方面的經濟地理格局變遷問題。當然，由於筆者才疏學淺，彙集成書的這些文字，紕漏舛誤之處自然難以避免，但是，儻若能對近代西北經濟發展研究有些許貢獻，也就不枉著述之初衷了。

本書的內容框架，包括 8 個組成部分：

緒　論

主要闡述與本書有關的基本歷史經濟地理概念、學術研究狀況、主要內容框架等問題，以便於讀者能對全書內容有一個整體和概括性的把握。

第一章　近代西北的資源環境和居民

資源環境是人類生存和生產的物質基礎與環境保障。具體到各地區的微觀地貌和氣候水文的差異上，又可以把近代西北劃分成蒙古高原、天山南北、陝甘高原 3 個大的自然風貌區。這些區域自然、物產和人口的有機結合，構築起近代西北豐富的社會經濟內涵。

第二章　近代西北政策環境的變遷

近代西北政策環境的變遷，主要包括中國中央政府邊疆開發和民族政策的改變兩個方面。進入近代以後，隨著國內外政治、經濟形勢的重大變化，中國中央政府對西北邊疆的開發和民族政策，由以前政治上實行軍府制、經濟上實行屯田制的邊陲化、羈縻化、對立化統治方式，迅速向邊疆與內地政治、經濟、文化一體化的開發和融合方式轉變。這一變遷，對近代西北的經濟發展和民族融合，產生了直接有力的影響。

第三章　近代西北市場格局的變遷

1850 年之前，西北地區的市場發育尚處在相對封閉狹小的低水平上。此後，隨著清朝中央政府邊疆政策的轉型和北方沿邊、沿海和內陸通商口岸的相繼開放，以及 20 世紀特別是民國時期以後，西北地方及其周邊的現代交通條件（鐵路、公路和電信）的改善，西北地區的國內外市場環境得到了較大改觀，進一步加快了西北邊疆的經濟開發。對近代西北市場環境轉型的研究，

是打開該區域經濟現代化進程全局的一把鑰匙。

第四章　近代西北經濟開發中的非市場因素

西北幅員遼闊，地形氣候複雜，生產方式和民族千差萬別，各個地區之間的經濟發展進程有先有後，水平有高有低。這是區域經濟發展時間和空間差異的重要表現。本章以西北地區陝西省的近代經濟發展歷程為例，探討市場調節經濟的侷限性，說明西北地區經濟開發的艱巨性和複雜性，以形成對近代西北經濟變遷的全局性認識。結論是，西北內陸要跟上全國經濟一體化和現代化的步伐，必須在大力發掘市場潛力的同時，更多地借助國家和外部其他區域的非市場力量；中央政府則必須在政策、資金、基礎設施建設方面，多向西部地區傾斜。

第五章　近代西北交通網絡的變遷

西北地區古代的交通，陸路方面主要是官馬驛道，民間商路，以及聯結當地城鄉的民間小道；而進入民國時期以後，又新增了現代化的鐵路、公路和電信網絡。水路方面，不少河流特別是黃河及其主要支流的內河航運能力，在近代時期有了更大的發展；陸路方面，草原商路依然駝鈴聲聲，使西北地區的傳統和現代交通方式在近代呈現出了完美的結合。歷史經驗證明，要在自然資源短缺、生態環境較差的西北地區可持續地發展社會經濟，更應當強化對可再生性內河水資源的利用，繼續大力發展黃河等內河的航運。

第六章　近代西北經濟開發與生態環境的變遷——以綏遠地區為中心

西北地區近代時期的經濟開發活動，無疑促進了該區域的社會進步，並提高了人民生活的質量。但是，西北地區畢竟是一個氣候嚴重乾旱、自然生態條件極度脆弱的區域，在該區域的經濟開發過程中，如果忽視自然規律，片面追求經濟效益的最大化，就會給生態環境造成難以修復的巨大破壞，反過來嚴重制約西北經濟的可持續發展。近代以來西北地區經濟開發過程中所引起的快速沙漠化，既是嚴酷的歷史事實，更是慘痛的反面教訓。

第七章　近代西北的域外經濟交流——以與華北間的市場聯繫為中心

西北經濟的發展不是封閉孤立的，只有將視野放大到周邊區域，才能更好地反觀西北地區經濟發展的特色和優勢，全面把握其經濟現代化的快慢和得失，找到適合本區域經濟發展和域外經濟合作的有效路徑。筆者研究發現，受交通地理環境和傳統政治經濟文化積澱的影響和制約，西北邊疆特別是其

東部區域與華北之間、以進出口貿易爲紐帶的市場聯繫日趨緊密，進而初步形成了以華北沿海的港口城市天津爲一級市場，以華北和西北內陸的次級城市爲二級或三級市場的外向型市場網絡，擴大了雙方間的人員和物資交流，促進了西北經濟的現代化特別是其畜牧業經濟的外向化。

第一章　近代西北的資源環境和居民

　　資源環境包括自然環境和人文環境，既是人類賴以生存的物質基礎，也是人類物質生產和再生產活動即經濟活動的環境保障。在人類認識自然、利用自然能力相對弱小的古代，資源環境對於經濟活動的影響和制約作用，固然非常巨大；而到了近代，人類認識和利用自然能力有了明顯的增長，經濟活動與資源環境之間的關係不但沒有淡漠，而是有了更深層次的拓展和加強。

　　居民，作為經濟活動的能動主體，通過各種經濟活動和社會活動，相互交織成某一地理空間的社會人文環境。只有在一定的人文環境中，勞動者才能與勞動資料、勞動對象有效地結合起來，進而實現資源資源的經濟價值，完成生產和再生產的過程。換言之，不同時、空間環境下的居民，在知識、技能、風俗、習慣等方面會有很多的特點，從而形成不同區域的不同人文環境，與此相適應的經濟活動內容和水平，自然也會產生出許多差異來。資源環境與居民特質的有機結合，構築起近代西北絢麗多彩的社會經濟內涵。

　　西北地區整體上處在我國地勢的第二階梯上，地貌形態以山地和高原為主，氣候條件以乾旱半乾旱的溫帶大陸性氣候為主。但是，具體到各地區的微觀地貌和氣候水文的差異上，又可以把近代西北劃分成蒙古高原、天山南北、陝甘高原3個大的自然風貌區。

第一節　蒙古高原自然風貌區

　　蒙古高原作為中國西北地區的重要組成部分，也是中亞大高原的東北部分，其整體面積約為260萬平方公里。在清代，它的北部被稱為漠北蒙古，

俗稱外蒙古；南部被稱爲漠南蒙古，俗稱內蒙古。清廷在內、外蒙古地區均推行盟旗制度，並與蒙古傳統的部落組織形式相結合，構成了清朝中央政府有效管轄下的不同層級的地方政區之一。「大漠以南爲內蒙古，部二十有四，爲旗四十有九；逾大漠曰外蒙古，喀爾喀部四，附以二，爲旗八十有六」。〔註1〕清代內蒙古的 24 部，自東向西分別爲科爾沁部、箚賚特部、杜爾伯特部、郭爾羅斯部、喀喇沁部、土默特部、敖漢部、奈曼部、巴林部、箚魯特部、翁牛特部、阿嚕科爾沁部、克什克騰部、喀爾喀左翼部、烏珠穆沁部、阿巴哈納爾部、浩齊特部、阿巴噶部、蘇尼特部、四子部、茂明安部、烏喇特部、喀爾喀右翼部、鄂爾多斯部。清代外蒙古 4 部，自東向西分別是車臣汗部、土謝圖汗部、三音諾顏部、箚薩克圖汗部，另外還有唐努烏梁海、科布多 2 個地方。總之，在本書所關注的近代歷史時期，即 1949 年 10 月 16 日中華人民共和國政府正式宣佈承認蒙古人民共和國的合法地位之前，整個蒙古高原，都是中國神聖領土不可分割的重要組成部分。〔註2〕

一、漠北蒙古高原

作爲蒙古高原重要組成部分的漠北蒙古地區，自先秦時期就一直是中國

〔註1〕《欽定大清會典事例》，事例，卷 63，光緒二十五年纂。

〔註2〕進入民國時期以後，漠北蒙古地區的民族分裂分子，先後在俄國和蘇聯慫恿與支持下，不斷從事分裂祖國的勾當。由於歷屆中國中央政府、民眾和蒙古愛國王公的鬥爭，其分裂圖謀才多次被挫敗。直到 1945 年 8 月 14 日，重慶中華民國政府爲強化與蘇聯關係，並促使蘇軍進擊日本關東軍，才與之簽署了不平等的《中蘇友好同盟條約》，允許外蒙古地方通過公民投票，決定是否從中國獨立出去？1945 年 10 月 20 日外蒙古公民經過實名強制性投票，97.8%贊成獨立。1946 年 1 月 5 日，重慶中華民國政府遂依約承認。其政府公告云："外蒙古人民於民國 34 年 10 月 20 日舉行公民投票，中央曾派內政部次長雷法章前往觀察，近據外蒙古主持投票事務人員之報告，公民投票結果已證實外蒙古人民贊成獨立，茲照國防最高委員會之審議，決定承認外蒙古之獨立，除由行政院轉飭內政部將此項決議正式通知外蒙古政府外，特此公告。"顯然，國民黨政府應該對外蒙古的獨立負主要責任。與此同時，漠北蒙古地區西北部近 17 萬平方公里的原唐努烏梁海地區，也在宣佈獨立後加入蘇聯，成爲蘇聯的一個行省。1949 年中華人民共和國成立後，爲了取得蘇聯的支持，不得不再次承認了外蒙古獨立，並認可了唐努烏梁海地區加盟蘇聯的現狀。本書作者身爲中華人民共和國的公民，應當尊奉本朝之正朔。即認爲 1949 年 10 月 16 日之前的整個漠北蒙古地區，是中國領土不可分割的組成部分，亦即本書研究的經濟地理空間之一。

北方游牧民族生產和生活的家園，也是中國燦爛游牧文明的重要活動舞臺之一。從地理空間上看，它東抵大興安嶺，西及阿爾泰山脈，北至薩彥嶺、肯特山、雅布洛諾夫山脈，南界戈壁大漠，面積約為161萬多平方公里。

圖 1-1　1820 年前後的蒙古高原地理形勢示意圖

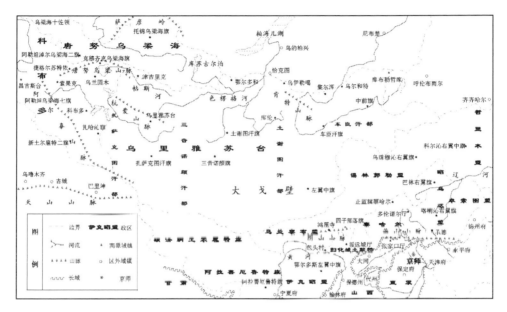

底圖爲譚其驤主編：《中國歷史地圖集（清時期一）》，中國地圖出版社 1987 年。

1、地　形

從地形上看，近代漠北蒙古的大部分地區爲古老的臺地，僅西北部有較多的山地，東南部爲面積廣闊的戈壁，中部和東部爲大片的丘陵。其最高點是阿爾泰山脈的蒙赫海爾汗（Monh Hayrhan）山，海拔 4362 米。高原面的平均海拔高度爲 1580 米，整個地勢自西向東逐漸降低。外蒙古的山脈，從整體上說，屬於阿爾泰山系。它從新疆西北境的塔爾巴哈臺嶺起，分爲 3 支：一支向東南方向進入外蒙古的西南境，成爲南阿爾泰山脈。一支向東北穿行，出新疆後沿著科布多的西北境折而向東，穿行於科布多、箚薩克圖汗與唐努烏梁海之間的叫唐努拉山脈；先向東南行然後再由西向東形成的一個大彎曲山系，叫杭愛山脈；此後再向東北行的叫肯特山脈；再延伸出中國國境以後對接外興安嶺。再一支是從科布多的西北上行，沿唐烏梁海與西伯利亞之界的山脈叫薩楊嶺山脈，又稱薩彥嶺。

　　從微觀地勢上看，漠北蒙古又可以劃分為以下 5 個不同的地理單元。〔註3〕

　　（1）烏梁海盆地。位於漠北蒙古的西北部，是一個介於北部薩彥嶺和南部唐努烏梁山脈之間的陷落盆地，面積為 16.5747 萬平方公里。其最高處海拔 2440 米，最低處海拔 610 米。從這裡流經的烏魯克穆河，是注入北冰洋的葉尼塞河的西源上游支流。該盆地森林繁茂，山地間的草原廣闊，土壤肥沃，是漠北蒙古的重要麥類作物產地。

　　（2）科布多盆地。是烏梁海盆地以南，介於唐努烏梁山脈和阿爾泰山脈之間的另一陷落盆地，其間有很多起伏的山巒。盆地當中多河流和鹹水湖泊，其中的帖斯河注入烏布薩泊，匝盆河注入喀拉湖，科布多河注入慈母湖和喀拉湖。這裡土肥草茂，也是一個宜農宜牧的好地方。

　　（3）瀚海沙漠地帶。位於滂江以北、叨林以南，又稱大戈壁，漢族人因為其有著浩瀚如海的平沙景觀，所以又將其稱作「瀚海」。戈壁之間雖有一些小的湖沼散布，但卻因為降水稀少，遂至於水澤乾涸，使這裡成為大面積動植物俱絕、景物凋零、砂石遍佈、人跡杳無的絕地。

　　（4）漠北高地。自叨林以北，地勢向北傾斜，雨量也逐漸增多起來。這裡是葉尼塞河東源的上流色楞格河的發源地，色楞格、鄂爾渾、土拉 3 條支流匯合以後，進入俄國境內。同時也是黑龍江上源克魯倫河的發源地，該河由肯特山南側向東北，流經呼倫湖。漠北高地雖然從整體上說屬於草原地帶，但是在鄂爾渾、土拉、鄂嫩河流域水量豐富的地方，又是稼穡彌望的農耕地帶，麥類農作物的種植廣泛，尤以庫倫北面哈拉河谷地的產麥最多。其餘的高山地域，森林繁茂，優良牧場也不少。

　　（5）肯特山東高地。位於肯特山脈以東到大興安嶺之間。東部為大興安嶺、室韋山支脈的延伸，地勢較高，森林分佈廣泛；西及西南部地勢較低，屬於草原牧地。河流以鄂爾古納河及其支流海拉爾河等最重要，其他還有克魯倫河、烏爾順河、根河。這些河流的河谷地帶，有關大片土質肥沃的黑土，富產小麥、大麥、裸麥、燕麥、蕎麥、麻類等，為重要的農耕地區。湖沼以呼倫、貝爾為最大，湖中魚類資源豐富。不過，由於本區域處在山陝邊界黃河大轉彎以東，原則上已不屬於本書劃定的西北範圍之內了。

〔註3〕　王益厓：《高中本國地理》，第 63～65 頁，上海世界書局 1934 年。

2、水　文

外蒙古的河流，共分爲 4 大部分：一是黑龍江的上源，就是東部的克魯倫河與鄂嫩河；二是蘇聯西伯利亞葉尼塞河的東源，即北部的色楞格河、鄂爾坤河；三是葉尼賽河的西源，就是西北部的烏魯克木河、貝克木河；四是湖泊及其他河流，如東部的貝爾湖，北部的庫蘇古爾泊，西部的烏布沙泊、奇爾吉落泊、艾里克哈拉泊，南部的察罕泊、鄂洛克泊、塔楚泊、烏留泊、三沁泊等。

蒙古高原雖然是很多河流的發源地，但大多數的河流，水長且量小，使得其航運價值和水能都很低。只有色楞格河、烏魯克木河、帖斯河的部分河段，略有航運上的便利。〔註4〕

3、氣　候

氣候方面，漠北蒙古屬於溫帶大陸性氣候，整體上乾燥少雨。夏季多驟雨，年平均降雨量約 200 毫米。除庫倫以北的色楞格河及烏魯克穆河谷地有較多的降水之外，其他地區降水較爲稀少。最熱月份和最冷月份的平均氣溫相差很大，庫倫（今蒙古國首都烏蘭巴托）附近，1 月份平均氣溫爲零下 31℃，而 7 月份平均氣溫則達到了 16℃。漠北蒙古的冬季（11 月至次年 4 月）寒冷而漫長，一月的最低氣溫可以達到零下 40℃，並伴有大風暴雪；春季（5 月至 6 月）和秋季（9 月至 10 月）短促，並常有突發性的天氣變化，原本是秋高氣爽的天氣，霎那之間便會狂風大作，飛沙走石，甚至會突然降下鵝毛大雪。夏季（7、8 月）晝夜溫差大，光照充足，紫外線強烈，最高溫度可達 35℃。

外蒙古各地的霜期很長，5 月猶有霜雪。所以草木萌發得很遲，農作物的播種須在 6 月間進行，每年只能成熟一次。

4、物　產

外蒙古高原，是一個物產非常富饒的地方：

（1）動物類。外蒙古多高山大河，動物資源很多，野獸類的動物，以狐、狼爲最多，野驢、野馬、野羊、野豬、猿、熊、狸、鼠、豹、鹿、羆、猞猁、水獺、香麞等次之，產地多在山嶺；鳥類則以鷲、鳶、鷹等爲最多，沙灘、雲雀、子規、雉、鵲等次之，產地多在平原、水澤間；水禽到冬季則

〔註4〕楊景雄等繪製：《中華民國最新分省地圖》，說明部分第 68 頁，上海寰澄出版社 1946 年。

群集於湖沼，魚類則在各河、湖中均有生產；牧民們所放牧的牲畜，數量很多，「外蒙古自來即以游牧爲經濟生活的基礎，人民的衣、食、住三者均得取給於是，因之，牲畜便是外蒙古人民的主要財產，色楞格河上游一帶，庫蘇古爾河以南，杭愛山以東之地區，便是外蒙古牲畜的主要產地。牲畜的種類以羊爲最多，其百分比中，羊的數量即占其五十七，餘爲駱駝、馬、牛三者」。〔註5〕

1920 年前後的統計顯示，「牲畜即蒙古人之命脈，牲畜即其財產與希望。失去牲畜，即危害其生命」。蒙古共有馬、牛、駱駝、綿羊、山羊 5 種牲畜，包括內蒙古部分地區在內的蒙古草原，牲畜的數目大體如下，馬1840817 匹，駱駝 365824 峰，黃牛犛牛犏牛 1725451 頭，綿羊山羊 11500808 只。〔註6〕

（2）植物類。蒙古山嶺重疊，森林資源豐富，最著名的是松、杉、樺、樅、白楊、果松、落葉松等，統統產於北部。東南部牧草繁盛，南部沙漠間，基本上沒有樹木，只有矮小的灌木及各種雜草。藥材類則有甘草、大黃、紅花、黃蓍，防風、桔梗、黨參、元參等。菌類有麻姑、香蕈等，皆產於森林及沿河流一帶。至於農產物則頗少，蔬菜、瓜果類除種植之外，也有野生的。

（3）礦物類。以金礦的產地最多，煤、鐵、銅、石棉、石鹽等礦產次之。金礦主要產地爲土謝圖汗部（古德拉、昭莫多、托羅蓋圖、茂垓、那林哈拉幹、布克里兒、固蘇里、寶棍臺、義拉布、伊勒溝、義肯、老東溝、小南溝、科爾僧、馬林堆、希巴爾圖、烏蘇奇、察罕奇魯圖、額羅圖、依克哈爾幹、西金溝 21 處），烏梁海（庫蘇古爾泊附近），車臣汗部（哈達各），箚薩克圖汗旗（野馬、吐陶來克及達爾罕旗西北等山），科布多（阿爾泰山一帶），三音諾顏汗部（烏里雅蘇臺）。除金礦外，銀礦主要產地爲唐努烏梁海，鉛礦主要產地爲土謝圖臣汗部，煤礦主要產地爲庫倫東面的毛篤慶，銅礦主要產地爲烏梁海的達布遜山，鐵礦主要產地爲恰克圖東南的甘子谷，石棉礦的主要產地爲克木克赤河，石鹽礦的主要產地爲烏梁海的達布遜山。〔註7〕

豐富的自然資源，爲外蒙古近代經濟的發展，奠定了堅實的物質基礎。

〔註5〕 吳懷冰編著：《外蒙古內幕》，第 2～3 頁。
〔註6〕 〔蘇〕克拉米息夫著、王正旺譯：《中國西北部之經濟狀況》，第 5～6 頁。
〔註7〕 楊文洵等編：《中國地理新志》，第 11 編第 10 頁，上海中華書局 1936 年再版。

5、居　民

漠北蒙古地區的居民，主要有蒙古人，土耳其人及漢人 3 種，而以蒙古人爲主體。蒙古人共分 4 大派：

一是喀爾喀人，大半是元朝的後裔，即居住在車臣汗部、土謝圖汗部、箚薩克圖汗部、三音諾顏汗部，以及察、綏二省的蒙古人。在外蒙古方面，人口占了總人口的 90%內外，用蒙語，信喇嘛教。

二是額魯特人，也稱喀爾滿人，爲次多數，分支極多，占地亦廣，即歐人所稱的卡爾馬克人。如北自烏布薩泊、南迄科布多河左岸的杜爾伯特人；科布多附近、阿拉善、崆吉斯河上流塔城附近、以及呼倫南方伊敏、錫尼克兩河流域的額魯特人；阿爾泰山北斜面的箚克沁人；額濟納流域、伊犁河谷、準噶爾盆地西部、焉耆以及阿爾泰的土爾扈特人；科布多河畔的明阿特人，都屬此族之內，主分佈於科布多及西套蒙古地區。

三是烏梁海人，和突厥族相近，但言語習慣和蒙人相類。在烏梁海游牧的，叫做唐努烏梁海人，語言用突厥族的韃靼語。在阿爾泰山南麓游牧的，叫做阿爾泰烏梁海人，語言用蒙語。

四爲部立亞人，又稱布里雅人，除蒙古的北部外，呼倫貝爾是他們主要的住地，呼倫貝爾的新巴爾虎人，海拉爾河西北部的陳巴爾虎人，以及根河、滅爾果勒河畔在 1919～1921 年來避難的西伯利亞部立亞人，都屬於此族。

上述 4 大派的蒙古人，大部分都用蒙語，信仰喇嘛教。〔註 8〕

其餘是土耳其人，住在西部，多從事牧畜和騎射，這是新疆、甘肅的回族遷居於此的。

漢人，多住在南部，主要是從山西、河北、山東等省移入的，皆從事農、商業。民國年間，也有少數的俄人進來。

據 1931 年南京國民政府內政部的統計，外蒙古全境人口爲 6106000 人，平均每平方公里 3.8 人。城市裏面，漢人、俄人居多數。蒙古人以游牧爲生，遷徙無定，定居僅占蒙人總數的 10%。蒙古人一向驍勇，擅長騎射和行走，日行百里而不倦。男女皆著長袍，招待客人以磚茶；商品交換過程中，採取以物易物的方式進行。除喇嘛之外，大部分人都從事畜牧業。〔註 9〕

〔註 8〕 王益厓：《高中本國地理》，第 102～103 頁。
〔註 9〕 楊文洵等編：《中國地理新志》，第 11 編第 14～16 頁。

圖 1-2　蒙古人放牧的馬群

資料來源：〔日〕松本儁著《東蒙古の眞相》，東京兵林館 1913 年。

二、漠南蒙古高原

漠南蒙古即內蒙古高原，是蒙古高原的重要部分。狹義的內蒙古高原，包括中央大戈壁以南、陰山山脈之北、大興安嶺以西的狹窄地域；而廣義者還包括陰山以南的河套地區，和賀蘭山以西的阿拉善高原。這裡和漠北高原一樣，都是中國游牧經濟文化的發祥與繁衍地之一。

1、地　形

地形地貌上，內蒙古高原一般海拔 1000～1200 米，南高北低，北部形成東西向低地，最低海拔降至 600 米左右。其間雖有山脈分佈，但相對高度並不大，大部分地勢都較爲坦蕩開闊，所以又稱內蒙古高平原。陰山山脈是橫貫漠南蒙古的主要山脈，爲東西走向，長度約 600 公里。陰山山脈的西端接賀蘭山，向北東方向環繞後套，成爲狼山，即古代所說的狼居胥山，再向東至歸化城西北而稱大青山。

漠南蒙古地區與華北平原和山西高原之間，有很多山脈和長城的隘口，如古北口、喜峰口、張家口、殺虎口等相通，交通和經濟上的聯繫較爲密切。

民國時期的漠南蒙古，大部分還是牧地，但其間也有沙漠和農耕地帶，它們分屬於察哈爾、綏遠、寧夏 3 省統轄，還可再細分為 5 個小區域。

（1）塞外草原地帶。該處為大戈壁以南、陰山以北的草原地帶，海拔高度在 1280～1600 米，陰山山脈為其南部的屏障。大致可分為 3 區，一為烏蘭察布草原。即以陰山以北、瀚海以南的綏遠境內的草原，牛羊放牧普遍。二為察哈爾草原，三為錫林郭勒草原。後二者因在山陝邊界黃河大轉彎以東，原則上已不屬於本書劃定的西北範圍之內。

（2）後套農耕平原。這是北臨陰山、南界鄂爾多斯的黃河沖積平原。〔註 10〕海拔高度雖在 1000 米以上，但地勢平坦，一望無垠，為黃河大彎曲所形成的沖積地。1850 年以後的黃河幹流（南河）以南即鄂爾多斯高原和寧夏平原叫做前套，黃河幹流（南河）以北的地方叫做後套。這裡的土質富黏性，但雨量甚少，若不引黃河水進行灌溉，是很難耕種的。

地處陰山以南的後套平原，又大致可分成 3 部分：一是套的西北隅，南河、北河之間，沿續了後套的稱謂。這一地區雖然靠近黃河，但是墾殖的時間並不久遠，原因就在於當地由南向北傾斜的地勢。自從清朝康熙年間黃河主泓道由北河改行南河以後，自流灌溉成為可能，農墾事業才開始發展　起來。清光緒初年，後套已經開有永濟、通濟、豐濟、義濟、長濟、塔布、剛目、沙河 8 條幹渠，支渠的數目更多，可灌溉農田百餘萬畝，大多種植豆類、麥類和高粱，是綏遠省的最主要商品糧基地。

二是套中，就是五原到包頭之間的一片區域，時至民國年間依然荒草彌望，以牧業為主，農墾業並不發達。

三是套東，就是包頭到歸綏的歸化城土默特地區。這裡土地肥沃，又有黃河支流黑水河、黃水河、紅水河、清水河、以及民生渠等灌溉的便利，自明末年間就有大面積的墾殖，農業發達，麥類、小米、油菜子、胡麻、豆類

〔註 10〕　「河套」是一個複雜的歷史地理概念。「河套這一名辭所包含的地域，本極廣泛；加以歷代地形的變易，河道的遷徙，而河套的領域亦因以古今而不同。大約的說：黃河自中衛而下，遂沿著賀蘭山麓向東北流，又為大青山所阻，於是遂折而東流，既又折而南流，成為山陝兩省的天然分界；凡黃河三曲包圍的地方，都叫做河套，至於南界，則極難確指，大約以寧夏（銀川——筆者註）榆林以南為極限」（蒙思明：《河套農墾水利開發的沿革》，《禹貢半月刊》1934 年 6 卷 5 期）。清初以前，黃河長期以北河（五加河）為正流，「現在河套地區以河為界，河南叫套內，河北叫後套，在秦漢時總名『河南地』」（譚其驤：《黃河與運河的變遷》，《地理知識》1955 年第 8～9 期）。本書取譚說。

種植普遍。但因人口稠密，糧食的商品化程度遠不如後套。

圖 1-3　綏遠的農村

資料來源：〔日〕山田武彥著《蒙疆の農村》，大阪錦城出版社 1943 年。

（3）阿拉善高原。即賀蘭山脈以西的西套蒙古，分屬阿拉善和碩特旗、額濟納土爾扈特旗轄境，是新疆、漠北蒙古和黃土高原之間的過渡地帶，又稱小戈壁，屬於沙漠、草原、沃地相間的地域。該區域東部臨黃河及其支流的地方，有不少可以引水灌溉的農耕沃地和大塊的草原。眾多的鹹水湖當中，以吉蘭泰鹽池最爲著名。阿拉善高原的西部地區，基本上是荒漠，但是在祁連山融雪彙集成的額濟納河兩岸，卻有著廣闊無垠的平原。這裡林密草茂，水渠縱橫，農耕和放牧俱佳，是著名的居延綠洲所在地。

（4）鄂爾多斯高原。爲前套的主體部分，這是一片由黃河自西、北、東3 面環繞，並與南面的長城所共同圍成的黃土高原過渡區，爲伊克昭盟轄境。它的地勢自南向北傾斜，南部最高點約爲 1525 米，北部僅爲 975 米。高原的東部爲草原地帶，黃河的支流很多，最大的是無定河和烏蘭木倫河，漢人在可以農耕的地帶種植小麥、大麥、蕎麥、小米等作物，其餘爲蒙人放牧的草原。高原的西部有毛烏素、庫布齊 2 大沙漠，不過，由於該處的氣候相對濕

潤，不少地方的沙漠爲固定沙丘，是蒙古牧民放牧牲畜的地方。

（5）寧夏平原。也是廣義河套（前套）的組成部分，屬於賀蘭山以東、六盤山以北、鄂爾多斯高原之間的黃河河谷平原。南面始自中衛縣，北面迄至石嘴子，黃河貫流其間，形成一片開闊的河谷平野。由於這裡的沙質土壤儲水性較差，只有在靠近黃河及其支流的易於引水灌溉的區域，才能發展成爲良田沃野。當地的開墾年代久遠，寧夏（今銀川市）附近，存有多處古代延續下來的引水灌溉工程，如秦渠、漢渠、宋渠、明渠、清渠等等，是近代西北地區最著名的引黃灌區之一。麥類、稻類、米類、豆類、小米、高粱等作物的種植都很普遍。故民間有「天下黃河富寧夏」的諺語。

2、水　文

該區乾旱少雨，山峰低緩，降水和融雪形成的河流不多，主要是遠道而來的黃河及其支流。黃河自甘肅向北經寧夏而入綏遠，經定口分爲南北二流，東流的叫南河，北流的叫北河，也稱烏加河，北河東北流至烏蘭腦包折向東南，瀦水而成烏梁素海子。南河向東流 340 公里至托克托縣而折向南，進入長城內的山陝交界地區。黃河在該區的最大支流，一爲發源於陶林縣西的黑河，也叫圖爾根河，一爲發源於山西平魯縣的紅河。

黃河及其支流，爲漠南蒙古不少地區的農業開發，帶來了充足的水源，以及航運上的巨大便利。

3、氣　候

漠南蒙古地區在氣候上，屬於中溫帶大陸性季風氣候。夏季季風弱，冬季季風強，夏季並不炎熱，且無蚊蚋；冬季則很嚴寒，直到來年的春分前後才能解凍；春秋多風沙，9 月前 10 日，就已經下早霜，直到次年 5 月結束霜期，年均氣溫爲 3～6℃，農作物年僅可一熟。年降水量，從東部熱、察地區的 400 毫米減少爲西部的 150 毫米，空氣乾燥。乾旱成爲當地農牧業生產發展的關鍵制約因素；不過，河套地區尚可藉助於黃河之水灌溉，所以民諺當中又有「天下黃河富河套，富了前套（寧夏平原）富後套」的說法。年日照 2600～3200 小時，爲中國日照時數較多的地區之一。年均風速 4～6 米/秒，8 級以上大風日數爲 50～90 天，年沙暴日數爲 10～25 天，容易引起土壤沙化。

4、物　產

除以上分述各個區域時已經提及的農作物之外，漠南高原的其他物產還

有，家畜類動物以牛、羊、馬、駱駝的數量最多；野獸類動物有鹿、狼、狐狸、獾、青羊、黃羊、兔、猞、黃鼠狼、黃鼠、松鼠、耗鼠等。野生和放養的動物一樣，均爲當地牧民（狩獵）的財富之源，成爲近代漠南對國際市場輸出皮毛商品的重要組成部分。野生藥材以甘草、黃芪最爲著名，其他還有黃芩、紅花、防風、黨參、知母、黃精、大黃、枸杞等。礦物以鄂爾多斯地區的鹽城、大青山的煤最多，其他像歸綏的石墨、薩拉齊的石棉、銀、鐵礦資源也不少。

5、居　民

漠南蒙古高原地區的居民，以蒙古族爲主體，漢人移民而來的也很多。各主要城市裏都有很多的漢人，鄉村裏漢人最多的區域是河套地區，他們主要來自於河北、山東、山西、陝西、甘肅各省，與蒙古人雜居在一起，並使蒙古人日漸漢化。1931 年，綏遠全省人口爲 2123000 人，平均每平方公里 7 人，其中漢人占十分之六，蒙古人占十分之三，回族及滿族人共占十分之一。

語言方面，漢族普遍通行北方官話，蒙古人用喀爾喀語。不過，由於漢、蒙長期雜處，所以，相互之間也都能夠了解一些對方的語言。風俗上，漢人因爲多從內地移殖而來，大多數還難以脫離故鄉的風俗習慣，或築室耕田，或從事商品販賣，勤苦耐勞，不畏艱險。蒙古人則非常驍勇，以騎馬放牧和射獵野獸爲業，粗魯獷悍，不諳機巧。漠南地區的村落稀疏，往往走 20～30 公里才能見到 1 個村落，人口也不過 80～90 家。鄉村多爲土房，城鎮中間或有磚瓦建築，也有鑿山穴居的。當地漢人多喜歡吸煙，用胡麻油燈照明，衣服多用土布，或者用羊皮做成襖褲。俗尚淳厚，行人昏夜叩門投止，無不延納，且備食餉客而不索值，蓋沿途無旅舍食店，家各供人食宿。〔註11〕

第二節　天山南北自然風貌區

清朝中期，巴爾喀什湖以東以南的天山南北地區，和蒙古高原一樣，都是中國西北游牧和農耕民族休養生息的家園。祇是在 1850 年代以後，經過俄國一再的巧取豪奪和清朝一再的妥協退讓，巴爾喀什湖以東、以南 53 萬平方公里的遼闊疆土被迫割讓出去，到 1892 年，新疆省的疆域面積僅剩下 164 萬平方公里。從地勢上來說，天山南北地區可以分成伊犁河谷平原、準噶爾盆

〔註11〕楊文洵等編：《中國地理新志》，第 5 編第 218～219 頁。

地、塔里木盆地 3 個大的自然風貌區。

一、伊犁河谷平原

　　這是天山、騰格里山、呼巴海以北，巴爾喀什湖以東、以南的河谷平原地區。原爲漢代的康居國，清代已歸屬的哈薩克地區。據文獻記載，「乾隆二十一年（1756 年），其酋阿布賴來降，清廷封之以爵，於是遂入版圖。其俗以氈帳爲室，游牧爲業，不藝五穀，無城郭居。地多平岡漫嶺，野草叢生。稱其君曰比，相呼皆以名，幅員遼廓，人口殷繁。當分左、右、西三部，左右兩部屬中土，西部屬俄國。左部東南接準噶爾，西接右部，北接俄國。右部東接左部，東南接伊犁一帶，南接布魯特及安集延，西接布哈爾，北接伊抵克山。哈薩克人每遇寒冬大雪時，許其移入附近卡倫，散放牲畜。每馬百匹，例收稅馬一匹，惟以冬季爲度。夏季展放卡倫時，便須驅逐他往。每年秋間，其頭目各率所屬，分運牛、馬、羊等至伊犁、塔城諸地，來易綢緞、布匹、器皿，但須各卡倫官員查明稟報後，始得放入及貿易，並另派官員，照料一切。各部均三年入貢一次」。〔註 12〕

　　從歷史史實可以看出，至少在 1864 年《中俄勘分西北界約記》簽署之前，巴爾喀什湖以東、以南 44 萬多平方公里的哈薩克左、右兩部，還是中國的領土，是近代中國西北的重要組成部分。另外，哈薩克西南部的坎巨提、退擺脫、阿富汗、安集延等地，皆爲受中國影響和控制的地域，是中國先民開發和生息的場所。「一旦爲人所攫去，河山改色，則閉眼打盹，或是敷衍職責；或明明理直氣壯，竟不能挽救事實於一二；事後痛定思痛，即大聲悲號，亦何裨補？此種行政與心理，眞糊塗萬分！」〔註 13〕觀夫自該處領土淪喪以至今日 1 個半世紀的西北著述，竟然均極少詳及這片曾經隸屬於中國的遼闊疆土，豈非寰宇間的咄咄怪事？對此，執政當局與民間學者，皆難辭其咎。

　　從該地區的自然環境來看，其最大的河流爲伊犁河，其上游的帖克斯河，發源於騰格里山的北麓，向西會合崆吉斯、哈什、霍爾果斯諸河之後，再向西北注入巴爾喀什湖，長達 864 公里。伊犁河各處深淺不一，淺處僅深 1 米左右，深處可達 6 米，從河口往上回溯的 800 公里之間，河水皆有航運的便利。除航運價值之外，幹支流的灌溉之利也很大，從而造就出伊犁河谷平原

〔註 12〕吳紹璘編著：《新疆概觀》，第 158 頁。
〔註 13〕吳紹璘編著：《新疆概觀》，第 155 頁。

「到處部落相望，田園相連，樹木繁茂，牧草豐饒」〔註 14〕的美麗自然人文景觀，成為天山南北地區牧畜業最為發達的地區之一，同時也是清代北疆最著名的屯田農業區。

圖1-4　1850年前後的西北地區地理形勢示意圖

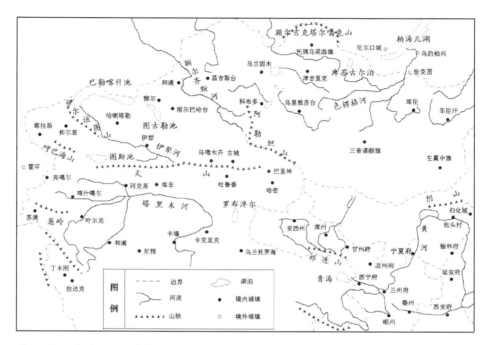

底圖為譚其驤主編：《中國歷史地圖集（清時期一）》，中國地圖出版社 1987 年。

因為「根據農作條件以及整個農業經營的條件來看，中國西部地區最好的地方應該是伊犁地區」，北東南三面環抱的高山使其免受北方冷風和東南戈壁熱風的侵襲，終年積雪的山嶺又是當地大小河流的源頭，「在伊犁河谷，除了喀什河水外，還有許多可利用的河水，而可利用的土地就更多，因此，這個地區能夠養活的人口可比現有居民多出幾倍」；伊犁河谷平原「農業中最發達的是種大田，也就是種糧食作物。這裡種植小麥、水稻、大麥、豌豆、黍、胡麻、芥子、製鴉片的罌粟、作牲畜飼料用的苜蓿草，以及為數不多的燕麥」；肥沃的土壤和優良的耕作條件，為農業生產帶來了很好的收成，以通常狀態的 1904 年為例，「春麥的收穫量是種子的 15 倍，燕麥和大麥的產量和春麥一

〔註14〕張獻廷撰：《新疆地理志》，山東高等師範學校 1914 年石印本，《中國方志叢書·西部地方·第八號》，第 29 頁，台灣成文出版社印行。

樣，胡麻的產量接近這個數字，黍的產量是 17 倍，水稻 20 倍，豌豆 9 倍，芥子 15 倍」；與此同時，這一地區的蔬菜種植也很多，種類有黃瓜、中俄白菜、茄子、大蒜、辣椒、蘿蔔、小蘿蔔等等。〔註15〕

二、準噶爾盆地

這是天山和阿爾泰山之間的一大陷落盆地，高度變化很大，高差大約在 600 至 1500 米之間。從地形上說，大致可分成南、北兩個部分：北部為烏倫古河注入烏倫古湖的內陸流域，以及鄂畢河上游的額爾齊斯河上游地區。額爾齊斯河發源於阿爾泰山南麓，東源叫做庫額齊斯河，西源叫做喀喇額爾齊斯河，向西流經布爾津和哈巴河以後，進入俄國境內，匯入鄂畢河後湧向北冰洋。烏倫古河流域雖然多鹹性土壤，但額爾齊斯流域卻是土地相當肥沃的河谷平野，早在元朝時，就已經是內地移民的屯墾地域了。清朝末年的時候，塔爾巴哈臺地區的農田墾殖已經相當發達，糧食作物有小麥、燕麥、大麥、黍。這裡土質優良，「有人工灌溉渠，夏季太陽又很熱，所以收成也很好，雖然還比不上伊犁和土耳其斯坦，小麥的收成是種籽的 9 至 12 倍」。〔註16〕

盆地的南部地勢更低，有烏魯木齊河注入的白家海，瑪納斯河注入的阿雅爾泊，東方有奎屯河，西方有博羅塔拉河注入的鄂畢泊。盆地的南側雨量較豐富，並且還有天山下流的雪水，所以迪化的烏魯木齊河流域，以及綏來的瑪納斯河流域，均以盛產稻米而著稱。盆地的西部，和巴爾喀什湖低地相連續。

盆地當中雖然沙漠廣布，但多為固定和半固定沙地，沙生植物較多，可作牧場之用。從清朝末年的情況來看，「這裡有廣闊的空地。雖然並不都覆蓋著牧草，但畢竟大部分地方有足夠當地牲畜吃的飼草，而當地的牲畜又是頗能適應較差條件的。此外，這裡多山，在夏季炎熱的月份裏，高山上和山谷中，牧草豐盛，氣候涼爽，對於畜群很是適宜。所有這些都給畜牧業提供了足夠的優越條件」。〔註17〕

〔註15〕 〔俄〕尼‧維‧鮑戈亞夫連斯基：《長城外的中國西部地區：其今昔狀況及俄國臣民的地位》，第 129～131 頁。

〔註16〕 〔俄〕尼‧維‧鮑戈亞夫連斯基：《長城外的中國西部地區：其今昔狀況及俄國臣民的地位》，第 140 頁。

〔註17〕 〔俄〕尼‧維‧鮑戈亞夫連斯基：《長城外的中國西部地區：其今昔狀況及俄國臣民的地位》，第 140 頁。

三、塔里木盆地

這是崑崙山、蔥嶺、天山、博格多山等環繞的盆地。南北寬 644 公里，東西長 2232 公里，是中國最大的盆地，平均高度為 488 公尺，但四周高峰的高度均在 4600 至 7600 米之間。在雪線以上的高地有很多，下垂冰川融化成河流，注入盆地內的塔里木河。該河匯合了和闐、葉爾羌、喀什噶爾、阿克蘇河等多條河流，以及盆地南北的山麓細流，至沙雅縣而稱為塔里木。「塔里木」本屬維吾爾語，即可耕地的意思。沙雅以西，河流兩岸人跡較少，以東有維吾爾人於河邊開墾的農田，以農耕為主要產業。由於塔里木河的沿岸多沙漠，蒸發旺盛，結果使得河水漸次減少，至下游成為一條小河，注入於臺特馬湖。該河在沙雅東南還有一條分支，和庫車西方下行的渭幹河相會，至尉犁縣東南，再匯合由博斯騰湖南行的孔雀河而注入於羅布泊。凡此種種，使得整個塔里木盆地，大致形成 3 個不同類型的自然和人文地帶：

1、礫石地帶

是位於山麓地域的礫石地帶，面積非常廣闊，但不能進行農業生產。

2、農業沃地帶

是位於礫石地帶和沙漠之間，可以大力發展灌溉農業的地帶。它又可以分為 3 個部分：

（1）天山以南沃地

這是位於天山南側、崑崙山北側冰川河流下游，利於引水灌溉的地帶。這一地帶之上，土壤極其肥沃，夏季高溫季節，山頂積雪大量融解，下注的河水形成眾多的河渠，便於引水灌溉農田。清末，「在喀什噶爾地區種植的最主要糧食作物是玉米、小麥、大麥、黍、高粱、水稻以及豌豆。平均收穫量不穩定：玉米的收穫量是種籽的 30～40 倍，小麥 9～15 倍，大麥 12～16 倍，水稻 8～18 倍。由於播種面積小，收穫的糧食也只能滿足當地居民的需要」；播種的經濟作物，除棉花之外，還有大麻、亞麻、罌粟、煙葉、藏紅花以及胡麻。〔註18〕

這一地區的都市，也分佈在馬蹄形沙漠地帶的外側，如渭幹河邊的庫車，阿克蘇河畔的阿克蘇、溫宿、阿瓦提，托什幹河畔的烏什，喀什噶爾河畔的

〔註18〕〔俄〕尼·維·鮑戈亞夫連斯基：《長城外的中國西部地區：其今昔狀況及俄國臣民的地位》，第 138 頁。

疏附、珈師、巴楚，葉爾羌河畔的葉爾羌，哈拉哈什河畔的墨玉，玉隴哈什河畔的和闐，克里雅河畔的于闐，卡牆河畔的且末，都分佈在這個沃地帶上。據 1930 年代的統計數據，分佈在這一農業沃地上的人口，大約占到了新疆總人口的 60%。〔註 19〕

（2）吐魯番沃地

這是一個極深的陷落地帶，高度低於海面得 283 米，南北寬約 88 公里，東西長約 160 公里，是古代羅布泊盆地的極深部分，因湖水乾枯而成。由於當地的氣候非常很乾燥，加之盆地南側山地的雪山較少，所以整體而言，這裡春季的河水還算豐富，但是到了夏季，就出現了嚴重的供水問題。好在吐魯番盆地的北部邊緣，尚有博克多雪山的融雪可用，所以這裡的農業沃地也就靠北側分佈。當地的幾個城市吐魯番、鄯善、魯克沁、托克遜等的位置，都坐落在盆地的北方，正是因爲這個原因。

（3）哈密沃地

這是巴爾山東南麓的盆地性沃地，長約 11 公里，寬約 8 公里。哈密就位在沃地的中央，這是中國最著名的西瓜產地。

3、中央沙漠地帶

即塔里木河以南的大戈壁，和以東的白龍堆沙地、哈順沙磧。大戈壁的主要成份是黏土砂礫，最高處 1403 米，最低處 976 米，中央部分約 1220 米左右。這一區域異常乾燥，空氣中幾乎沒有水份可言，即便偶爾遇到一口井泉，也是苦咸而不能飲用的。「一到夏季，沙風起時，塵埃遍地，晝爲之昏，沙山沙谷，一時數遷」，這就是中國著名的大沙漠哈順沙磧，又稱伊勒呼瑪，是一種岩石崎嶇的沙磧，分佈在哈密的南方，高約 1200 米左右。白龍堆沙地，又名庫穆塔格，爲黏土細沙所成，高度 671 米。〔註 20〕

四、天山南北的氣候

天山南北的氣候，由極冷而至於極熱，冬季寒威逼人，夏季酷熱如焚，空氣的乾燥程度爲他處所罕見，一年當中雨雪不過 20～25 天。1 月氣溫降到華氏冰點以下 30 度，夏季升到 86～97 度。風雖然在夜裏稍微小一些，但一

〔註 19〕王益厓：《高中本國地理》，第 67 頁。
〔註 20〕王益厓：《高中本國地理》，第 68 頁。

到中午就風力強勁，沙塵蔽天了。春天的風力更大。降雨極少，降雪頗多，有時暴雪會連續數日。又有所謂的晴雪，即晴朗天空中降落的紛飛雪花。原因是氣溫太低，地面上的水氣來不及升空成雲，就直接凝結爲雪花了。〔註21〕

五、天山南北的物產

天山南北地區物產豐富。動物野獸類有駱駝、野驢、野馬、彪虎、豹、熊、狼、犛牛、旱獺、麋鹿、黃羊、大頭羊、野羊、猞猁、狐、兔、野豬、野牛、犛牛、羚羊、狒狒、鼠、人猿、貂等。鳥類有雪雞、冰燕、雉、靈雀、雪鷹、孔雀、鸚鵡、烏鴉、燕、麻雀、鷹、雕等。

植物類有阿魏、牛蒡、枸杞、一枝蒿、雪蓮、石蓮、肉蓯蓉、貝母、知母、黨參、冬蟲夏草、黃連、麻黃、夏枯草、甘草、白朮、茱萸、沙參、半夏、細辛、遠志、附子、芎藭、茯苓、蘑菇、茶、艾草、石蓮草、百合參、野麻等。又有松、柏、檜、杉、楊、柳、水楊、榆、樺、柞、胡桐等天然林。沙漠之中，僅有檉柳、蘆葦等。天山東部山麓，有大面積的森林，寬86～103公里之間，產各種木材，尤其以矮小的楊柳最多。其北面又有寬約10公里的檉柳及蘆葦帶，再高的地方有43～52公里寬的繁茂牧場，蒙古人、哈薩克人多游牧其間。

天山南北的礦產資源豐富，但開採不多。硫磺、硝石、鹽產於烏什、莎車附近；玉、金、白金出於崑崙山脈，金尤以阿爾泰山爲多；亞鉛、煤、銅產於疏勒西部；庫勒拉、吐魯番附近有煤；阿克蘇東部、吐魯番北部有岩鹽；庫車附近有銅、錫，此外還有蛇紋石、瑙沙、石棉、硝石、岩鹽、曹達、硫磺、石英、水晶、白雲母、白礬、石膏、黑土、白堊、紅土、石灰石、化石等；庫爾喀喇烏蘇、塔城西面的青石峽、以及綏來、庫車等有石油；各咸湖產鹽很多；于闐、莎車產的玉、特別是玉隴哈什、哈拉哈什兩河所產的玉最爲著名。〔註22〕

六、天山南北的居民

天山南北地區雖然人煙稀少，但居民的種族成分卻極其複雜。主要種族有纏回、蒙古人、漢人、噶勒查人、滿人、薩爾特人、哈薩克人、漢回（即

〔註21〕楊文洵等編：《中國地理新志》，第10編第14頁。
〔註22〕楊文洵等編：《中國地理新志》，第10編第15～16頁。

東幹人）。其他種族的，如布魯特人、錫伯人、索倫人、羅卜諾爾人、羅埃人、印度人，也居住在這裡。

纏回即土耳其族的喀什噶爾人，也就是漢代所說的西域城郭國諸種人。他們主要居住在天山南路，部分散佈於北路各地，西人稱天山南北為東土耳其斯坦就是這個緣故。男子不蓄辮，以白布纏頭，故俗稱其為纏回，血統混雜。「纏回通達農、工、商業，且有勤勉之風。然貯蓄心乏，故貧者多而富者少」。〔註23〕

該地區的蒙古人，係喀爾滿克族，中以土爾扈特、和碩特人最多，額魯特人、察哈爾人次之。他們主要游牧於伊犁河谷、天山南北、阿爾泰山各地，逐水草而居。土爾扈特、和碩特人有王公管轄，額魯特人、察哈爾人則為屯田士兵，屬於領隊大臣管轄。

漢人主要是內地來的移民，以湖南人最多，係左宗棠平定新疆時帶來的湘軍及其後代，其次為雲南、甘肅、陝西、四川、山西、河北人，其他省份的人很少。其中從事商業的，多為天津及山西人，尤其以天津楊柳青鎮的人最多。從事農業的，多為陝西及甘肅人。四川人多兼農、商二業。官吏則以湘、滇、陝、甘、江、浙籍的最多。

滿人、錫伯人、索倫人，皆自滿洲移民而來的，住在伊犁附近。滿人雖有為官者，但以兵員為多。錫伯人、索倫人原為屯田士兵，民國年間多從事農業。

東幹人，也是土耳其人的一派，由於漢化程度高，所以俗稱漢回，也叫甘回，多入居關內陝甘各省。混雜有回鶻、匈奴、氐羌、畏兀爾、大食、突厥、契丹諸族的血統。漢回散佈於天山南北各地，多經營商業。

印度人，自克什米爾方面移來，專營商業，多居住於都市。

據1914年前後的數據，新疆「總人口約200萬人，中，纏回約百萬人，漢回30萬人，漢人30萬人，哈薩克25萬人，蒙古10萬人，滿人5萬人。雖非確定之數，然亦相差不遠也」。〔註24〕另據 1931 年統計，天山南北有2552000人，平均每平方公里不到1人。其中回族（包括漢回、纏回、哈薩克、布魯特、塔吉克人）約占十分之六，基本上都信仰回教（伊斯蘭教）；漢人也

〔註23〕張獻廷撰：《新疆地理志》，《中國方志叢書·西部地方·第八號》，第76頁，台灣成文出版社。

〔註24〕張獻廷撰：《新疆地理志》，《中國方志叢書·西部地方·第八號》，第46～47頁，台灣成文出版社。

有信奉回教的；漢、滿、蒙等人約占十分之四，其中蒙古人信奉喇嘛教。各地通行土耳其語，但蒙人用蒙語，漢人、滿人、漢回人等皆使用國語。土耳其語與西亞的土耳其語同出一源，但有一定的差異。〔註25〕

第三節　陝甘高原自然風貌區

本處所說的陝甘高原，是指秦嶺以北、長城以南、山陝邊界黃河大轉彎以西、青海湖——日月山以東的黃土高原的大部分、青海高原東北部地區。政區上，明代屬於陝西行省管轄，清代分屬陝西、甘肅 2 個行省共同管轄。地形上，則由一系列的山脈和山間盆地構成。

一、關中盆地與陝北高原

1、地　形

陝西地勢從整體上說，各地高低懸殊，北部的陝北高原平均在海拔 2000 米以上，中部的渭河平原卻降至 600 米以下，南部秦嶺山地又在 1000 米上下。

狹義的秦嶺〔註26〕是陝西最主要的山脈，又名終南山，在從甘肅向東南延伸的途中，至寶雞、鳳縣一帶進入陝西境內，再一直向東伸展，成為關中盆地和漢中盆地的隔離帶，也是渭水和漢水、黃河和長江水系的分水嶺。終南山間山地寬闊，峰高穀深，道路崎嶇，由關中通往漢中的道路，主要包括西面的由寶雞經大散關到南鄭縣的驛道，東面的由藍田經藍關至商縣的大路，以及山間眾多彎曲狹窄的短途小徑。秦嶺有很多高峰，其中以終南山（南山）、太白山（高約 3500 米）、華山最為著名。

陝西的另一主要山脈是六盤山，它是北嶺即廣義秦嶺的一個分支，成為黃河和渭河的分水嶺。六盤山有 5 個支脈，一為隴山，主峰在隴縣西北 34 公里，東南走於汧山而接大散關；二為岐山，接隴山而東走於渭水之北與汧水、涇水之間；三為橋山，走涇水、洛水之間，主峰在中部縣西北；四為梁山，係橫山分支，東南斜走於延水、洛水之間，而盡於龍門山；五為橫山，自六盤山越寧

〔註25〕楊文洵等編：《中國地理新志》，第 10 編第 19～23 頁。

〔註26〕秦嶺，和南嶺相對，又稱北嶺，西接巴顏喀喇山，東延而為甘肅、四川邊境上的岷山，以及陝西的終南山（狹義的秦嶺），東至華山後進入河南的伏牛山、大別山（又稱桐柏山），向東南至安徽的霍山（又稱天柱山），再向東北沒入平原。楊文洵等編：《中國地理新志》，第 2 編第 23 頁。

夏東走陝西，逶迤於長城附近及延水、無定河之間，主峰在橫山縣南。〔註27〕

2、水　文

陝西的河流可分為黃河與長江兩個水系。屬於長江水系的漢水和嘉陵江，主要在陝南。屬於西北地區的皆為黃河水系，主要有 5 條大的河流，一是黃河，從綏遠南流，成為山西與陝省邊界的黃河中游幹流，至潼關而東入河南省境；二是發源於甘肅省臨洮縣烏鼠山的黃河支流渭水，經清水縣入陝西，至臨潼而入黃河；渭水又有兩大支流，即於高陵縣西南入渭水的涇水，和於朝邑縣入渭水的北洛水；三是源於河套南端自榆林入陝西，經米脂西至綏德北納大埋河，再東南至清澗東境注入黃河的無定河；四是發源於靖邊，至延長東境注入黃河的延水；五是源出靖邊縣而流於橋山、梁山之間，經大荔、朝邑而入渭河的洛水，也稱北洛水。

3、氣　候

陝西氣候，由於秦嶺的阻隔分為兩種不同類型。秦嶺之北的關中平原和陝北高原，冬季嚴寒，空氣乾燥，北風乍起之際而塵土漫天，夏季則酷熱如焚，常患旱災，陝北高原要更加酷烈一些。有「十年一大旱，五年一小旱」之歌謠。

4、物　產

整體來說，陝西北部高原和關中盆地物產豐富。動物之野獸類以秦嶺北麓山地的虎、豹、狼、狐、熊、鹿為多；家畜類各種俱有，產牛、驢、馬甚多，尤其以陝北高原的畜牧業最為發達，膚施、榆林一帶，有不少專業放牧牲畜的人，主要產牛、馬、騾、驢等，皮毛出口省外較多；水禽類以渭水流域最多，常見的有野鴨、鷺鷥、紅鶴、鷸，常為群棲。〔註28〕

農產品因地理環境的不同而有很多的差異。關中盆地的長安以東，土壤肥沃，盛產棉花；長安以西的彬縣、乾縣一帶，氣候溫和，適於蠶桑。其他地方，米、麥、豆類、高粱、玉米等出產很多。北部高原，地瘠人稀，膚施、榆林一帶雖也產麥、豆類、高粱、玉米、菸草、苧麻等，但質量和產量皆較關中相差甚遠。〔註29〕

不僅陝北高原和關中盆地的農業狀況有很大差異，就是某一小區域內部

〔註27〕楊文洵等編：《中國地理新志》，第 5 編第 189 頁。
〔註28〕楊文洵等編：《中國地理新志》，第 5 編第 189 頁。
〔註29〕楊文洵等編：《中國地理新志》，第 5 編第 189 頁。

也有明顯不同。以渭水兩岸來說，雖然這裡全是肥沃的黃土層，但是由於雨量整體上較少，所以灌溉在農業生產中就占了很大的分量。因此，靠近河流兩岸灌溉便利的沿河地帶就成為農業生產最發達的地區。由於這個原因，不同區位的農田便有高下之分。在高原者稱原田，在斜坡者稱坡田，在低窪者稱川田，川田最好，原田最差。農產品以小麥、棉花、玉米為大宗，「冬禾以小麥為主，占耕田面積之半，生長時期為 9 月至次年 4 月；春禾以棉花為主，約占四分之一，生長時期為 4 月至 7 月；夏禾以小米、玉米、高粱為主，約占四分之一，生長時期為 7 月至 9 月。關中棉花，品質極佳，渭水流域自潼關至寶雞，無處不種棉花，產額尤以潼關至咸陽一段，最為豐富」。〔註30〕

礦產在秦嶺北麓山間和陝北的橫山山脈，均有豐富的煤礦，延長縣的石油礦較為有名。此外不少地方還有鹽、鐵、白銅、磁鐵、鉛、錫、金、水銀等礦。

5、居 民

本區當中，以關中盆地的人口最為稠密，陝北高原人口較稀少。居民當中的大部分從事農業，少部分從事商業。據 1931 年統計，陝西全省人口 11802000 人，平均每平方公里 60 人。其中回族人口約 400 萬，陝北還有少量的蒙古人。

本區的語言以北方音為主。陝北的蒙古人雖用蒙語，但多數也能講漢話。風俗方面，北部淳樸，不尚技巧，作奸犯科者少，深厚質直，剛毅果敢，尚有秦人敵愾的遺風。西安城外的鄉間及陝北的土著居民，多住在鑿壁而成的窯洞裏。女子纏足之風 1930 年代尚存，而被視為賤民的樂戶亦沒有絕跡。

二、隴西盆地、河西走廊與湟水谷地

1、地 形

甘肅高原地區，地勢高峻，西、北兩部尤高，東、南較低。主要山脈有祁連山、西傾山、岷山、秦嶺山、六盤山。祁連山脈自新疆、青海邊界的阿爾金山向東延伸，而橫亘在甘肅、青海的邊界之上，其著名的山峰有甘峻、焉支、天梯等。最高峰即天梯，在武威縣西南，高 6400 米，山頂終年積雪，故稱雪山，春夏融化，成為河西走廊地區的主要灌溉水源。「祁連」為匈奴語「天」的意思，極言其高。此山脈在皋蘭（今蘭州市）西北，匯合合黎、大

〔註30〕張其昀、任美鍔合編：《本國地理》下冊，第 6 頁，南京鍾山書局 1934 年。

通 2 支山脈後而伸向東北，成爲寧夏省境內的賀蘭山。另一支山脈是由青海向東延伸到甘肅境內的西傾山脈，橫於黃河及其支流洮河之間，主峰在青海境上。六盤山脈列於黃河與涇、渭之間，岷山則處在川北、甘南的交匯地帶，向東延爲終南山。

六盤山（俗稱隴山）以西、以至甘肅省境內黃河以東的地區，作爲陝甘黃土高原的組成部分，是由東北面的六盤山、南面的岷山、西面的西傾山所圍成的山間盆地，又稱隴西盆地，通常也稱爲甘南地區，是甘肅省氣候上相對濕潤溫暖的地區，農、林業相對發達。徽縣、成縣、武都、天水一帶，是甘肅省小麥的集中產地，再往東南玉蜀黍出產較多，往北則多產蓧麥。〔註31〕西南部的夏河，以牧業爲主，農業漸有發展，「藏民日漸漢化，多棄牧而就農耕，故東至土門關，南至陌務，西至拉卜楞一帶，已有若干農戶。據過去調查，本縣農戶約有 450 餘家，占總居數 8%，已耕地 14900 餘畝」。〔註32〕

河西走廊，是祁連山北麓一個東西狹長的山間盆地。大致可分成三部分。一是疏勒河流域。疏勒河源發於祁連中部頂上的冰河至山麓後折而西行西納唯　支流的薰河，瀦成哈拉湖，沒於新疆東南的羅布泊盆地內的湖澤中。流域內因有灌溉水可以供給，故地土亦甚肥沃。二是額濟納河流域。上流爲弱水，東南集祁連諸溪流西行，更合白河稱額濟納河，北沒於寧夏的居延海中。此水流的所經地，亦爲祁連以北著名的沃地帶。三爲白塔、楊家壩、沙河、郭河流域。狀況和疏勒、額濟納二河大致相同。

河西走廊地區，既是甘肅省夏季藉雪水灌溉的著名農業區域，也是內地進入新疆的交通要道，所以，古往今來的許多重要都市，如武威、張掖、酒泉、玉門、安西、敦煌等，都分佈這個沃地帶上。由於這一地區整體上乾旱少雨，所以，河西走廊地區雖有雪水、泉水灌溉之利，但畢竟還是遠遠不如寧夏平原的水澆條件優越，因此，這裡的農業生產上還是以節水的麥、豆類旱田作物爲主，水稻的種植面積極少。古浪、永登一帶小麥的種植多於蓧麥、大麥，而雜糧當中的豌豆和大豆種植，又多於小豆、蠶豆、綠豆，稷、黍、粟、高粱、玉蜀黍的種植也不多，大體上爲小麥的五分之一。〔註33〕

清朝時期原屬於甘肅省管轄的西寧道，即青海湖——日月山以東的湟水谷

〔註31〕汪公亮：《中國西北地理大綱》，第 365 頁，朝陽學院講義 1933 年。
〔註32〕馬無忌：《甘肅夏河藏民調查記》，第 22 頁，貴陽文通書局 1941 年。
〔註33〕陳言：《陝甘調查記》下冊，第 45 頁，北平北方雜誌社 1936。

地，位於青藏高原東北部。湟水作爲黃河上游的最大支流之一，發源於青海省海晏縣祁連山系的達阪山，向東偏南流經今天青海省東北部的湟源、湟中、西寧、平安、互助、樂都、民和、大通諸縣而注入黃河，形成由北面的達阪山、南面的拉雞山、西面的日月山包圍的山間盆地，平均海拔在4000米以上。該河谷地帶，氣候相對溫暖濕潤，是青海農、工、商業最發達的區域。到民國年間，「青海全境農業，以西寧、湟源、樂都、民和、貴德、循化、大通、互助、化隆等縣較爲發達。近年在共和、亹源、玉樹、都蘭等處亦漸次試種，工作雖爲粗率，而結果尚屬不惡。除以上各地外，餘均從事畜牧」。〔註34〕

2、水　文

該地區的主要河流有黃河，渭水，疏勒河，額濟納河。黃河自青海東流入境，南會洮河，北合大通河，曲折流經蘭州以北，經蘭州入寧夏省。渭水爲黃河最大支流，發源於甘肅渭源縣，經甘谷、天水諸縣入陝西省。疏勒河亦稱布隆吉河，發源於青海東北境，北流入隴省，經玉門、安西等縣，注入哈拉泊（黑海子）。額濟納河即古之弱水，東源今亦稱弱水，西源曰臨水，均出自青海省，至隴省鼎新縣二源會合，再入寧夏省，分數支向北注入居延海。

3、氣　候

本省氣候爲大陸性，寒暑均較劇烈。冬季漫山冰雪，「居民圍爐禦寒，重（此處應取『重疊』之意，筆者註）裘不暖」，且多朔風挾沙而來，灰塵彌漫；夏季雨量甚少，氣候乾熱，往往達華氏104度以上，「但一遇降雨，則頓覺寒冷，可禦棉衣，夜間更寒，與日間迥別，雨量甚少，夏日降雨不過2～3次而已」。唯東南部地區，空氣溼潤，較爲溫和。〔註35〕

4、物　產

甘肅高原與河西走廊地區，地形氣候多樣，物產豐富。動物類產品當中，中部和西部地區牧民放養的牛、羊、馬、驢、騾、駝等數量眾多，野獸類中，有虎、豹、狐、狼、野豬、熊、鹿、黃羊、麝、犀牛、羚羊等。

農作物以河西走廊地區所產的小麥，大麥，大豆，高粱，煙葉，棉花等爲主，皋蘭、張掖、酒泉等地的農產物更爲繁盛，水煙是皋蘭周圍最主要的特產之一，藥材主要有黃蓍、黨參、甘草、當歸等；果品有蘋果、葡萄、梨、

〔註34〕周振鶴：《青海》，第211～212頁。
〔註35〕楊文洵等編：《中國地理新志》第5編第258頁。

西瓜等。林業方面，多為天然林，其產地以空氣濕潤的隴西盆地周邊山地如六盤山、岷山、西傾山脈為主，種類有松、柏、榆、楊等。

礦產以煤、石油、金、鹽為大宗。煤礦分佈頗廣，大概以祁連山麓一帶為最富；石油在玉門有自然湧出，居民掘坑汲取之；金礦分佈於祁連山一帶；池鹽則分佈於皋蘭、武威、漳縣等地；〔註36〕天水附近的鐵礦，也有不少。

5、居　民

甘肅地區的居民，主要是漢族和回族，二者各占其半。回族散居在臨洮、臨夏、化平、固原等縣，除了宗教信仰之外，其他方面基本上已經與漢人同化了。漢族人稱這些人為漢回，歐洲人稱他們為東幹人。

漢族人住在甘肅的南方地區，以四川省移民來的最多。皋蘭附近有不少蒙古、藏族人居住。西部地區還有少數育各族人。1931 年統計，甘肅全省人口為 6281000 人，平均每平方公里 16 人。

漢、回居民，均以官話為主要語言，蒙古和藏族人也會講官話。大致說來，甘肅北方人粗野驃悍，南方溫文爾雅。宗教信仰方面，釋、道、回 3 種宗教均有很多信眾，民國年間亦漸有新、舊基督教的傳播。

漢、回、蒙、羌 4 族的風俗，有不少差異。漢人重耕、牧，回人營商、賈，但皆有定居的處所，不像蒙、羌人那樣，仟在帳篷裏，過一種游牧的生活。生活在鄉間僻壤的漢人，用氈為衣，性格渾厚篤實，東北部環縣、合水、西峰鎮一帶的居民，則住在窯洞裏。大多數居民的奢侈品，是抽食水煙〔註37〕

綜上觀之，西北地區複雜多變的自然和人文環境、富饒物產和民眾勞作的有機結合，既延續了該區域古代悠久燦爛的文明成果，又刷新了西北近代豐富多彩的經濟地理內涵。不過，受西北獨特地理環境制約下的區域經濟特色──畜牧業經濟占重要地位──還是無法、也無須改變的。清朝末年的「新疆地域廣大，草原且多適於動物之生育，住民四分之一專業牧畜，所謂游牧民也。其他土著之人民，亦概以畜牧為副業」。〔註38〕1930 年代的外蒙古地方，「蒙人是游牧民族，牲畜是他的富源，彼此相見，必先問家畜安否，而後開

〔註36〕楊景雄等繪製：《中華民國最新分省地圖》，說明部分第 60 頁，上海寰澄出版社 1946 年。
〔註37〕楊文洵等編：《中國地理新志》第 5 編第 260 頁。
〔註38〕張獻廷撰：《新疆地理志》，山東高等師範學校 1914 年石印本，《中國方志叢書‧西部地方‧第八號》，第 120 頁，台灣成文出版社印行。

始敘寒暄，其重視竟如此。出產有馬、牛、羊、駱駝、騾、驢之屬，以前四者尤爲大宗」。〔註39〕到了 1950 年代初期，這樣一種以畜牧業爲主的經濟產業結構，在整個西北地區也沒有發生根本性的改變。「西北地區有廣闊無垠的草原，天然牧場遍及各地，牧區差不多占土地總面積的 60%，牧業收入要佔到農業（此處指包括農林牧副漁在內的大農業——筆者註）總收入的 40%以上。新疆、青海、甘肅各省，許多兄弟民族的地區就是以牧業經濟爲基礎的，青海省牧區面積占該省土地的十分之九。西北各省除廣大的純牧區外，在農耕地區，以畜牧爲主要副業的情形也很普遍」。〔註40〕因此，在學術研究過程當中，將西北資源環境與人文環境恰當結合起來，應該是考察近代西北經濟發展的有效途徑。

〔註39〕 楊文洵等編：《中國地理新志》，第 11 編第 19 頁。
〔註40〕 芮喬松著：《祖國的大西北》，第 53 頁，新知識出版社 1955 年。

第二章　近代西北政策環境的變遷

　　近代西北政策環境的變遷，主要包括中國中央政府邊疆開發和民族政策的改變兩個方面。這一直成為包括學術界在內的社會各界非常關心的課題，研究成果自然所在多多，如土戒生主編《清代的邊疆開發》，〔註1〕成崇德著《論清代前期的西部邊疆開發》，〔註2〕黎小龍著《論兩漢王朝西南邊疆開發中的「各以地比」之治理方略》，〔註3〕梁四寶著《清代邊疆開發的經濟動因及其影響》〔註4〕等等，都不同程度地探討了中國不同時代不同邊疆區域的開發和民族政策。不過，已有成果主要在於論證中央政府邊疆和民族政策的連續性及其建設成效，少有論及不同時代邊疆開發政策的差異。

　　事實上，根據筆者的考察，不同王朝政府的邊疆開發和民族政策，是隨著當時國內外形勢的變化，而有很多差異的。特別是在近代，中國遇到了「亙古未有之變局」的情況之下，這種差別就更加巨大。其主要體現在，進入近代以後，隨著國內外政治、經濟形勢的重大變化，中國中央政府對西北邊疆的開發和民族政策，由以前政治上實行軍府制、經濟上實行屯田制的邊陲化、羈縻化、對立化統治方式，迅速向邊疆與內地政治、經濟、文化一體化的開發和融合方式轉變。這一變遷，對近代西北的經濟發展和民族融合，產生了有力的影響。

〔註1〕　西南師範大學出版社 1991 年。
〔註2〕　《清史研究》2001 年第 4 期。
〔註3〕　《西南師範大學學報（社科）》2001 年第 6 期。
〔註4〕　《中國經濟史研究》2003 年第 3 期。

第一節　近代西北邊疆開發政策的轉型──以天山南北的本土化開發爲例

　　對包括天山南北地區在內的近代西北經濟開發史的研究，是包括新疆學者在內的學術界關注的重點之一。已經面世的成果，除了祁美琴所總結的 1999 年前的那些論著之外，〔註5〕尚有馬汝珩、馬大正主編《清代邊疆開發研究》，〔註6〕袁森坡著《康雍乾經營開發北疆》，〔註7〕殷晴主編《新疆經濟開發史》下冊，〔註8〕童遠忠著《劉錦棠與近代新疆的開發和建設》，〔註9〕袁澍著《王樹楠與近代新疆開發建設》，〔註10〕蘇德畢力格著《晚清政府對新疆、蒙古和西藏政策研究》，〔註11〕阿依木古麗·卡吾力著《楊增新主政新疆的經濟政策與近代中國西部開發》，〔註12〕關毅著《略論盛世才主政時期新疆近代工礦業的發展》〔註 13〕、李大龍著《試論中國疆域形成和發展的分期與特點》，〔註 14〕等等，皆對包括天山南北地區在內的西北近代政治、經濟、軍事開發進程，進行了不同階段和不同側面的探析，具有很高的學術價值。

　　然而，一方面，包括天山南北地區在內的西北地區，作爲中國中央王朝長期籌謀治理的邊疆區域之一，其發展變化不可能完全自立於中原之外；另一方面，包括天山南北地區在內的西北地區，作爲中國邊疆鏈條至關重要的一環，其近代以來的開發建設實踐，對於中國中央王朝的整個邊疆開發政策，以及其他邊疆區域的開發也會產生重要影響。然而，相關學術研究成果距離這一設想，還有很大的差距。因此，有關全國視野下的西北本土化開發，或邊疆與內地一體化開發問題，尚值得加大研究的深度和力度。以下即屬筆者在該問題上的一些淺見。

〔註5〕　祁美琴：《五十年來的近代新疆開發史研究綜述》，《西域研究》2001 年第 1 期。
〔註6〕　中國社會科學出版社 1990 年。
〔註7〕　中國社會科學出版社 1991 年。
〔註8〕　新疆人民出版社 1995 年。
〔註9〕　《常德師範學院學報（社科版）》2000 年第 6 期。
〔註10〕　《新疆社科論壇》2001 年第 1 期。
〔註11〕　內蒙古人民出版社 2005 年。
〔註12〕　《喀什師範學院學報》2006 年第 1 期。
〔註13〕　《新疆師範大學（哲社版）》2006 年第 1 期。
〔註14〕　《中國邊疆史地研究》2011 年第 3 期。

一、獨特的自然區位使西域長期游離於中原之外

在有關西域等邊疆地區的研究當中，學者們的一個最大誤區，就是常常陷入「中原中心論」的窠臼而不能自拔。有些說法開頭貌似公允，但最後還是免不了又落入這一俗套。比如，「新疆恰處於歐洲文明、西亞文明、印度文明和華夏文明輻射的焦點，由之得天獨厚，易於兼收並蓄。但由於其特殊的地理位置，距印度尚隔崑崙、喜馬拉雅兩座大山，距波斯則西阻蔥嶺，南限烏滸水，距歐洲則遠隔內陸，又隔烏拉爾山，唯與中原僅阻一磧，接受其文化影響既近且易。因之，當西方還以迷惘的目光注視著這一陌生的國土時，我國先秦古籍《尚書》、《竹書紀年》、《逸周書》、《山海經》、《穆天子傳》、《楚辭》中已經出現了流沙、大荒、泑澤、崑崙、西海、不周山等有關新疆地理、物產的記載，其中崑崙一直被視為中華民族發祥的聖山，這表明流沙東西早就存在著悠遠的歷史聯繫了」。〔註 15〕類似這種將西域強指為華夏文明天然「粉絲」和「受眾」的說法，無疑會讓具有濃重「中原中心論」情結的人們，倍感親切和受用。

但是，狹隘的民族情感，不能代替嚴格的學術規範，即用客觀的歷史事實來說話。這是因為，第一，中原畢竟代表不了全中國，而西域也從來沒有外化於整個中華。按照譚其驤先生歷史地理學的說法，天山南北應該和中原等地一樣，自古都同屬於一個中國，都是中國神聖疆域不可分割的重要組成部分，中國版圖的各個組成部分之間，彼此並不存在誰應該隸屬於誰、以及誰先誰後的問題。〔註 16〕第二，天山南北自遠古時代起，就存在著與中原同一時期文明所不同的獨特文化類型。大量考古發掘證明，早在距今 4000 年以前，天山南北就產生了與我國今天的東北、內蒙古、甘肅北部等地區大致相同的細石器文化，成為沿長城以北沙漠、草原地帶細石器文化體系的重要組

〔註 15〕轉引自薛宗正主編：《中國新疆古代社會生活史》，第 5 頁，新疆人民出版社 1997 年。

〔註 16〕譚其驤先生的相關論斷是「我們是如何處理歷史上的中國這個問題呢？我們是拿清朝完成統一以後，帝國主義侵入中國以前的清朝版圖，具體說，就是從 18 世紀 50 年代到 19 世紀 40 年代鴉片戰爭以前這個時期的中國版圖作為我們歷史時期的中國的範圍。所謂歷史時期的中國，就以此為範圍。不管是幾百年也好，幾千年也好，在這個範圍之內活動的民族，我們都認為是中國歷史上的民族；在這個範圍之內所建立的政權，我們都認為是中國史上的政權」。譚其驤：《歷史上的中國和中國歷代疆域》，《中國邊疆史地研究》1991 年第 1 期。

成部分；〔註 17〕此後西域各族人民所創造的物質文明和精神文明，也都曾達到了很高的水準。〔註 18〕由此看來，西域地區早期的文明發展進程，堪與中原地區同步同輝；換言之，被歷代中原王朝所大肆渲染的張騫西域「鑿空」活動，並非是救西域於野蠻和蒙昧之中的啓蒙佈道之舉，充其量不過是中原與西域地區之間，進行大規模平等交流的一個重要開端罷了。

學術界長期流行著一種主觀、籠統的說法，即新疆地區「三山夾兩盆」的複雜地貌，乾燥的氣候，高聳的山嶺，浩瀚的沙漠等惡劣自然條件，足以將古代西域與周邊地區天然地分隔成孤立封閉的地理單元；只有東向中原的河西走廊，才是西域通往外界的唯一坦途。但是，如果對天山南北地區的微觀地貌，進行一種高清晰度的近距離考察，就不難發現，這裡的地理和交通困難，遠遠沒有僅僅依靠地圖想像出來的（紙上談兵）那麼嚴重。且不說天山南北地區的西部和北部，均有不少寬闊平緩的河谷與山口，可以很便利地交通於中亞的伊犁河谷與蒙古草原之間；就是中部、南部和西部巍峨高聳的天山、崑崙山、蔥嶺之間，也不乏眾多駝路和車路的山間阪道，可以通往新疆各地以及南亞、西亞、中原的廣大地區，〔註 19〕進而成為各地的人們相互之間，進行政治、經濟和文化交流的多重紐帶（參考圖 2-1）。否則，就無從清晰地解釋，貫通歐亞大陸的數條「絲綢之路」、西域外來的佛教文化以及伊斯蘭教文化，何以能夠在這一地區產生、發展和繁盛起來的真正原因。

由此可見，天山南北地區獨特的自然環境和地理區位，一方面客觀上增加了當地與周邊各區域之間相互溝通的難度，另一方面也同時造就出與周邊不同文明彼此交流的左右逢源地位。這一點，從西域政治格局的動盪性，經濟發展的多樣性，文化衍續的多元性等方面，都可以得到充分的印證。換句話說，西域雖然自古就是中國領土神聖不可分割的重要組成部分，但卻並不意味著，它只能是中原政權版圖的天然組成部分。二者要想緊密地連結為一個整體，不僅需要雙方人民的美好願望，更需要彼此為之付出切實的努力。

〔註17〕吳震：《新疆新石器時代文化的初步探討》，《光明日報》，1962 年 2 月 18 日第 4 版。

〔註18〕參見薛宗正主編《中國新疆古代社會生活史》，第二章，先秦兩漢時期。

〔註19〕張獻廷：《新疆地理志》，第三章，第六節，交通，民國三年石印本。

圖 2-1　1942 年新疆西部與境外交通示意圖

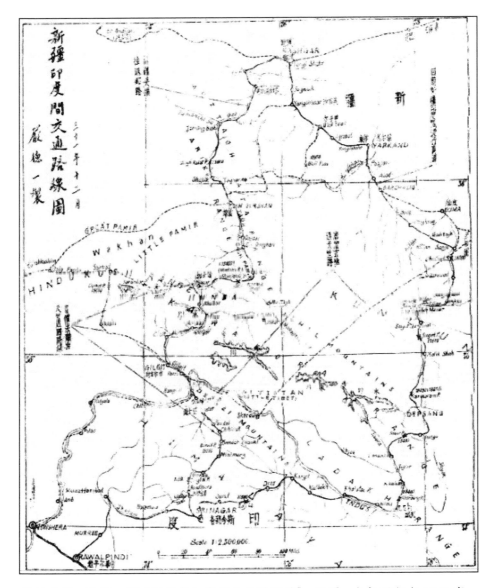

資料來源：嚴德一著《新疆與印度間之交通路線》，附圖，內部刊印本 1942 年。

　　事實上，時至近代，天山南北地區與中原地區之間，在交通上依然相當隔絕、在政權隸屬關係上同樣屢經變換的事實，即為上述複雜狀況的明證。從中原人的角度看，「新疆地處極邊，輪幅廣闊，重以冰嶺雪山、流沙廣漠之阻隔，故交通之困難，時日之久長，雖周行環球，殆無其匹。由北京以抵

迪化，計程八千餘里，爲期三月餘」。〔註20〕所以，無論是漢代所設置的西域都護府、唐代所設置的安西都督府、北庭都督府、清代所設置的伊犂將軍等，都只不過是中原政權在西域地區的一種羈縻統治機構，最多也就是只治軍政而不治民政的軍事殖民系統，算不得眞正意義上的本土化治理。因爲「新疆去京師萬里，孤懸塞外，窮荒絕漠，氣候迥殊，蓋爲士大夫所唾棄也，久矣。然漢、唐之通西域，不憚竭中原之財，殫朝野之智，勞師塞外，血被流沙，曾不稍息，抑又何哉？即近如清代，康、乾兩朝，平定回疆，費數十年。同光之際，全疆淪陷，左、劉率師轉戰萬里。伊犂一隅，爲俄所踞，當時朝野上下，以師徒久困，不願開罪強鄰，致興兵我（伐？），莫不主張棄地者」。〔註21〕這既反映出古代中原人對西域這一化外之地鞭長莫及的矛盾心態，但同時也未嘗不是其一種無奈的選擇。

二、行省設立與西北邊疆開發政策的轉變

在很大程度上講，看一個政權到底是只代表中原王朝利益的地方政府，還是代表各民族利益的中央政府，試金石就是考察其邊疆政策是否與內地政策平等。如果僅將邊疆看成是護衛中原的屏障，而對其實行羈縻性軍事殖民統治的話，它就是一個狹隘的中原地方政府；如果它能把邊疆和內地都同樣作爲該王朝的本土，而實行一體化的統治與建設政策的話，它就是超越了地方性政府的侷限而昇華爲全中國的中央政府了。

就這個意義而言，被無數中原學者所大力稱頌的秦、漢、唐、宋等王朝，便算不上眞正代表全中國的中央政府；只有對邊疆地區實行本土化開發政策的中後期的清政權，等等，才能稱得上眞正意義的中國中央政府。這一點，只有結合包括天山南北在內的西北地區的近代開發進程，才會看得更加清晰。

因爲遠的不說，即便到了清朝入關的初期，西域、外蒙、青藏地區也並沒有眞正地進入清王朝的統治版圖，而是大部分處在一個叫做準噶爾汗國的地方政權統治之下；而且，這個政權與清初王朝之間，並無直接的政治隸屬關係。祇是後來，由於準噶爾汗國的對外擴張衝擊到了清王朝在外蒙古地區的既得利益，進而威脅到其更爲核心的中原地區的安全，才造成了雙方之間

〔註20〕林競：《新疆紀略》，九，交通，東京天山學會 1918 年。
〔註21〕林競：《新疆紀略》，引言部分。

大半個世紀的激烈軍事衝突。〔註22〕即便是對天山南北地區的軍事佔領完成之後，清王朝最初也沒有對這裡實行全面有效的治理，而是繼續仿傚漢、唐王朝在這一地區的傳統做法，以軍事佔領爲主，移民屯田爲輔，實行軍府制、伯剋制爲主，箚薩剋制、州縣制爲輔的羈縻統治政策。即以伊犁將軍爲首的軍府系統主要控制天山南北的軍政，卻並不直接干涉西域土著領導人如各級伯克在當地的民政管理事務。〔註23〕

　　這種看似到位的羈縻化邊疆統治政策，在治理的成效上是很不理想的。因爲爲了維持這一軍事統治體制的運轉，清王朝的中央政府與內地行省，不得不將巨額的協餉撥往西域地區，「竊計甘肅、新疆，承平時預撥估撥餉銀四百數十萬兩」。〔註24〕可是，它的實際效果卻收穫甚微：它沒有徹底根除當地割據和混亂的政治局面，各族各地的叛亂也時有發生，社會經濟的發展與人民生活的安定依然面臨著嚴峻的挑戰。再加上沙皇俄國的大肆東擴，西域形勢已岌岌可危。究其深層原因，一方面在於軍府制之下，「將軍、都統與參贊、辦事大臣，協辦與領隊大臣，職分等夷，或皆出自禁闥，或久握兵符，民隱未能週知，吏事素少歷練，一旦持節臨邊，各不相下，稽查督責，有所難行。地周二萬里，治兵之官多，治民之官少，而望政教旁敷，遠民被澤，不亦難哉」！〔註25〕而另一方面，天山南路的伯剋制也是流弊叢生。「回疆民事，從前委之阿奇木伯克等官，原以約束部眾。乃該回目等往往倚權借勢，魚肉鄉民，爲所欲爲，毫無顧忌。繼回語言文字隔閡不通，民怨沸騰而下情無由上達。繼遭安夷之變，該回目等苛酷尤甚，橫征暴斂，朘削靡遺，民命不絕如縷」。〔註26〕爲此，左宗棠等人結合自身的治邊實踐，提出了一個切實可行的策論，即在天山南北地區實行與內地畫一的行省制度。他認爲，如此以來，「軍食可就地采運，餉需可就近取資，不至如前此之拮据憂煩、張惶靡措也」；所以，「爲新疆畫久安長治之策，紓朝廷西顧之憂，則設行省，改郡縣，事有不容已者」。〔註27〕可見，廢除以前低效的羈縻政策，在西域實行本上化的行省

〔註22〕自康熙二十七年（1688年），康熙皇帝御駕親征噶爾丹，至乾隆二十七年（1762年）伊犁將軍的設立，雙方之間發生了多次控制與反控制的戰爭。
〔註23〕蔡家藝：《清代新疆社會經濟史綱》，第一編，清代前期新疆的社會經濟，第二編，乾嘉道時期新疆的社會經濟，人民出版社2006年。
〔註24〕左宗棠：《左文襄公全集・奏稿》，卷53，光緒十六年刊本。
〔註25〕左宗棠：《左文襄公全集・奏稿》，卷53。
〔註26〕朱壽朋編：《光緒朝東華錄》，卷74，中華書局1982年。
〔註27〕左宗棠：《左文襄公全集・奏稿》，卷50。

統治，以保障中國領土主權的完整和區域開發的成效，已經刻不容緩。

經過左宗棠、譚鍾麟、劉錦棠等官員的奔走呼號，痛定思痛的清政府，遂在平定阿古柏叛亂之後，於 1884 年任命劉錦棠爲巡撫、魏光燾爲佈政使司，正式設立新疆行省，實行了一系列本土化的西北邊疆開發政策。

1、政治上，借鑒其他邊疆區域和新疆東部地區已有的「改土歸流」經驗，全面推行州縣制。

新疆建省之初，其行政建制爲 4 道、2 府、11 廳、4 直隸州、11 縣；〔註28〕經過調整，到清朝末年，全疆共設有焉耆、溫宿、疏勒、莎車、伊犁、迪化 6 府，庫車、和闐 2 直隸州，英吉沙爾、烏什、庫爾喀喇烏蘇、塔爾巴哈臺、精河、鎮西、哈密、吐魯番 8 直隸廳。〔註29〕從而基本上結束了軍府制、伯剋制、箚薩剋制、府縣制並行的混亂局面，在很大程度上消弭了西域長期分裂割據的政治基礎，使中央政府統一的政令能夠得到更加有效地貫徹執行，爲天山南北地區的本土化建設，奠定了必要的政治前提。

2、經濟上，改革舊的屯田制度，大力發展農業生產。

屯田是中原王朝爲配合其在邊疆地區的羈縻政策，最晚從秦代就開始實行的經濟開發活動。由邊地駐軍屯墾的土地稱爲軍屯，由內地實邊移民屯墾的土地，稱爲民屯。清王朝在「新疆屯田，始康熙之季察罕諾爾地駐兵」，〔註30〕盛於乾隆朝以後，分爲兵屯、民屯、遣屯、回屯、旗屯等多種類型。由於其軍事化管理的成份濃重，屯丁的生產積極性和成效，皆受到了很大的限制。在新疆建省以後，巡撫劉錦棠等官員，著手對屯田制度進行了改革。內容包括改兵士兼營的兵屯爲平民專營的民屯，改由謫遣罪犯從事的遣屯爲自由民從事的民屯，廣泛招徠內地流民來新疆屯墾，並減輕其租稅的額度，允許其加入當地民籍，從而提高了屯田勞動者的生產積極性，促進了新疆屯墾區農業經濟的發展。據統計，建省前的同治年間，新疆的田畝原額爲 2980743.57 畝，到 1905 年，僅冊報升科的墾田數就達到了 10309324.06 畝，爲原額的 3.45 倍。如果將以畜牧業爲主的天山北路地區，和以綠州農業爲主的天山南路地區進行比較的話，那麼，1905 年，天山北路伊塔道和鎮迪道的升科畝數爲 1482630.66 畝，天山南

〔註28〕蔡家藝：《清代新疆社會經濟史綱》，第 363 頁。
〔註29〕張獻廷：《新疆地理志》，第一章，第五節，地方。
〔註30〕趙爾巽等撰：《清史稿》，卷 120，食貨志，一，中華書局 1977 年。

路阿克蘇道和喀什噶爾道的升科畝數爲 6026693.4 畝，原來以畜牧業爲主的天山北路，其升科的田畝數，已經達到了天山南路的四分之一。〔註31〕

對土地附著性很強的農業經濟成份的快速增加，有助於新疆政局的穩定及其與中原地區經濟政策的協調統一，是天山南北地區的本土化建設，在經濟領域裡的重要表現和有機組成部分。

3、推行與全國統一的「新政」措施。

清朝中央政府 1901 年發起的「新政」運動，於次年就在新疆省內得到了實施。其內容概括起來主要包括「革除弊政，整頓吏治；改革兵制，編練新軍；興辦實業，挽回利權；建立學校，普及教育等幾方面」。〔註32〕

其中，編練新式陸軍和員警制度，對於強化全省的防務和地方社會秩序；開發礦產和成立工商公司，對於現代工商業的發展和傳統農牧產業結構的調整；籌修鐵路和建立新式郵政系統，對於現代交通建設和物資信息的交流；興辦新式學堂，普及現代科學知識，對於啓迪人們的智慧和灌輸統一的思想規範，均產生了前所未有的成效。這不僅有利於加強新疆與內地政治、經濟、文化的統一，而且也促進天山南北地區的本土化開發建設。

三、民國年間天山南北本土化開發的延續

辛亥革命的爆發和清朝統治的終結，使全國原本統一的政治局面受到了很大的損害。新組建的民國政府不僅政出多頭，而且，各種政治勢力之間的爭鬥也此伏彼起，所謂「中央政府」的權威很難得到各方的一致認同。這種混亂狀態，不但嚴重地阻礙了中原地區的發展進步，也極大地衝擊到了包括天山南北地區在內的西北開發建設。具體表現爲，此前新疆省各主要官吏都由中央政府直接任免，軍隊巨額的「協餉」也由國家財政統一調撥。但是此後，中原的所謂「中央」政府，因自身難保而無暇西顧，新疆各主要軍政要員的去留，都由勝出的軍閥來掌控；各項財政開支，也主要由當地自籌。民國政府對新疆的統治力度，已經較清朝後期大爲削弱。

然而儘管如此，經過清末建省後近 30 年的建設，到民國時期，新疆在政治、經濟、文化諸方面與中原地區的一體化進程，還是得到了一定程度的繼

〔註31〕蔡家藝：《清代新疆社會經濟史綱》，附表 3-1，1905 年各府廳州縣耕地面積表。

〔註32〕蔡家藝：《清代新疆社會經濟史綱》，第 363 頁。

承、延續和發展。這在上至中原「中央」和新疆地方的施政方略，下至下層平民的行爲習慣中，都有明顯的體現。

1、從「中央」方面來看，北京民國政府的有效統治雖然無法抵達中國全境，但卻一直沒有放棄對新疆省的關注和「治理」。到南京民國政府時期，「中央」對新疆省的控制，更日漸增強了。

民國初期，北京政府依然將新疆作爲其治下的行省之一，統一下達政令和發放公文；歷次的移民實邊行動，也都把新疆作爲目的地之一。南京政府建立特別是抗戰爆發以後，對西北大後方的建設更加重視，政治、軍事、經濟等方面的滲透和控制也逐步增強。〔註33〕1944年9月，盛世才被迫離開新疆到重慶供職，和國民政府的軍政大員朱紹良、吳忠信、張治中先後到新疆主政，是新疆重新高度服從於南京（重慶）「中央」政府統治的重要體現。

2、儘管新疆地方當局，鑒於中原紛亂複雜的政治局面和自己的切身利益，採取了閉關守土的孤立主義政策，但是，他們依然是以中國的一個地方政權而非一個獨立政權的姿態，來行使其內外政策的。這是天山南北本土化開發政策得以實施和延續的政治前提。

從新疆本身的情況來看，儘管地方當局與中原的民國政府保持了相當大的距離，但是，無論是楊增新、金樹仁還是盛世才主政時期，新疆都沒有像1924年以後的外蒙古分裂主義勢力那樣而自外於中國，更沒有幹分裂和背叛祖國的勾當。楊增新對內地的政治態度一貫爲「是中央即復從」，重要官吏的任命和事務處置亦皆交「中央」備案；而對於俄國，則採取不卑不亢的外交策略。一方面，對於叛逃入新的白俄軍隊，不僅沒有姑息縱容，反而強化了對他們的約束和控制；另一方面，爲保障中國商人的權益和限制俄國商人的權益，於1920年與蘇俄訂立了新俄《局部通商條約》，規定在新疆的俄商與華商一體納稅，廢除了1868年中俄《陸路通商條約》中，允許俄國商人在天山南北暫不納稅的特權。此後主政的金樹仁和盛世才，雖然在蘇聯的巨大壓力和誘惑下，行政方面帶有了明顯的親蘇色彩，但也依然沒有中斷與中國內地「中央」政府的政治聯繫。〔註34〕1943年1月16日，政治面目複雜多變的新疆省主席盛世才，由一個原「聯共布」黨員，正式就任中國國民黨新疆省黨部主任一職，標誌著重慶

〔註33〕陳慧生、陳超：《民國新疆史》，第3～17章，新疆人民出版社2007年。
〔註34〕蔣軍章：《新疆經營論》，第1章，第4節，民國以來的新疆，南京正中書局1936年。

國民政府對新疆政治控制力度的增強，和盛氏親蘇政策的基本終結。而張治中主政新疆以後，新疆與內地的政治聯繫更進一步地增強了。

3、中原和西域的老百姓，積極投身新疆的開發和建設，他們成為新疆本土化開發事業的基石和主體力量。

民國時期，楊增新對內地政府有組織的移民政策所持的反對態度，使內地農民到新疆的墾殖活動，受到了一定的阻礙。而盛世才主政時期的相關政策，則寬鬆得多。他曾對內地移民明確許諾：「全疆五穀俱備，蔬菜水果無缺，盼腹地人民盡速移來，至猩猩峽後，即當負責安排」。〔註35〕再加上到新疆經商的內地商人不斷湧入，農、工、商各產業的勞動者隊伍，便一直處於壯大之中。從現有的人口統計資料來看，1913 年前後，新疆有人口 200 萬，〔註36〕1943 年前後，新疆人口達到了 450 萬〔註37〕。按照這樣的統計，新疆人口在 30 年當中，就增加了 250 萬，其人口的自然增長率高達 41.7‰，這顯然有大量的外來移民在內。 一般來說，一個地區正常的人口自然增長率為 5～10‰，據此，新疆 30 年的淨增人口當為 30～60 萬，1943 年時的新疆人口數量，應該在 230～260 萬左右。換句話說，僅 1913～1943 年的 30 年間，新疆的各類外來移民（主要是內地移民）數量，應該淨增了 190～220 萬人左右。無疑為新疆的本土化開發，帶來了亟需的勞動人手。

經過「中央」政府、特別是新疆當局和人民的共同努力，民國時期的新疆，最大限度地保持了政治上的獨立和經濟上的發展，使沙俄和蘇聯等外國勢力，試圖把中國的新疆變成第二個外蒙古的陰謀，最終化成了泡影，從而成功地維護了祖國領土和主權的完整，保證了清末新疆建省以來，中國西北邊疆本土化開發政策的連續性和建設的成效。

四、本土化開發的整體成效

包括天山南北在內的邊疆區域，整體發展水準之所以落後於中原，很重要的一條原因，不是其自然環境的惡劣，而是內地和邊疆政權對這些地區的重視不夠，開發建設的力度不大，致使當地豐富的自然和社會資源，沒有變成現實的生產力。與此相反，自清末建省以後，在清朝中央政府、民國政府、

〔註35〕韓清濤：《今日新疆》，一、新疆輪廓，貴陽中央日報總社 1943 年。
〔註36〕張獻廷：《新疆地理志》，第一章，第一節，面積及人口。
〔註37〕韓清濤：《今日新疆》，一、新疆輪廓。

新疆歷屆當局和各族人民的共同努力下，天山南北地區的本土化開發取得了很大的成功。地廣人稀的荒涼景觀漸漸消退，良鄉熱土的壯麗畫卷徐徐拉開。

1、經過建省後半個多世紀的努力，天山南北的交通網絡進一步完善，與周邊區域現代化公路、鐵路的對接更加快捷有效。

新疆幅員極其遼闊，地形氣候複雜多變，加上此前中原政府邊陲化開發政策的限制，新疆地區內部的交通，雖然由於車馬道路和山間阪路的存在，不致絕對的閉塞單一，但也確實不怎麼快捷。民國初年，「自迪化至南路和闐，須七十餘日；由迪化至喀什，須五十餘日。一省之內，往返常須半載。無舟楫輪軌之利，徒籍（原文如此，似應為『藉』）笨車驢馬以轉移」。〔註38〕這種狀況，無疑制約了新疆區域內部及其外部政治、經濟、文化聯繫的加強，與本土化開發的成效。有鑑於此，新疆建省特別是民國以後，歷屆當局都能把交通建設放到重要地位，並取得了明顯的成效。到民國中後期，新疆省內「各大城市之間，大率有大路可通，而一部分道路且均可行駛汽車。自迪化西北赴伊寧、承化、塔城，或南越天山缺口以赴南疆各地，或東至哈密，道路均可暢通」。〔註39〕它們與新疆周邊地區交通網絡的呼應〔註40〕與對接，為天山南北的本土化開發和對外交流，奠定了必要的物質技術基礎。

表2-1　1942年前後天山南北的交通概況

範　圍	狀　況　1	狀　況　2	狀　況　3
新疆省內	至1942年底，主要汽車公路有迪化—伊寧，迪化—哈密，額敏—塔城，迪化—焉耆—阿克蘇—喀什—和闐等，約5282公里	伊犁河與額爾齊斯河的部分河段，可以通行小汽船，塔里木河亦有通航之利	以迪化為中心的東、西、南線，可通有線電報、電話近4000公里，無線電臺23處。1932年已有郵局25所，代辦所及信櫃60餘處

〔註38〕林競：《新疆紀略》，九，交通。
〔註39〕呂敬：《新新疆之建設》，第三章，交通，時代出版社1947年。
〔註40〕在其西部相鄰的中亞地區，由於俄國政府的極端重視，其交通的現代化程度達到了很高的境界。20世紀之初，俄國人就把鐵路從莫斯科修到了中亞阿拉木圖，並與西伯利亞大鐵路相連；1930年，又修建了環繞新疆西部邊境的土西鐵路。在東方的中原地區，現代化的鐵路、公路也不斷地向新疆方向延伸。北路有京包鐵路，1909年到達張家口，1920年到達歸綏（今呼和浩特市），1923年到達包頭；南路有隴海鐵路，1930年到達陝縣，1935年到達西安，1937年到達寶雞。汽車公路方面，1934年，從歸綏到哈密的綏新公路開始營運，1935年，從西安到蘭州的西蘭公路也業已修通。

新疆通內地	新疆東部各城如迪化、哈密與甘肅的河西走廊之間，均有不止一條的公路，汽車可以暢通無阻	新疆經甘肅、寧夏北部至綏遠的歸化間，自 1933 年即有新綏公路可通汽車，並可接京綏鐵路以通達京津	自婼羌向東南通青海西寧，自于闐向西南通西藏竹岡特 另外，迪化有航空航線可通南京、上海，戰時亦通重慶
北疆通蘇聯 3 線	自伊寧騎行 2 日至霍爾果斯，再乘汽車 1 日可至蘇境之薩爾佛宰克火車站，再乘火車 1 日可至阿拉木圖	自塔城40裡可至邊城巴克圖，乘汽車 1 日可至愛古茲火車站，再火車 1 日至斜米	自吉木乃可以通至蘇聯境內之齋桑
南疆通蘇聯 3 線	自喀什之伊爾克什坦木沿山間駄路西逾天山，進入蘇聯鄂什城再西北達安集延，約 1400 裡，貨馬須20餘日，有鐵路西通撒馬爾罕	自喀什北行至圖魯噶爾特，越小山即至蘇境，汽車 3 日可達於貿易中心比什伯克，汽車、馬車均通	自烏什騎行 2 日至邊界，又 3 日至蘇聯之哈拉湖。此路在新疆境內險阻多山，蘇境則相當平坦
南疆通印山路	自南疆莎車南越喀喇崑崙山，達於印度之列城，山高雪大，異常險阻	自南疆蒲犁越帕米爾高原至印度綽古爾吉，道路狹窄	

資料來源：呂敔《新新疆之建設》，第三章，交通。

2、礦業勘探和開發，取得了一定的成就，新式工業也獲得了一定的發展。這不僅改變了新疆傳統單一的農牧業經濟格局，同時也促進了農牧業的市場化和產品的深加工。

煤、鐵、石油、石膏、岩鹽等礦產資源，是新疆地區發展現代工業的必要物質基礎。民國時期，隨著人才和技術的引進，新疆這些重要資源的勘探和開發，都取得了不小的進展。根據 1940 年代的結論，新疆的煤炭儲量占全國的 12.05%，次於山西和陝西，居全國第 3 位；開採方面，迪化的八道灣煤礦、庫車的阿黑煤礦、烏蘇的四蘇木煤礦、烏恰的康蘇煤礦等等，自1935～1942 年間，煤炭產量年有增加，1942 年全省年產煙煤 160600 公噸，褐煤 22000 公噸。新疆的石油儲量占全國的 60%，居全國第 1 位；開採方面，以烏蘇的獨山子油礦成績最佳，1943 年日產原油曾達 67.3 公噸，庫車的銅廠油礦有土油井 30 多個，同時，烏恰的紅溝、安兒安，溫宿的塔克拉克，迪化的頭屯河、四岔溝、蘇達車，塔城的青石峽，喀什的赫子爾坡南山等地，皆有小規模的石油開採。鐵礦資源雖然相對較少，但仍居西北各省之冠，其中，在庫車的阿黑，迪化的西山窪，鞏哈的鐵木裡克，皆有集中的發現。另

外，承化等地的金礦，烏恰等地的鉛礦，拜城等地的銅礦，溫泉等地的鎢礦，庫車、溫宿等地的石膏，以及遍佈新疆各地的池鹽、灘鹽和岩鹽，都有豐富的發現和一定規模的開採。除礦業之外，新疆其他的輕、重工業，也都有了一定發展，其成就「較諸西北其他方面省份，已可有過而無不及」。〔註41〕

表 2-2　1943 年前後天山南北的非礦工業概況

工業門類	發　展　概　況
電氣工業	全疆共有交流發電機 21 部，直流發電機 8 部，計發電力 1725 千瓦，除電燈照明外，亦做工業生產動力。主要電廠分佈在迪化、伊犁、吐魯番、塔城、烏什、喀什、綏來、阿山
機械工業	全疆有鏇床 38 架，刨床 10 架，鑷床 5 架，鑽床 18 架，磨床、臼床、絞絲床各 2 架，碾片機、壓榨機各 3 架，截鐵機、鏇木機、鑷木機各 2 架，砂輪機 10 架，電焊機 8 架，氧氣機 4 架，鋸木機、刨木機各 4 架，電氣錘 3 架。迪化、伊犁、塔城工廠，均可製造簡單工具及另件
紡織工業	毛織業以阿克蘇、莎車、英吉沙、塔城、伊犁、疏勒、巴楚、焉耆等地為主，年產地毯 17000 張，毛毯 78300 張。棉織業以疏勒、莎車、和闐、喀什、阿克蘇、庫車、吐魯番為主，年產土布 700000 疋。全疆新式紡織工具，棉紡機 66000 錠，毛織機 1000 錠。
皮革工業	以葉爾羌、喀什、伊犁、迪化為盛，伊犁、迪化 2 地的製革廠年產量達 1000000 張
食品工業	麵粉工廠主要有迪化麵粉廠日磨小麥 14 噸，伊犁麵粉廠日磨小麥 105 噸，綏定、塔城麵粉廠。製油廠主要在迪化、伊犁、喀什，製油廠主要在迪化、伊犁
造紙工業	主要有和闐的桑紙，迪化、吐魯番以柿樹皮和麥杆為原料造的紙
印刷工業	全省各類印刷機 30 架，動力 6928 千瓦，以迪化、伊犁、塔城、阿克蘇、喀什、阿山為中心
其他工業	有機器鋸木廠 3 處，肥皂製造廠 7 處，酒精製造廠 3 處，火柴製造廠 1 處，磁器廠 1 處

資料來源：呂敬《新新疆之建設》，第四章，工礦。

3、隨著生產條件和技術的改良，天山南北的畜牧業也獲得了更大的發展，進一步擴大了當地對外貿易的規模，豐富了牧民的物質生活水準。

畜牧業一直是新疆居於首位的生產事業，7 大主要牧場中，塔城、阿勒泰、

〔註41〕呂敬：《新新疆之建設》，第四章，工礦。

伊犁、烏蘇、古城 5 個在北疆，烏什、焉耆 2 個在南疆。「省府爲了發展畜牧業，特在好多畜牧重要區域，陸續設立農牧場，對於畜牧民眾，正督促從事於增加生產和保護牲畜等工作：在增加生產上，大量購置種畜，交配牛、羊、馬、駝，以改良畜產；在保護牲畜上，成立獸醫機關，治療牲畜，並成立制藥室，充實藥物，獎勵儲草搭棚，關設多季草場，以免冬季牲畜有凍餒之憂；此外是在勸導牧民多多改良土產，多多在增加生產和改良土產上下功夫，以換取日用品以及農工業的機器和技術」，結果，1943 年，新疆對外輸出的畜產品數值，占到了全省對外貿易總額的 79～90%；僅羊毛一項，就超過甘、寧、青 3 省總產量的 2 倍。〔註 42〕

4、農業機械化程度有了不小的提高，農業經濟穩步發展。

乾旱和生產工具的落後，是制約天山南北農業生產的 2 大瓶頸。爲了促進農業生產的發展，民國新疆政府，組織南、北疆地區的農民，大力發展農田灌溉事業，1932～1942 年間，新疆增加和修補的水渠和坎井長度，達到了 5000 公里以上，耕地面積增加了 60000 公頃。與此同時，政府還從蘇聯購置大量新式的農業機械，以提高農業生產。「新式鋼鐵農機，推動著全疆的農民，向著農業機械生產化的道路上前進，新的農業技術，催促新省農業經濟，從中古式的生產，進入到現代的科學方法的生產，大批的托拉機、播種機、播棉機、割麥機、收穫機、打糧機、分糧機、清花機、中耕機、割草機、束草機、收穫捆束機、培土機、風車、元片耙、彈簧耙、之字耙、切草機，以及與發展農業有關的各種測候的儀器、噴水器、噴藥器，等等各式各樣的農業新工具，不但是無不應有盡有，而且是歷年增加著。統計三十一年（1942 年）全疆已有農機總數，超過了 100000 具，一年一年的接近著農業機械化的軌道上。舉個例來說：塔城縣、額敏縣和伊寧縣、綏定縣，已大部分的農業機械化了，其他的各區和各縣，也正步著塔城、伊犁的後塵向前追趕著！」〔註 43〕

新疆建省之前，中原地區的有識之士，對它的重視多在於政治和軍事，「若新疆不固，則蒙古不安，匪特陝、甘、山西各邊時虞侵軼，防不勝防，即直北關山，亦將無晏眠之日」。〔註 44〕而經過建省之後中央和地方半個多世紀的共同

〔註 42〕韓清濤：《今日新疆》，五、新疆的財富。

〔註 43〕韓清濤：《今日新疆》，五、新疆的財富。

〔註 44〕左宗棠：《左文襄公全集・奏稿》，卷 50。

圖 2-2　迪化的公園

資料來源：吳紹璘著《新疆概觀》，南京仁聲印書局 1943 年。

努力，從政府到民眾，都對天山南北本土化開發努力和成就，有了非常普遍的認同。大家除了認可新疆在國防上的重要意義之外，也無不因為其富饒的資源和遼闊的土地，而將其看成是「建設新中國必不可缺的省區」。〔註45〕一般民眾覺得，「新疆省實在是一個最富的區域。內地人知道新疆好處的⋯⋯接連有人去，去的發了財回來，眼熱的又死命地跑了去」。〔註46〕蔣中正指出，包括新疆在內的「西北是建國的根據地」；〔註47〕內地那些「有爲有守的青年，要恢復馬伏波（援）班定遠（超）的精神，立志在邊疆，致力於政治建設，埋頭苦幹，做一個手腦並用的屯墾員。國父教訓我們『要做大事，不要做大官』。須知邊疆屯墾乃爲今後建國第一等大事，而邊疆屯墾員之貢獻於國家的政治建設，論功效與品格，超越於大都市裡面工作人員聲價之上，何啻十倍？

〔註45〕周開慶：《西北剪影》，六，新疆在邁進中，中西書局 1943 年。
〔註46〕楊達眞：《開發新疆之具體計畫》，戴季陶等著《西北》，新亞細亞學會 1931
　　　　年。
〔註47〕徐旭：《西北建設論》，中華書局 1944 年。

青年如要爲國家做大事，爲民族造大福，必須不求近效，不急近功，先要立定這個目標以爲報國救民終身的抱負」，〔註48〕足見南京國民政府對包括天山南北在內的西北邊疆地區本土化開發政策與實踐的認同，和對邊疆建設事業的重視。

新疆作爲中國最大的一級邊疆政區，其行省建立和一體化開發過程，本身就是中國西北邊疆政策由羈縻制向本土制轉型的具體實踐和重要組成部分。同時，近代天山南北的治理模式，又對西北其他邊疆地區的開發，產生了重要的影響。一個直接的例子，就是後來建省的青海，也同樣經歷了先軍府後行省的演變過程。同時，對內、外蒙古和西藏地區的一體化開發嘗試，也產生了一定的影響，從而帶動了中國整個西北邊疆開發從政策到實踐的轉型。

第二節　民族政策轉型與邊疆——內地間經貿關係的增強

單一的游牧產業結構、和邊疆——中原間自古對立的民族關係，使西北經濟長期處在封閉、落後的狀態，清朝初年依然存在的宗藩貢賜貿易和邊境互市貿易，就是雙方長期政治對峙的經濟表現。

關於西北民族關係及其與內地的經貿關係問題，學界有過一定的探討。相關的研究成果在本書《緒言》的學術回顧裏已經提到，如沈斌華著《內蒙古經濟發展史箚記》、盧明輝、劉衍坤合著《旅蒙商——17世紀至20世紀中原與蒙古地區的貿易關係》、殷晴主編《新疆經濟開發史研究》、牛敬忠著《近代綏遠地區的社會變遷》、米鎮波著《清代中俄恰克圖邊境貿易》、閆天靈著《漢族移民與近代內蒙古社會變遷研究》、烏雲格日勒著《十八至二十世紀初內蒙古城鎮研究》、烏日陶克套胡著《蒙古族游牧經濟及其變遷》、王建革著《農牧生態與傳統蒙古社會》、蔡家藝著《清代新疆社會經濟史綱》、劉卓著《新疆的內地商人研究——以晚清、民國爲中心》，〔註49〕王衛東著《融會與建構——1648～1937年綏遠地區移民與社會變遷研究》等等，都曾經涉及但卻遠遠不夠系統和深入。筆者研究發現，隨著清朝前期對西北地區民族政策

〔註48〕蔣中正：《中國之命運》，第5章，平等互惠新約的內容與今後建國工作之重點，正中書局1943年。

〔註49〕復旦大學歷史系2006屆博士學位論文，未刊稿。

的轉變和民族之間對立關係的緩和，雙方間的經貿關係逐步增強，原來西北邊境上的互市貿易逐漸爲深入草原的照票貿易所替代；而清末民國時期，嚴苛的照票貿易再次被更加開放的自由貿易所替代。

一、民族關係的緩和與宗藩貢賜及邊境互市貿易

自先秦時代開始，青藏高原、天山南北及蒙古高原的西北游牧民族政權，就與中原地區的農耕民族政權，處在一種長期而頻繁的激烈對抗之中，進而構成中國境內政治關係和民族關係的主要組成部分。民族之間長期政治對立的經濟結果，就是西北邊境和中原內地兩大區域之間貿易上的相互隔絕。直到明代後期「俺答封貢」（1571 年）之後，雙方間的激烈衝突才開始緩和下來。〔註50〕民族關係緩和的經濟表現，是延續前朝曾經實行過的宗藩貢賜貿易和邊境互市貿易。經濟上雖有了一些接觸，但整體上依然相互封閉，交流無法深入。

崛起於塞外的滿清貴族，在入主中原以後，接受了中原與西北邊疆長期對峙的歷史教訓，嘗試實行與前代很不相同的民族政策，即通過同化和控制相結合的手段，將長城內外融爲一體。也就是康熙皇帝所說「本朝不設邊防，以蒙古部落爲之屏藩耳」〔註51〕的方略，以圖從根本上解除西北游牧民族對內地農耕政權千百年之久的軍事威脅。具體做法就是，一方面通過強化對西北邊疆的軍事征服，將其與中原納入到同一個滿清政權之下，消除政治對立的根本，同時，改變以前中原王朝把邊疆民族禁錮在邊牆以外的做法，在內外蒙古和青海蒙古地區推行與內地府縣制相類似的盟旗制度，儘量消泯邊疆——內地間的各種差異和民族對立。經濟方面，就是在實行宗藩貢賜貿易和邊境互市貿易的同時，開始試行能夠進入蒙古草原腹地的照票貿易方式，逐步強化雙方之間的經貿關係。

根據杜佑《通典》卷 74 的考證，宗藩關係之下的貢賜貿易，自周代就產生了。當時各地諸侯和藩屬，都有定期向天子朝覲和貢奉方物的義務；周天子爲了籠絡他們，則在以禮相待的同時，還進行薄來厚往的物品回賜，以示懷柔遠人的聖心。後來歷代中原王朝均大體承襲了這一做法，並把它變成具有一定貿易功能的政治活動。藩屬的朝貢使團在完成宮庭之間物品交換的

〔註50〕安介生：《山西移民史》，第 346 頁，山西人民出版社 1999 年。
〔註51〕《清實錄》，聖祖仁皇帝實錄（三），康熙五十六年十一月，中華書局影印 2008 年。

同時，允許其成員和隨使團行動的商隊，在指定的線路和地點從事經貿活動。到了清朝初年，天山以北的衛拉特蒙古準噶爾部、外蒙地區的喀爾喀蒙古各部、青海地區的和碩特部等蒙古王公，均與清朝中央政府之間保持著密切的貢賜貿易關係。如噶爾丹在建立準噶爾汗國後，「貢使往來進一步頻繁，幾乎每年都有商隊進入北京，有時甚至一年數起。其中既有噶爾丹直接派遣的商隊，也有由其屬下各臺吉遣發而來的商隊。進貢商隊規模大小不一，少的數十人，多的數百人、千餘人或數千人不等」；而「按照清朝政府規定，凡貢使進京納貢，其所帶貨物分別於兩地進行交易。毛皮細軟便於駝載者隨貢使進京易換，牛、羊、馬、駝、葡萄、硇砂、羚羊角及普通的毛皮等物，則留於沿途出售」。沿途貿易的地點，或在歸化城和張家口，或在肅州（今酒泉市）與哈密。貢使到北京以後，在會同館設立 3～5 天的臨時集市，由戶部派專人購買。沿途貿易分為官換和民換兩種，前者由官府用庫銀和庫藏綢緞、茶葉、布匹等相兌換，後者由政府指定的富商人賈包攬貿易，嚴防內地官民從中套購。〔註 52〕宗藩貢賜貿易，是中原與邊疆民族政權之間政治羈縻關係在經濟上的鬆散表現。

　　邊境互市貿易，一般認為最晚始自漢代，到唐宋代以後，發展成為以茶馬貿易為主要內容的民族間貿易形式。清代沿續明朝舊制，於順治二年（1645年）在陝甘建立了西寧、洮州、河州、莊浪、甘州 5 個茶馬司，掌管相關貿易事務。茶馬貿易於雍正十三年（1735 年）正式停罷。〔註 53〕不過貿易的內容上來看，茶馬貿易並不完全等同於邊境互市貿易，因為茶馬貿易的主要內容，是用內地的茶葉交換牧區的馬匹，並且僅限於陝甘 5 地進行。而內地與蒙古間的互市貿易，卻在張家口、歸化、肅州、巴里坤、烏魯木齊、伊犁、塔爾巴哈臺等西北更加廣大的地域範圍內同時進行著；並且其相互交換的商品，既有內地產的絲綢、布匹、日用品等，也有牧區產的藥材、牛羊、皮張等，遠非茶馬貿易可比。〔註 54〕邊境互市貿易，是雙方民族對立的痕跡在經濟上的封閉表現。

〔註 52〕蔡家藝：《清代新疆社會經濟史綱》，第 74～78 頁。
〔註 53〕王曉燕：《論清代官營茶馬貿易的延續及其廢止》，《中國邊疆史地研究》2007年第 4 期。
〔註 54〕蔡家藝：《清代新疆社會經濟史綱》，第 78～84 頁。

二、互市貿易的廢止與照票貿易的興起

侷限於邊境之上的互市貿易，越來越不適應中央政府強化對西北地區政治控制，和加強雙方間經濟聯繫的需要，可以深入蒙古草原腹地的照票貿易逐步興起。

清代的照票貿易，分為隨軍貿易與普通貿易 2 種形式。

普通照票貿易大致開始於雍正五年（1727 年）。這一年，清政府將喜峰口、古北口、獨石口、張家口、歸化城、殺虎口、西寧等地，指定為漢人進出西北蒙地經商的貿易孔道，規定凡前往內外蒙古和漠西厄魯特蒙古牧區深處從事貿易的內地商人，必須經過張家口的察哈爾都統、多倫諾爾同知衙門、歸化城將軍、西寧辦事大臣的批准，並頒發給蓋有皇帝印璽的營業照票即「龍票」，又稱「部票」，才能在指定的蒙古盟、旗境內經商。該照票用滿、蒙、漢 3 種文字書寫，填寫有經商人數、姓名、商品種類、數量、回程日期等內容，在指定地區蒙古官吏的驗證和監督下從事貿易。無票者嚴屬禁止進入草原腹地。〔註 55〕照票規定旅蒙商的經商時間以 1 年的年限，不准攜帶家屬，更不准在經商地成家，〔註 56〕故稱「雁行商人」。這就為內地商人在草原的當地化經營，製造了巨大障礙，不利於西北牧區商業的進一步發展。

從事照票貿易的內地商人，與西北牧區之間的商貿往來，主要是通過在前代基礎上新建和擴建的驛道進行的。清朝前期，內地通往內蒙古地區的主要驛道有 5 條，分別是長城沿線邊關的喜峰口、古北口、獨石口、張家口、殺虎口，它們均呈南北走向，東西並列，共同伸向草原腹地。他們用內地生產的茶葉、布匹或其他日用品，到草原上交換牧民生產的牲畜、皮張和藥材。

在清朝前期，到口外做蒙古生意的內地商人，通常被稱為旅蒙商、撥子商、外館，其主要基地是張家口和歸化城。

張家口地處萬全都司，明代隆慶年間（1567～1572 年）被定為與蒙古間的互市之地，主要貿易商人是號稱「八大家」的晉商。清初屬宣化府萬全縣，雍正二年（1724 年）置張家口直隸廳，成為中俄貿易的重要口岸。乾隆二十年（1755 年），清政府停止了俄國官方商隊直接入京貿易的傳統做法，將雙方貿易的地點統一限定在邊城恰克圖一地，張家口轉化為中俄貿易的轉運樞紐。從事中俄貿

〔註55〕張正明：《晉商興衰史》，第 72 頁，山西人民出版社 1995 年。

〔註56〕盧明輝、劉衍坤：《旅蒙商——17 世紀至 20 世紀中原與蒙古地區的貿易關係》，第 32～33 頁。

易的晉商，一方面將從內地販運來的茶葉、絲綢和棉布等大宗商品，輸往俄國和蒙古草原；另一方面又將俄國的呢絨、蒙古的皮毛和牲畜輸入內地，〔註57〕使張家口日益發展成為蒙古貿易特別是中俄貿易的核心城市之一。歸化城作為旅蒙商人的另一個營業基地，大約興建於1581年，後經多次重修，至乾隆元年（1736年）基本定型；其東面建設的綏遠城，主要用來駐軍。〔註58〕受地理區位和經商傳統的影響，以歸化城為人員和商品集散地的內地商人，也主要是晉商。在商業鼎盛的時期，歸化城裡的旅蒙商號有四、五十家，其中最負盛名者，為大盛魁、元盛德、天義德「三大號」，它們的總號下面，還陸續設立了遍佈各地的分莊、小號、作坊等分銷機構。〔註59〕

在青海地區，作為清初茶馬互市貿易的重點區域，原本「只准蒙、藏人民在指定的地點互市，不准進入內地交易」；後來，隨著清政府「劃編蒙旗及在藏族中設置千百戶的措施已逐步完成，對青海蒙藏地區的統治大大增強，所需馬匹可以通過貢賦形式直接征集，無需以茶易馬。西元1735年（清雍正十三年）又將五茶馬司裁撤，改徵茶封稅款。於是由唐朝開始延續了一千年左右的茶馬制度從此告終」。此後，在西寧、大通、貴德、循化等地，出現了持有官方照票的中間商人，他們從事官府和西北蒙藏牧區之間的貨物交易，以糧食、茶葉、煙草、燒酒、布匹等內地商品，交換青海所產的皮毛、牲畜、鹿茸、麝香等土特產，〔註60〕這樣，青海地區的邊境互市貿易，也轉向深入草原腹地的照票貿易。

清代前期，內地商人從事照票貿易的典型代表，莫過於由山西商人經營的旅蒙商號大盛魁。作為「清代至民國初年在內外蒙古地區規模很大的一家蒙古商號，它從清代康熙、雍正年間開業，到1929年宣告歇業，有二百多年的歷史。大盛魁總櫃設於歸化城，以烏力雅蘇臺、科布多為中心，活動於內蒙西部和外蒙大部地區；以放「印票」帳（即高利貸──筆者）為主，經營牲畜、皮毛、藥材、日用百貨等業務；京、津、滬、杭、晉、冀、魯、豫、湖、廣等地，均有它的分支、小號和坐莊人員；它的從業人員連同雇傭的牧民、工人，有六、七千人；它的貿易總額，一般年份約在白銀一千萬兩左右。像這樣的大商號，

〔註57〕許檀：《清代前期北方商城張家口的崛起》，《北方論叢》1998年第5期。
〔註58〕烏雲格日勒：《十八至二十世紀初內蒙古城鎮研究》，第53～56頁。
〔註59〕沈斌華：《內蒙古經濟發展史簡記》，第123～125頁，內蒙古人民出版社1983年。
〔註60〕青海省志編纂委員會編：《青海歷史紀要》，第198～199頁，青海人民出版社1991年。

在過去內蒙地區是獨一無二的」。〔註61〕自從康熙二十九年（1690年）清軍與噶爾丹的軍隊在烏蘭布通大戰之後，蒙古西部地區便成爲清朝與準噶爾汗國軍事對抗的前沿。而以隨軍貿易爲主要內容的大盛魁商號，在成立的初期，便把總號設在了定邊左副將軍駐地、俗稱「前營」的烏里雅蘇臺，而把分莊設在參贊大臣的駐地科布多和內蒙地區的歸化城等地。後來，大盛魁不斷擴大營業範圍，不僅服務於軍政人員，而且也放貸給蒙古王公；乾隆末年開始，它包辦了政府在外蒙的稅收；嘉慶八年（1803年）以後，它又乘政府清理無效照票的時機，廉價收購了被驅逐的旅蒙商號，承繼了它們在外蒙的貿易關係，進一步壯大了商業勢力和行銷網路。到了「道光年間，大盛魁一方面擴大銷售地區和增加經營貨物品種的數量，一方面加大放印票帳的數量。這時清朝把征收驛站的費用也包給大盛魁，這樣，大盛魁的營業就更加發展了」。〔註62〕

三、「趕大營」貿易與西北——內地經貿關繫的增強

1、清代前期的「趕大營」貿易

「趕大營」作爲內地商人隨軍貿易的一種商業形式，由來已久。清朝前期的「趕大營」貿易，是照票貿易的重要表現形式和組成部分。隨軍貿易的起因，緣於缺乏足夠後勤保障的遠征軍隊對生活物資的大量需求。由於戰事難料，所以，隨軍照票祇是一種身份認證，並不像普通照票那樣限定經營時間，並且在戰事結束後，還鼓勵內地商人攜帶家屬，紮根邊疆屯田經商。〔註63〕這就爲內地商人在經商地的本土化經營，提供了方便。

清朝初年，天山南北地區處在衛拉特蒙古（明代稱瓦剌）的後裔噶爾丹建立的準噶爾汗國的統治之下。噶爾丹爲了擴張自己的勢力，多次率軍攻打早已歸順清朝的喀爾喀蒙古各部，並無視和違反清廷的禁令。爲此，清朝軍隊自康熙二十九年（1690年）開始，便多次大舉征討準噶爾汗國。雙方間的戰爭斷斷續續，互有勝負，直到乾隆二十四年（1759年），清朝軍隊才徹底擊敗了準部、回部的叛亂，控制了巴爾喀什湖以東、天山南北的廣大地區。與

〔註61〕內蒙古政協文史委：《旅蒙商大盛魁》，前言，《內蒙古文史資料》第12輯，1984年。

〔註62〕內蒙古政協文史委：《旅蒙商大盛魁》，第4～5頁。

〔註63〕謝玉明：《趕大營的"路單"和"大篷車"》，第53頁，《西青文史資料選編》第4輯。

此同時，內地商人的隨軍貿易也如影隨形，如火如荼。

曾在康、雍、乾年間歷任數省巡撫的納蘭常安，詳細記述了直隸和山西等省商人，在隨軍貿易途中歷盡艱險、跌宕起伏的經商過程：「塞上商賈，多宣化、大同、朔平（治今右玉縣）三府人，甘勞瘁，耐風寒，以其沿邊居住、素習土著故也。其築城駐兵處則建室集貨，行營進剿時亦尾隨前進，雖鋒刃旁午（舞）、人馬沸騰之際，未肯裹足。輕生而重利，其情乎？當大軍雲集，斗米白鏹十兩，酒麵果蔬雖少，售亦需數金，一收十利，意猶未足。其貨小其秤入，銀大其戥進，官兵受其愚，恬不爲怪。是以收利盈千萬億，致富不貲。以其所獲，增買橐駝，百金購一，猶云不昂。每自邊口起發，一字尾行，數里不絕；一家所蓄，少亦盈百。至於赤手貧乏之人，伐薪刈草，亦積數百金。得之易，視之輕，驕奢淫逸日甚。及大軍既撤，僅留守戍官軍，食口既少，則所需不繁，貨價大減。且需駝無人，一駝僅值二十金，商賈爲之色沮，落魄失業者比比皆然。至不得已，以現有之駝，依然徃返載運，運至軍營，居仟商民受之，分厘列市，零星轉售；雖獲利天壤於前，然較之內地尚有餘饒」。〔註64〕

內地商人的隨軍貿易，不僅爲西北邊疆的政治統一與穩定做出了貢獻，而且加強了西北牧區與中原內地之間的商品流通。據陝西總督文綏乾隆二十七年（1762 年）的調查，隨著內地商人的不斷湧入，天山北路地區的商業貿易出現了繁榮的景象。新建的軍城巴里坤，「城關內外，煙戶鋪面，比櫛而居，商賈畢集」；商業重鎮奇臺，「內地商賈，藝業民人俱前往趁食」；而烏魯木齊「商賈輻輳，比之巴里坤城內，更爲殷繁」。〔註65〕

2、清末民國的「趕大營」貿易

1864 年，新疆的回族和維族人在陝甘回民起義的影響下，於天山南北起兵反清。他們攻佔庫車、烏魯木齊、哈密、瑪納斯、喀什噶爾等城市，建立割據政權，並勾結外國人分裂祖國。1865 年，中亞浩罕國的將領阿古柏，應喀什噶爾政權的邀請率軍入侵中國，到 1870 年，便控制了整個南疆和北疆的部分地區。阿古柏政權一方面投靠俄、英和土耳其，一方面殘暴壓榨新疆人民，造成了中國西北邊疆主權和領土的嚴重危機。爲此，清政府在 1873 年鎮壓了陝甘回民起義之後，便於 1875 年，任命左宗棠爲欽差大臣，督辦收復新

〔註64〕納蘭常安：《行國風土記》，轉引自謝國楨選編，牛建強等校勘：《明代社會經濟史資料選編》，下冊，第37～38頁，福建人民出版社2005年。

〔註65〕文綏：《敬陳嘉峪關外情形疏》，載賀長齡輯《皇朝經世文編》卷81。

疆的軍務。入疆清軍在劉錦棠、金順、張曜等將領的直接指揮下，於 1878 年
收復了除伊犁地區之外的全部新疆領土。〔註66〕

　　為了解決入疆平叛軍士的生活所需，清軍利誘和招募肯於吃苦耐勞的山
西、甘肅、陝西、湖南、四川等內地商人，源源加入到隨軍貿易的行列之中。
據後世考證，「西征之師，北出蒙古至科布多、烏里雅蘇臺者為北路，西出嘉
峪關至哈密、巴里坤為西路。師行所至，則有隨營商人奔走其後，軍中資用，
多取供之」。〔註67〕在這一過程中，來自天津楊柳青鎮的商販們，也陸續加入
到「趕大營」的行列之中。當時，「清軍進兵新疆一帶的營幕稱為『西大營』，
楊柳青人跟隨進軍路線沿途肩挑小簍做生意，稱為『趕大營』。在新疆平定之
後，天津商幫已在新疆構成財力雄厚的商業網絡，再去新疆的後繼之人，則
稱為『上西大營』。凡在新疆發財還鄉的人，在楊柳青地區稱為『大營客』。
天津商幫的新疆之旅，經歷了三、四代人，直到民國初年，延續了半個多世
紀，乃至『七七』抗戰爆發，再上西大營之人基本絕跡」。〔註68〕

　　和清代前期歷時 70 年（1690～1759 年）綿長而動盪的「趕大營」歷程不
同，清代後期的「趕大營」活動，只有短短的 4 年（1875～1878 年）。隨著天
山南北地區的回歸和新疆建省後的穩定，到清末民國時期，內地商人便落地
生根，紛紛從事本土化的商業經營了。

　　這些由行商而到坐賈的內地商人，雖然以天津商人本土化的時間最短，但
是，他們卻能依靠自身的吃苦耐勞和根在京津的經營優勢，從諸多內地商幫中
脫穎而出，到民國年間，成為新疆商業中居於支配地位的大商幫，為新疆商業
的開發做出了很大貢獻。1884 年新疆建省以前，以楊柳青的「大營客」安文忠、
周乾義、周乾哲、周乾風、周乾玉、張立亭、曹仲山、曹瑞山、李錫三、牛德
奎、喬如山、王一冠、李祥普、郭德奎、周質臣、王錦堂、蕭連第、王興芝等
20 餘人為先導，在隨軍途中採用肩挑擔運的行商形式，或者拆兌山西、陝西、
甘肅籍老隨軍商販手中的煙葉、茶葉、辣椒、針線、手巾、布襪等生活用品，
或者就近採購周邊居民的蔬菜、副食，然後挑到軍營附近指定的「買賣圈子」
進行貿易。清軍收復迪化以後，他們又在城裡大十字路口的附近修建了簡易性

〔註66〕瑪麗亞木・阿布來提：《論左宗棠收復新疆》，《新疆地方誌》2005 年第 3 期。
〔註67〕林競：《新疆紀略》，第 22 頁，東京天山學會 1918 年。
〔註68〕王鴻逵、于煥文、謝玉明合著的《天津商幫“趕大營”始末》，載於天津市
　　　　政協文史委、西青區政協文史委編《津西古今採珍》，天津百花文藝出版社
　　　　1993 年。

住房，平時裡或者在路邊擺灘叫賣，或者挑擔到周圍的鄉村和軍營兜售。所經銷的貨物種類，包括迪化當地的土產，從伊犁口岸運入的俄國洋雜貨，由湖南和四川商人從內地運來的茶葉和布匹，以及直接在天津採購的土洋雜貨。民國年間，天津北門外針市街的隆順裡、耀遠裡、永德里、公議棧、曲店街的同茂棧、北門外的集祥公司等處，就常年設有「大營客」接收新疆貨款、銷售新疆貨物、採購京津土洋雜貨並運往新疆的辦事處。同時，來到新疆的天津商人，還利用清軍不斷收復失地的機會，先後到北疆的古城、伊犁（綏定）、伊寧、惠遠、額敏、塔城、阿山，南疆的焉耆、輪臺、庫車、阿克蘇、烏什、喀什、英吉沙、葉爾羌、和闐等地拓展商務。他們或在當地開辦京津雜貨店、酒坊、中藥坊、食品店及加工作坊，或者從事「支放」錢物的高利貸業務，無不大獲其利。〔註70〕「趕大營」的津商及其後繼者們，不僅從事新疆當地市場間商品的餘缺調劑，經營當地皮毛、藥材對俄國的出口，銷售俄國進口的工業產品，而且也販運內地的京廣雜貨和天津洋貨，並有不少人利用在新疆的商業積蓄，回到天津開辦工商企業，在西北邊疆與內地間的經濟交流中，起到了重要的橋樑和紐帶作用。

內地商人的本土化經營活動，促進了西北邊疆商業的繁榮。到清末民國初期，迪化城的津商商號同盛和、永裕德、公聚成、復泉湧、聚興永、德恒泰、新盛和、升聚永，因為資金雄厚，商品齊全，被譽為「津商八大家」。他們不僅在天山南北各主要城市設有分號，而且在天津、上海、北京等內地商埠設有商品代辦機構。〔註71〕民國成立以後，由於各省供給新疆的協餉斷絕，才使得經手相關業務的晉商匯兌莊「無事可作，相繼收束，南商茶莊亦受匯兌莊收束之影響，日漸衰微」。在這種情況下，平津幫才「在近二十餘年中，遂駕山西幫而上之，執新省商業之牛耳。計新商二百四十餘家中，平津幫幾占十分之六」。〔註72〕

綜上可知，隨著清代民國政府西北邊疆開發和民族政策的轉型，橫亙在西北邊疆和中原地區之間的重重樊籬被打破，彼此間的經貿交流得到了日益的增強。這一漫長而艱辛奮鬥歷程，雖然主要是在西北廣袤的地理空間上逐

〔註70〕王鴻逵、于煥文、謝玉明合著：《天津商幫“趕大營”始末》。
〔註71〕賈秀慧：《試析近代新疆商業史上的“津幫八大家”》，《新疆地方誌》2004年第 3 期。
〔註72〕曾問吾：《中國經營西域史》，第 686 頁。

步展開的，但是，由於受生產生活習慣、經商經驗和能力的很多限制，西北地區的原有主人——廣大農牧民，在相當長的歷史時期內，客觀上還是處在一種被動應付的境地。所以，在當時特定的時空間條件下，主導雙方交流的中堅力量，還是那些經驗豐富、而又不辭勞苦的內地各省商人。他們通過種種合法和不合法的途徑，遠涉戈壁，歷經寒暑，智鬥匪寇，苦練技能，[註73]前赴後繼（圖 2-3），由行商到坐賈，在內地和西北邊疆之間架起了促使區域經濟走向一體化的橋樑，加快了物產富饒但卻封閉落後的西北邊疆的經濟開發。其拓荒偉業，當激勵後世而功垂於千秋。

[註73] 盧明輝、劉衍坤：《旅蒙商——17 世紀至 20 世紀中原與蒙古地區的貿易關係》，第 31、146～147 頁。

圖 2-3　穿越沙漠的漢人商隊

資料來源：〔日〕松本儁著《東蒙古の眞相》，東京兵林館 1913 年。

第三章　近代西北市場環境的變遷

　　1850 年之前的西北地區，雖然與東方的中原和西方的中亞等地都有著一定的經濟往來，但限於當時當地農牧業的發展水平，其市場發育尚處在相對封閉狹小的低層面上。此後，隨著清朝中央政府邊疆政策的轉型和北方沿邊、沿海和內陸通商口岸的相繼開放，以及 20 世紀特別是民國時期以後，西北地方及其周邊的現代交通條件（鐵路、公路和電信）的改善，西北地區的國內外市場環境得到了較大改觀，進一步加快了西北邊疆的經濟開發。由此看來，對於近代西北市場環境轉型的研究，應該是打開該區域經濟現代化進程全局的一把鑰匙。

　　不過，從整体情況來看，學術界對近代西北市場發育狀況的研究還很不充分。1940 年代的一系列論文，如王肇仁著《甘肅藥材產製運銷概況》、王玉芬著《土佈在甘肅》、王覺吾著《甘肅水煙產製運銷概況》〔註1〕、陳鴻臚著《談甘肅省的內銷貨物》〔註2〕、詹模著《論茶葉與西北茶銷》〔註3〕等論文，僅屬於對當時西北某种物產運銷狀況的概述。1990 年代以後，魏麗英著《論近代西北市場的地理格局與商路》，〔註4〕則衹是簡要概述了明清至近代西北（未含陝西）市場及主要商路的分佈；黃正林著《近代甘寧青農村市場研究》，〔註5〕也僅對民國時期甘肅、寧夏、青海地區的鄉村集市數量和特

〔註1〕　王肇仁、王玉芬、王覺吾的文章均載於《甘肅貿易季刊》，1944 年第 10～11期。
〔註2〕　《甘肅貿易季刊》，1942 年創刊號。
〔註3〕　《西北通訊》，1948 年第 2 卷第 12 期。
〔註4〕　《甘肅社會科學》1996 年第 4 期。
〔註5〕　《近代史研究》2004 年第 4 期。

徵進行了一定分析。筆者本人雖然對近代西北地區市場環境的演變進行了不少的研究，〔註 6〕但也只限於宏觀層面的考察。大量細部、深層、系統的市場化程度剖析，還需要有志於此的來者進行。

第一節　口岸開放與西北經濟市場化程度的提高

　　受地質、地貌、氣溫、降水等自然地理要素的制約，地處乾旱、半乾旱地帶的西北地方，土地面積雖然非常遼闊，但其發展農業經濟的充要條件卻相對缺乏。除了河流沿岸和泉水湧出的狹小區域，有點、線、片狀的綠洲農業存在以外，其他廣袤範圍內除了冰川、荒漠，就是牧場。獨特的自然環境特色，造成了西北與中國其他地理單元的經濟差異，使畜牧業成爲內外蒙古、天山以北和青海地區的主要經濟產業，同時也是中國最大的畜牧經濟區。

　　日出而作，日落而息的農業生產方式，固然難以造就廣大的貿易市場；食肉飲乳，逐水草而居的游牧生產方式，更無法產生交換繁榮的商品貿易。因爲「在草原游牧社會中對內貿易並不必要，而且還可能消弱首領們的權力」。〔註 7〕所以，「在遠離城鎮、市場的遼闊草原上，以『逐水草而遷徙』的游牧生活當然要求所有的生產資料和生活資料自給自足。這是游牧經濟的必然要求」；換言之，「蒙古族牧民所經營『小而全』的均衡性的畜群結構雖然基本能夠滿足游牧生活的基本需要，但無法滿足更高、更新、更多的生產、生活需要。要滿足這些新的需要就必須同鄰近的部落和民族進行經濟貿易，擴大交往，走進市場」。〔註 8〕所以，在自給自足的農牧業自然經濟狀態下，一潭死水或者波瀾不驚的低端區域經濟，要想快速地提升商品化的程度，其最爲直接有效的動力，就是來自於區域之外不同生產方式下的外力衝擊。而西北邊疆地區 1850 年代以後，市場環境所發生的重大變化，就是來自於外部

〔註 6〕 樊如森有關西北市場變遷的學術論文有：《天津開埠後的皮毛運銷系統》，《中國歷史地理論叢》2001 年第 1 期；《西北近代經濟外向化中的天津因素》，《復旦學報（哲社）》2001 年第 6 期；《民國時期西北地區市場體系的構建》，《中國經濟史研究》2006 年第 3 期；《開埠通商與西北畜牧業的外向化》，《雲南大學學報（社科）》2006 年第 6 期；《清代民國西北牧區的商業變革與内地商人》，《歷史地理》第 25 輯，2011 年；等等。

〔註 7〕 〔美〕拉鐵摩爾著，唐曉峰譯：《中國的亞洲内陸邊疆》，第 58 頁，南京江蘇人民出版社 2005 年。

〔註 8〕 烏日陶克套胡著：《蒙古族遊牧經濟及其變遷》，第 76 頁。

2 大市場——中原內地市場和境外國際市場的推動。

一、內地貿易對西北閉塞狀態的衝擊

　　清朝初年，內地和西北的經貿交流，還是從前朝遺存下來的宗藩貢賜貿易和邊境互市貿易，廣大西北內陸經濟的市場化程度依然在學低下。邊境互市貿易的「商業輻射能力十分有限，這種形勢一直持續到清中葉。這一時期內地與北方游牧民族的關係相對封閉，雙邊貿易只在邊緣城市定期進行，基本上就是茶馬貿易。順治、康熙年間，政府仍禁止商人直接進入草原，草原的商品交易在蒙古王公組織下進行。秋冬之間，王公所派官員帶領隊伍，集合牛羊，到指定的邊緣城市與漢人進行物物交換。從草原到邊緣城市，少則幾十天，長則三四個月，對於一般牧民而言，這是相當不便的」。〔註9〕商業經濟的落後，制約了西北牧業、農業、手工業的發展規模和層次，使清代前期的西北經濟結構，依然停留在以游牧經濟為主導產業的封閉落後狀態。〔註10〕

　　天山以北的準噶爾人游牧區，「全境不乏泉甘土肥、宜種五穀之處，然不尚田作，惟以畜牧為業，擇豐草綠縟處所駐牙而游牧焉，各有分地。問富強者，數牲畜多寡以對。饑食其肉，渴飲其酪，寒衣其皮，馳驅資其用，無一事不取給於牲畜」。〔註11〕天山以南地區，「惟和闐回人知賽蠶繅絲織絹，他處桑雖多，食棋而已。惟賴種棉織布為衣，其紡車梭形雖小異，而用則同。遠近各外夷以羊馬諸貨易去，回人頗為利益，每年額收布匹，官為運送伊犁與哈薩克易換牛羊馬匹，為伊犁、烏魯木齊、巴里坤等處應用」，〔註12〕其商品交換雖然看起來相對繁盛一些，但卻僅限於個別的民族和少數的地區，並且發展水準也不過是以物易物而已。外蒙古地區的喀爾喀牧民，也「不諳播種，不食五穀，氈房為家，游牧為業，分佈散處。人戶殷繁，牲畜遍滿山谷。富者駝馬以千計，牛羊以萬計，即赤貧之家，亦有羊數十隻，以為糊口之資。冬則食肉，夏則食乳。以牛、羊、馬乳為酒，以糞代薪，器具用木。至代煙、磚茶，尤為要需，家家時不可少。男女皆一律冠履皮靴、皮帽，多用皮裘，

〔註9〕　王建革：《農牧生態與傳統蒙古社會》，第 423 頁。
〔註10〕陳樺：《清代區域社會經濟研究》，第 207 頁，中國人民大學出版社 1995 年。
〔註11〕傅恒等修纂：《欽定皇輿西域圖志》，卷三十九，風俗，準噶爾部，畜牧，乾隆四十七年增修，乾隆"四庫全書"本。
〔註12〕蘇爾德纂：《回疆志》，卷二，織紝，清乾隆三十七年纂，1950 年吳豐培校訂油印本。

夏著布衣，富者間或亦用細緞。不使錢文，鮮需銀兩。至日用諸物，均向商民以牲畜皮張易換」。〔註13〕牧區內部交換的稀疏，使牧民之間極少通過定期的集市進行商品買賣，只有在節日期間或者廟會之上，才會相互易換彼此所需的物品。〔註14〕

與此同時，西北其他農牧地區的市場化程度也很低。甘肅隆德縣，在康熙二年（1663 年）前後，「民止農作，不習商賈之事……男子多夏披羊裘，間著疏布短衣，即稱富民……能織褐，又漬麻及胡麻為布，但粗惡特甚，村民自蔽體耳」，〔註15〕經濟的商品化無從談起。涼州府（治今武威市）的「番族，依深山而居，不植五穀，惟事畜牧，磨面和乳以為食，果其腹者，畜類也」。〔註16〕青海牧區的情況也大體類似，「青海蒙、回生計，以牧為主。牧以群名，或百為群，或數百及千為群。有牛羊者，往往自炫其富，互相競勝，牧產幾何，商本幾何，問之必告」。〔註17〕地處關中的耀州（今陝西耀縣），在乾隆三十年（1765 年）前後，「居民務稼穡，尚蓄積，近又能種木棉，事織紡，然為布無多，不能出村落也」，〔註18〕可見這時該地雖然已經開始植棉織布，但其作用卻僅僅限於自給，並不能用來進行交換，其農副業經濟依然處於典型的自給自足狀態。

康雍乾時期，出於進一步掌控外蒙古和天山南北地區的政治和軍事需要，清朝中央政府允許一些山西商人在領取了蓋有官印的「照票」之後，跟著征討準噶爾的清軍到外蒙和天山南北地區從事隨軍貿易。「照票」商人或稱旅蒙商、撥子（貨郎）商，以春去冬歸的「雁行」方式，「持票」進入到蒙古草原的指定地域進行經商活動，用內地所產的茶葉、布匹或其他日用品，與蒙古牧民的細皮張或牲畜相交換。把從牧區交換來的牛羊活體，賣到華北城鄉，以滿足當地人民的生產和生活之所需；將收購來的細皮張，在山西和張家口等地加工成皮革或者裘皮料子之後，再轉銷到東北、直隸、山東、河南、湖北甚至江南等地。〔註19〕這樣，西北和內地之間，通過旅蒙商人的居間貿易，強化了彼此經濟的

〔註13〕 佚名修纂：《烏里雅蘇臺志略》，《中國地方志叢書·塞北地方》第 39 號，台灣成文出版社 1968 年影印。

〔註14〕 蔡家藝：《清代新疆社會經濟史綱》，第 71 頁。

〔註15〕 常景星修，張煒纂：《隆德縣志》，上卷，風俗，康熙二年刻本。

〔註16〕 張之浚等修纂：《古浪縣誌》，風俗志，番夷回類附，乾隆十五年刻本。

〔註17〕 徐珂：《清稗類鈔》，第五冊，農商類，青海蒙人重牧，商務印書館 1917 年。

〔註18〕 汪灝修、鍾研齋纂：《續耀州志》，卷 4，田賦志，風俗，清乾隆 30 年刻本。

〔註19〕 內蒙古政協文史委：《旅蒙商大盛魁》，《內蒙古文史資料》，第十二輯。

商品化程度，衝擊了邊疆市場環境的原有封閉狀態。但由於受交通、融資和市場發育程度等方面的制約，力度還是有限的。〔註20〕

二、口岸開放與西北市場化程度的提高

清代中期以後，西北市場的發育過程，不僅受到了國內政治形勢、經濟政策、軍事活動、民族關係、市場狀況的干預，而且也越來越多地受到國際局勢特別是國際市場的巨大拉動力。

進入 1850 年代以後，中國被迫逐步向西方列強開放沿邊、沿海和內陸口岸，到 1930 年，共開放了一級商埠 115 個。〔註21〕其中，在西北牧區相繼開放的，包括 1852 年據中俄《伊犁塔爾巴哈臺通商章程》開放的伊犁、塔爾巴哈臺（今塔城市）；1861 年據中俄《北京續增條約》開放的喀什噶爾（今喀什市）、庫倫（今蒙古國首都烏蘭巴托）；1881 年據中俄《改訂伊犁條約》開放的迪化（今烏魯木齊市）、吐魯番、哈密、古城（今新疆奇臺縣）、肅州（酒泉，嘉峪關）、科布多（今屬蒙古國）、烏里雅蘇臺（今蒙古國扎布哈朗特）；1914 年自開的歸綏（今內蒙古呼和浩特市）、1922 年自開的包頭等 13 個通商

〔註20〕 樊如森、楊敬敏：《清代民國西北牧區的商業變革與內地商人》。
〔註21〕 版圖的變化、文本與實際的差異等因素，使得近代中國商埠數目的統計很不一致。漆樹芬統計，1922 年中國商埠 97 個，其中 27 個為自開商埠，70 個為條約商埠（漆樹芬：《經濟侵略下之中國》，第二編第三章，上海獨立青年雜誌社，1926 年）。吳松弟先生統計，1930 年中國各類商埠、租借地、殖民地總數 110 個（吳松弟主編：《中國百年經濟拼圖——港口城市及其腹地與中國現代化》，第一章，山東畫報出版社，2006 年）。楊天宏統計，1924 年中國自開商埠 52 個，"其數量幾與條約口岸相埒"（楊天宏：《近代中國自開商埠研究述論》，《四川師範大學學報（社科）》，2001 年第 6 期）。上述 3 人的統計中，只有漆氏詳備每一商埠開放的法理和文案依據，吳、楊 2 人統計皆闕相關詳細備註，故本文暫依漆著為基礎進行考究。然漆氏資料中尚未包括者還有：外蒙古地區的庫倫（1861）、烏里雅蘇臺（1881）、科布多（1881）3 個條約商埠，臺灣地區的安平（台南 1860）、滬尾（淡水 1860）、雞籠（基隆 1861）、旗後（打狗 1863）4 個條約商埠、鴉片戰爭時期形成的香港（附加九龍半島租借地）和澳門 2 個殖民地、大連灣（大連 1898）、威海衛（威海 1898）、膠州灣（青島 1898）、廣州灣（湛江 1899）4 個租借地，1922 年以後正式開放的無錫（1923）、賓興洲（江西 1923）、蚌埠（1924）、銅鼓（廣東 1924）、中山港（1930）5 個自開商埠。另外，漆著將吳淞列為德國約開商埠，經核應為自開（寶山區史志委編：《吳淞區志》，上海社會科學院出版社，1996 年）。據上筆者認為，至 1930 年為止，中國的一級商埠總數應該是 115 個，其中條約商埠 82 個，自開商埠 33 個。

口岸，占中國對外開放商埠總數的 11%強。它們與俄國、印度和英、美（通過天津）等國際市場相聯通，構建起覆蓋西北接軌內地和世界市場的外向型市場網絡，極大地改善了當地牧業經濟的市場環境。清末民國時期，西北畜產品的對外貿易，從東、西、北三個方向全面拓展開來。

1、西北地區向東方向的對外貿易

西北牧區向東方向的對外貿易，主要輾轉通過天津口岸展開。外國洋行則通過天津及其腹地的傳統市場網絡，收購西北牧區的畜產品進而再出口到國際市場。而把西北廣大地區的畜產品從產地運銷到天津洋行的中間人，則主要是活躍在牧區和各中級市場上的山西旅蒙商人與直隸順德（今河北邢臺）商人。〔註22〕

津海關貿易報告指出，「天津特有之出口貨，計有氈、氈帽、馬毛、各色皮貨、駱駝毛、綿羊毛、山羊毛、犛牛尾、水牛角及水牛皮。所有此類商品，除氈及氈帽率由直省所製外，均產於蒙古」。〔註23〕從事皮毛收購業務的旅蒙商人，除了小部分屬於個體經營外，大部分是由各大商號派出的，其採購方式則以「出撥子」的形式進行。具體為每年陰歷的三月至五月，七月至九月，他們將蒙古人所嗜好的日用必需品積載於牛車或駝背上，以三、四人或數十人為一組，帶著食料、寢具、帳幕及炊事用品，途中不做零售，一直向蒙古內地進發。他們多熟悉蒙古人的語言和風俗民情，到達目的地後，或住在熟人家，或自搭帳蓬，冠上蒙古文的店號，將攜帶的物品排列起來，以招徠顧客。過上四、五天至六、七天後，再轉移到別處。生意好的時候，也有長久地停留在一處的。附近的蒙古人，聽到某號撥子來了，就用皮毛等物換取他們所需要的日用品。等到所攜帶的商品都賣完了，撥子們便把所換來的皮毛，馱載在牲畜背上或牛車上，運銷到歸化、多倫諾爾（今多倫）、張家口等皮毛的中級市場上去。這些城市都有很多規模較大的商號和洋行，它們從事皮毛的購銷業務，成為連結草原初級市場和天津終點市場的橋樑。〔註24〕清末，歸化城有旅蒙商號 40～50 家，而以大盛魁、元盛德、天義德規模最大；洋行有仁記、聚立、平和、新泰興、隆昌、安利、興泰等 7 家。〔註25〕

〔註22〕樊如森：《天津開埠後的皮毛運銷系統》，《中國歷史地理論叢》2001 年第 1 期。
〔註23〕吳弘明翻譯整理：《津海關年報檔案彙編（1865～1911）》，1873 年貿易報告。
〔註24〕樊如森：《天津開埠後的皮毛運銷系統》，《中國歷史地理論叢》2001 年第 1 期。
〔註25〕沈斌華：《內蒙古經濟發展史箚記》，第 125、173 頁，內蒙古人民出版社 1983

　　甘肅一帶的皮毛收購組織也很細密，其一爲毛販，他們於剪毛季節，到牧區各地進行收購，集結到一定的數目後再轉售給毛客；其二爲毛客，即外地來的毛商；其三爲兼營毛商，他們既收購羊毛，也收購其他皮毛和藥材等；其四爲行商，他們沒有固定的字號，一邊出售布匹等日用品，一邊收購羊毛等；其五爲歇家，他們是受外地客商委託而在羊毛產區進行收購的商人；其六爲跑合，他們是在毛商與牧民之間，進行說合，並收取傭金的私家經紀人；其七爲皮毛經紀行，它們是領有牙帖、介紹皮毛買賣、幷從中收取傭金的中介機構；其八爲公莊，即回、漢毛商合股經營的收毛組織，它一方面派人攜帶糧食、茶葉、布匹等同牧民交換羊毛，同時也接受外地毛商的訂貨；九爲分莊，即外幫毛商所設的收毛組織；十爲洋行莊口，即外商所設的收毛處。甘肅羊毛多先集中到蘭州，再用皮筏經黃河水運至包頭，再輾轉運往天津。〔註26〕天津成爲西北畜產品銷往國際市場的重要口岸。

　　從天津海關的貿易報告可知，1870 年代以後，僅來自歸化城的駝毛，便占到了天津駝毛出口總量的 95%；〔註27〕到 1898 年，天津的皮毛出口總值爲 56071 關平兩，占天津整個出口總值的 11.44%；1903 年，天津的皮毛出口總值爲 370144 關平兩，占天津整個出口總值的 32.28%；1908 年，天津的皮毛出口總值爲 223567 關平兩，占天津整個出口總值的 14.46%。〔註28〕而在天津所出口的所有畜產品中，直接來自西北牧區的，至少要在 1/3 以上。〔註29〕其中又以甘肅省的寧夏府（治今銀川市）、蘭州府、西寧府、甘州（治今張掖市）、涼州（治今武威市）和山西省的歸化城、包頭一帶最爲集中。〔註30〕

2、西北地區向西、向北方向的對外貿易

　　西北牧區向西、向北兩個方向所展開的對外貿易，主要是在新疆和蒙古

　　　年。
〔註26〕許道夫：《中國農業生產及貿易統計資料》，第 315 頁，上海人民出版社 1983年。
〔註27〕吳弘明編譯：《津海關年報檔案彙編（1865～1911 年）》，津海關 1876 年貿易報告，天津市檔案館、天津社科院歷史所刊印，1993 年。
〔註28〕據王懷遠《舊中國時期天津的對外貿易》中"天津口岸 1898～1908 年直接出口商品結構表"推算。王文載《北國春秋》1960 年第 1 期，第 83 頁。
〔註29〕樊如森：《西北近代經濟外向化中的天津因素》，《復旦學報（社科）》，2001年第 6 期。
〔註30〕日本中國駐屯軍司令部：《天津志》，侯振彤中譯本，第 291～292 頁，天津市地方史志編修委員會總編輯室，1986 年印行。

地區進行的對俄貿易，以及在新疆南部喀什噶爾地區展開的對印度和阿富汗的貿易。其中，又以對俄國的貿易最為重要。

新疆牧區的對俄貿易，最早是通過伊犁、塔城兩口岸展開，1880 年代又增加了喀什噶爾、迪化及天山南北各城。和 1850 年相比，1883 年俄國對新疆的進口增加了 13.3 倍，達到了 303.64 萬盧布；新疆對俄國的出口增加了 4.4 倍，達到了 279.2 萬盧布。就商品種類而言，俄國對新疆進口的主要是布匹、綢緞、火柴等工業製品；新疆對俄出口的，主要是各種皮毛、棉花等農牧業產品。〔註31〕1895 年以前，俄國商人在新疆開辦的洋行主要集中在伊犁、塔城、喀什噶爾等沿邊口岸，而且資本較少；此後，迪化、哈密、古城皆有俄國洋行開設，新疆畜產品的對俄貿易又有了發展。從事對俄貨物進出口業務的，除俄國商人外，主要是來自內地各省的商人，尤其是天津商幫。

表 3-1　　1893～1908 年新疆對俄貿易統計（單位：萬盧布）

年代	對俄出口	從俄進口	總計	年代	對俄出口	從俄進口	總計
1893	279	304	583	1903	788	668	1456
1895	387	372	759	1904	889	650	1539
1899	589	520	1109	1905	915	626	1541
1900	651	496	1147	1906	936	681	1617
1901	692	601	1293	1907	1068	918	1986
1902	604	701	1305	1908	996	802	1798

資料來源：俄國海關貿易統計，屬聲《新疆對蘇（俄）貿易史（1600～1990）》，第 139 頁，新疆人民出版社，1993 年。

蒙古地區對俄國的貿易，最初是在買賣城（在俄國的一方是恰克圖城）一地進行；1880 年代又增加了科布多、烏里雅蘇臺兩地。這一地區對俄輸出的商品，除內地轉運來的茶葉外，主要是當地所產的皮毛。

總起來看，在沿邊沿海開放口岸的拉動下，西北的畜牧業產品不僅擴大了國內市場，而且也逐步地展開了對國外市場的貿易。到清朝末年，其畜牧業經濟的外向化水準，已經有了較大的提高。

〔註31〕劉彥群等：《新疆對外貿易概論》，第 18 頁，新疆人民出版社 1987 年。

三、20 世紀前期西北市場經濟的發展

　　進入 20 世紀特別是民國時期以後，與西北畜牧業經濟發展密切相關的交通技術和設施，有了很大的改進；相應的國內外市場環境，也有了更為顯著的改善。交通技術的改進，是指清末和民國時期，鐵路與公路建設的大發展。

　　鐵路交通方面，在東面的北方，1915 年 9 月經張家口、北京連通天津的京張鐵路，向西延伸到豐鎮，併於 1921 年 4 月擴展至歸綏，1923 年 1 月再修至包頭，成為吸納西北畜產品源源東流的大動脈。在東面的南方，1931 年，隴海鐵路向西延伸到潼關，1935 年展至西安，1936 年又修到了寶雞，成為陝、甘、青畜產品迅速外運的又一現代化運輸通道。在西方，1930 年，連接俄國西伯利亞和土耳其斯坦的土西鐵路，修到了距離塔城不遠的愛古斯和距伊寧（俗稱伊犁）不遠的伊牧斯克，該路與新疆西部的邊境線自北向南平行延展達 2252 裡，極大地拉動了新疆畜牧業的對俄貿易。除鐵路建設之外，民國時期特別是 1930 年代以後，西北地方的公路建設也得到了前所未有的發展，如川陝公路、甘川公路、青康公路、西荊公路（通河南）、西潼公路（通河南、山西）、咸榆公路、包寧公路、新綏公路、甘青公路、西蘭公路、蘭寧公路、甘新公路、青新公路等紛紛修建或通行汽車，也改善了西北與國內外其它地區之間的交通運輸條件，加速了其畜牧業市場化、外向化的進程。時人比較道：「出口土貨，曩之用駝或土車或船隻載運來津，受途中種種耽延，種種遺失者。今則雖仍用舊法載運，不過自產地至本省之張家口，或豐臺或晉省之太原府，即可易由火車轉運本埠矣，故遲誤既少，傷耗亦輕。本年出口之貨……進步堪為猛銳」。〔註32〕

　　市場環境的改善，不僅指西北畜產品國內市場份額的增加，更是指第一次世界大戰爆發後，由於交戰各國對中國西北畜產品需求的大幅度增加而帶來的更加遼闊的國際市場。交通條件和市場環境的改善，進一步促進了民國時期，西北畜牧業產品的市場化和外向化進程。

　　1911 年前後，天津洋行「在甘肅各地設莊的很多。中寧有仁記洋行、新泰興洋行，中衛有平和洋行、瑞記洋行」。而在河州（治今甘肅臨夏市）收購畜產品的天津洋行，也有 9 家之多。他們將收購到的羊毛、皮張、腸衣、藥材、豬鬃等，先雇用皮筏子沿黃河水運至包頭，再通過陸路將其運到天津

〔註32〕吳弘明翻譯整理：《津海關年報檔案彙編（1865～1911）》，1909 年華洋貿易情　　　　形論略。

出口。在隴東的皮毛中心張家川鎮，其情形也同樣如此。〔註33〕民國時期，甘肅的對外輸出貨物，主要是皮毛、水煙和藥材。綿羊皮在甘肅的運銷據點，隴南爲拉卜楞（今甘肅省夏河縣），河西爲永登、永昌、張掖、酒泉，隴東爲平涼、西峰鎮，而蘭州則是西路各縣皮張的總集中地。山羊皮的運銷據點除平涼、西峰鎮外，尚有張家川、靖遠等地。由水路輸出的，多用皮筏沿黃河順流而下包頭，然後由平綏鐵路轉北寧鐵路至天津出口；走陸路則是由產地先集中到各皮張運銷據點，然後再利用牲畜馱運或馬、牛車拉運到各中級市場如蘭州、平涼等地，再利用大車、膠輪車、汽車或火車，經陝西、河南轉運到漢口、天津、上海口岸。不過，由於當時隴海鐵路陝西段一直鋪設緩慢，使得甘肅的貨物走陸路東運、遠不如走水路北運更加便利和經濟，結果甘肅或西北的皮毛，便多取道包頭再由火車東輸天津出口。抗戰爆發後，甘肅皮張向東的銷路不暢，只能向西輸往蘇聯。毛類的輸出路線與皮張大體上相同。〔註34〕蘭州作爲甘肅和青海地區的皮毛集散中心，青海及甘肅西南部的羊毛，每年經蘭州運出的約 11000 餘噸，皮貨約 170 餘噸。〔註35〕

湟源作爲青海羊毛的主要集散地，有洋商和漢商設立的羊毛行數十家，每年輸出各類皮張 80000 餘張，羊毛約 300 餘萬斤。〔註36〕最盛的時候，每年集散羊毛 400 餘萬斤。青海皮毛的主要運輸管道，是先用犛牛、駱駝或騾車轉運到西寧，再用皮筏由湟水入黃河至蘭州，再從蘭州裝皮筏順黃河而運至包頭，轉乘平綏鐵路、北寧鐵路而抵達天津出口。〔註37〕在寧夏地區，1919年前後，每年對外輸出的羊皮約 36 萬張，羊毛約 1000 餘萬斤，駝毛和羊絨約 40 萬斤。〔註38〕

歸綏 1914 年時外銷駝羊毛 200 萬斤，皮張 9 萬張；〔註39〕1924 年運出的駝羊毛增至 1180 萬斤，皮張百萬張以上；〔註40〕1930 年代，每年有價值 40萬兩的蒙旗、甘肅、新疆細毛皮，經歸綏運往天津等地；洋商在此所設的採買羊毛絨及牛、馬皮的洋莊，有 10 餘家；眾多的旅蒙商人，也從這裡將大量

〔註33〕《甘肅文史資料選輯》，第 8 輯。

〔註34〕王世昌：《甘肅的六大特產》，《甘肅貿易季刊》1943 年第 5～6 期。

〔註35〕鐵道部業務司商務科：《隴海鐵路甘肅段經濟調查》，第 87 頁。

〔註36〕許公武：《青海志略》，鉛印本，1945 年。

〔註37〕顧執中、陸詒：《到青海去》，第 183 頁，商務印書館 1934 年。

〔註38〕林競：《西北叢編》，第 235 頁。

〔註39〕《農商公報》，第 1 卷，第 7 冊。

〔註40〕白眉初：《中華民國省區全志》，第 1 編，第 13 頁，北京求知學社 1924 年版。

的磚茶、綢、布、棉花、米、面等貨物，販往各蒙旗牧區進行交換。〔註41〕
京包鐵路 1923 年通車後，包頭迅速發展成為西北廣大地區水陸交通的中心和
西北最大的皮毛集散地，「每年在這裡集散的絨毛約二千至三千多萬斤，占整
個西北地方絨毛產量的三分之二以上」；〔註42〕1933 年，包頭的 21 家皮毛店，
每年從青海甘肅陝北蒙古等地採購的各類絨毛約 600 萬斤，各類皮張 11 萬張，
均銷售到天津等地，共值 250 萬元。〔註43〕

　　隨著貨物運輸方式的現代化，天津皮毛的腹地範圍迅速擴大。到 1925 年前
後，「天津輸出之羊毛，青海、甘肅居其五成，山陝居其成半，蒙古居其二成半，
直魯約居一成」，〔註44〕西北牧區成為天津畜產品出口的主要基地。到 1937 年
抗日戰爭全面爆發之前，西北牧區更佔據了中國最大畜產品輸出口岸天津毛類
產品出口的 2/3 以上。這既體現了西北牧區在天津對外貿易體系中的重要地位，
也表明西北經濟的外向化水準，已經得到了空前的提高。〔註45〕

　　民國時期，西北畜產品的對俄貿易區域，依然主要集中在新疆和外蒙古兩
個地區。據統計，1920 年以前，俄國在新疆古城的洋行有德盛、大盛、吉祥、
德和、義和 5 家，在迪化的有芝盛、天興、德盛、德和、仁中信、吉利、茂盛、
大利、吉祥湧 9 家，在庫車的行店有 16 家。1912 年，在新疆的俄國人為 11912
人，65%從事畜產品等對俄出口和加工業。俄國海關統計顯示，新疆對俄國的
出口貿易總額，從 1895 年的 386.9 萬盧布上升到 1914 年的 1420.2 萬盧布，增
長了 2.67 倍。其中各種畜產品增長幅度較大，牲畜出口從 56.5 萬盧布增長到
169.7 萬盧布，羊毛出口從 1467 噸增加到 6087 噸，各種皮張、毛皮出口從 621
噸增長到 2475 噸，〔註46〕新疆畜牧業的外向化程度進一步提高了。

　　1924 年以前，中國中央政府對外蒙古地方的政治控制整體上依然有力，外
蒙古地區的政治環境和經濟環境，還是相當穩定的。這一時期，該地區以恰克
圖、庫倫、烏里雅蘇臺、科布多等地為商業中心，尚能展開較為繁盛的對俄、
以及經由張家口對天津口岸的畜產品出口貿易。僅 1918 年，張家口就有「外管

〔註41〕廖兆駿：《綏遠志略》，第 229～268 頁，南京正中書局 1937 年。
〔註42〕李紹欽：《古代北方各民族在包頭地區的活動》，《包頭文史資料選編》第 4
　　　　輯。
〔註43〕綏遠省政府：《綏遠概況》，下冊，第 67～71 頁，1933 年編印
〔註44〕北京西北週刊社《西北週刊》第 15 期，第 2 頁，1925 年 5 月 24 日版。
〔註45〕樊如森、楊敬敏：《清代民國西北牧區的商業變革與內地商人》，《歷史地理》
　　　　第 25 輯，上海人民出版社 2011 年。
〔註46〕歷聲：《新疆對蘇（俄）貿易史（1600～1990）》，第 138、144 頁。

（專做蒙古生意的店號）1600 餘家，茶莊、毛莊亦各 20～30 家，每年進出口貿易額達 30000 萬元」。〔註47〕此後，外蒙古地區受蘇俄的控制日益增強，內地商人的經營活動被明令禁止，外蒙古與祖國內地的經濟聯繫日趨削弱。但是，幾百年來與內地旅蒙商人建立的深厚經濟聯繫和消費習俗，使得外蒙的廣大牧民依然「習慣於使用中國內地生產的各種傳統的民族商品。對於蘇俄商人販運來洋貨貿易頗不感興趣，尤其是日用生活物品和一部分蒙古人傳統食品等，『洋貨』很不合其口味。所以，儘管蒙古人民共和國政府，禁止華人旅蒙商人在外蒙古地區從事貿易，然而，蒙古游牧民群眾自行私販毛皮、土特產品和趕著少量牲畜來到蒙古國與內蒙古邊境沒有關卡的地方，仍與旅蒙商人約定會合地點，進行走私貿易」。這種秘密貿易在 1930 年代以後，一直持續下來。〔註48〕

據到蒙古草原旅行和貿易的俄國人調查，1920 年前後由外地輸入到這裡的貨物，食物類商品包括茶、麵粉、雀麥、小米、米、糖、酒、菸草，織物類商品包括 Dalemba, tsuemba, tebesuteba，綿絨、綢緞、錦緞，雜貨類商品包括傢具、熟皮、裝飾品。其中，茶主要是來自中國內地的磚茶，年輸入數量約 140000 箱，每箱 27 塊。麵粉的三分之二來自中國內地，三分之一來自俄國，年消費 612000000 磅。中國燒酒、布林酒及俄國酒，每年消費約 2177280 磅。布匹一戰前主要是俄國布，一戰後主要是經由張家口轉運並染色的英、美、日布和中國內地布匹，計 8800000 碼。鍋、茶壺、小刀、斧、提桶、鞍鐙等類，75%自中國內地輸入，25%自俄國輸入，年值 1200000 元。一戰前俄國熟皮獨佔蒙古草原市場，此後多由中國內地和日本輸入，年約 100000 張。婦女服飾品均輸自中國內地，價值 900000 元。對外出口方面，蒙古市場每年輸出肉和脂肪 600000 擔，綿羊毛 120000 擔，駱駝毛 13000 擔，馬毛 11300 擔，綿羊及山羊皮 500000 張，羔羊皮 700000 張，牛皮 84000 張，馬皮 70000 張，乳類 1323 兆磅，毛皮 12 兆磅。〔註49〕

到民國時期，隨著西北畜產品對國內其他地區、特別是對國際市場輸出貿易的蓬勃發展，其畜牧業經濟的市場化和外向化程度有了更大的提高，進一步打破了其經濟上的封閉狀態，增加了牧民的經濟收入。

〔註47〕 賀揚靈：《察綏蒙民經濟的解剖》，第 51 頁，上海商務印書館，1935 年。

〔註48〕 盧明輝、劉衍坤：《旅蒙商——17 世紀至 20 世紀中原與蒙古地區的貿易關係》，第 244 頁。

〔註49〕 〔蘇〕克拉米息夫著、王正旺譯：《中國西北部之經濟狀況》，第 10～13 頁。

　　就羊毛來說，近代以前只有用來編制日用氈毯和帳篷，用量很小，絕大部分都被棄爲廢物而隨風飄散，並不能給牧民帶來任何的經濟收益。自 1850 年代北方沿邊沿海口岸開放以後，羊毛才和皮張一起，成爲西北地方最重要的畜產品，輸往國內、外市場的數值越來越大。據天津海關統計，1934 年至 1936 年間，天津山羊毛、山羊絨、綿羊毛、駱駝毛等對美、英、德、日 4 國的出口，每年都占全國毛類出口總額的 96%以上。〔註50〕1934 至 1938 年間，天津在全國綿羊毛、山羊絨的出口總量中，都遠遠超過了另一主要出口港上海而成爲我國最大的毛類出口基地。〔註51〕而天津所出口的羊毛，又主要來自於西北地方。除羊毛外，以前百無一用的羊腸、羊骨頭等，也都變成了重要的出口品。據津海關記載，羊腸是 1896 年才作爲塡製香腸的重要原料而從天津出口到國外的，〔註52〕此後，它的出口數值不斷增加。1924 年，天津港的羊腸出口價值爲 867000 關平兩，1925 年爲 1314000 關平兩，1926 年爲 1024000 關平兩。而天津港羊腸出口最主要的來源地，依然是新疆、甘肅、青海、綏遠等西北地方。〔註53〕在這一過程中，牧民個人收益的增加，也就是自然而然的了。「新疆人民約有 1/4 以畜牧爲業，此外以畜牧爲副業者，當不在 1/2 以下。……欲解決蒙藏人民生活改善問題，與大開發西北，繁榮邊疆，鞏固國防諸問題，殆無不以發展畜牧業爲一切問題之重心。西北畜牧事業之發展，即爲開發西北事業中之一大成功」。〔註54〕

第二節　近代西北外向型市場體系的構建

一、西北地區國內貿易的發展

　　西北地方幅員遼闊，自然條件差異很大，物產豐富多彩。〔註55〕各地豐

〔註50〕李洛之、聶湯穀：《天津的經濟地位》，第 198 頁表格，經濟部駐津辦事處 1948 年。

〔註51〕許道夫：《中國農業生產及貿易統計資料》，第 313 頁表格，上海人民出版社 1983 年。

〔註52〕吳弘明編譯：《津海關年報檔案彙編（1865～1911）》，1896 年貿易報告。

〔註53〕天津工商業叢刊之十：《天津市皮毛腸衣業經營的方向》，第 19 頁，天津進步日報社 1951 年。

〔註54〕吳兆名：《西北牧畜業概述》。

〔註55〕相關資料參見第 1 章的各地"物產部分"。

富而又分佈不均的物產，既為西北各地之間以市場為依託而進行的商品交流，奠定了物質基礎，也使這種交流成為十分必要而又可能的事情。而進入近代特別是民國時期，西北交通條件的改善，又使其商品流通獲得了進一步發展，西北各地間的貿易規模不斷擴大，對西北以外其他地區的國內貿易也有了很大發展　。

1、關中地區

棉花由醴泉、咸陽、涇陽、興平、渭南等地大量輸往甘肅地區；棉紗從西安、寶雞等地輸往甘肅的蘭州、天水、秦安、武威、臨夏；醴泉布、朝邑布、渭南布、興平布、店張布等各種土布也大量輸往甘肅；各種紙張和茶葉運銷甘肅等地的也不少。〔註 56〕自隴海鐵路西展後，西安逐漸發展成為東南工商業品輸入西北和西北農畜產品輸出的重要市場。關中、陝南、陝北各縣土產的輸出，日用品的輸入，也大多取道於西安。〔註 57〕涇陽是關中的重要商業中心之一，湖南安化官茶在此改造為磚茶、再銷往西北各地；蘭州水煙也在此改裝再東運津、滬等地。〔註 58〕陝北地區的橫山縣，1930 年前後的商品流通也很繁榮。輸入方面，布匹、百貨購自山西和順德（今河北邢臺市），食鹽由寧夏花馬池運來，棉花由韓城及山西運來；輸出方面，皮毛、羊絨售給晉商和洋行，穀類、豆、稻運銷榆林和米脂，油、炭供給以南各縣，磁、酒販往靖定、安定等地。〔註 59〕

2、內外蒙古地區

歸綏（今呼和浩特市），每年轉銷來自蒙旗以及甘肅、新疆等地來的羔皮細毛約值 40 萬兩，本地羊皮年銷約 20 萬張；洋商在該市所設的採買羊毛絨及牛、馬皮的洋莊有十幾家；眾多的旅蒙商人還從這裡販運大量的磚茶、綢、布、棉花、米、面等物，分赴各蒙旗牧區交換牧民的駝、馬、牛、羊、皮革、絨毛等物，「春夏去而秋冬歸，歲以為常」，〔註 60〕「凡華北之工商品，銷售於西北各省，或寧、甘、新等省之貨物轉銷於平、津各地，均以歸綏為重心」。

〔註56〕陳鴻臚：《談甘肅省的內銷貨物》，《甘肅貿易季刊》，1942 年創刊號。

〔註57〕鐵道部業務司商務科編：《隴海鐵路西蘭線陝西段經濟調查》，第 90 頁，1932 年印行。

〔註58〕鐵道部業務司商務科編：《隴海鐵路西蘭線陝西段經濟調查》，第 107～108 頁。

〔註59〕劉濟南修，曹子正纂：《橫山縣誌》，卷三，實業志，商務，民國十九年石印本。

〔註60〕廖兆駿纂：《綏遠志略》，第 229～230 頁，南京正中書局 1937 年。

〔註61〕其它縣城如臨河縣的商品流通也很活躍，1931 年前後的對外輸出，以牛、馬、騾、駝、羊、羊絨、糧米、皮張爲大宗，年銷售數值約爲 400 萬元；輸入品以茶、布、煙、酒、糖、紙等爲大宗，年值約 300 萬元。〔註62〕

據 1919 年的記載，位於黃河上游的寧夏地區，每年對外輸出甘草約 5000 擔，枸杞約 2000 擔，羊皮約 36 萬張，羊毛約 1000 餘萬斤，駝毛和羊絨約 40 萬斤；所輸入的洋布、海菜、糖、火柴、洋燭、愛國布等共約 14000 擔；過境貨物 7000 餘擔。這些貨物當中，從京津、包頭等地東來的主要是洋貨，從青海、甘肅等地西來的主要是皮毛。作爲寧夏平原貿易中心的寧夏城（今銀川市），各地商賈雲集，商店十分之六爲山西商人所開，餘下的歸天津、湖南、河南、四川和本地商人。〔註63〕1923 年京包鐵路通車後，其對區外貿易的規模進一步擴大，1936 年前後，寧夏城有各類商戶七八十家，資本共約 430 多萬元。〔註64〕

3、甘青地區

1930 年代，地處黃河上游河、湟交匯處的皋蘭縣（治今甘肅省蘭州市），每年輸出貨物價值約爲 900 餘萬元，輸入貨物則達 1700 餘萬元。〔註65〕外地輸入甘肅地區的商品，主要有棉花、棉紗、布匹、綢緞、裝飾品、五金、顏料、磁器、竹器、茶葉、糖、海菜、香煙、紙張、藥材等。布匹是其中的大宗商品，土布包括陝西土布和河南土布，洋布則包括津、滬洋布和外國洋布等。抗日戰爭爆發以前，洋布的採購地東路爲徐州、鄭州、西安，南路爲漢口，北路爲寧夏、包頭，也有直接從津、滬採購的；抗日戰爭爆發以後，洋布的採購地東路爲禹州、洛陽、西安，北路爲吳忠堡，西路爲哈密，到 1942 年則以陝西、寧夏地區爲重點，其次爲新疆和四川地區。其他如綢緞、呢絨、各種日用裝飾品、五金、顏料、香煙、海菜等外地貨物的輸入路線和輸入狀況，也與洋布大體上相同。另外，紙張 60%來自四川地區，30%來自陝西地區。磚茶運自湖南安化或陝西涇陽、三原，粗茶運自陝西紫陽，細茶運自四川地區。〔註66〕

〔註61〕廖兆駿纂：《綏遠志略》，第 268 頁。
〔註62〕呂咸等修，王文墀等纂：《臨河縣誌》，卷中，紀略，商業，民國二十年鉛印本。
〔註63〕林競：《西北叢編》，第 235～236 頁，上海神州國光社 1931 年。
〔註64〕高良佐：《西北隨軺記》，第 411 頁。
〔註65〕鐵道部業務司商務科編：《隴海鐵路甘肅段經濟調查報告書》，第 64 頁，1935 年。
〔註66〕陳鴻臚：《談甘肅省的內銷貨物》。

　　甘肅地區對外輸出的貨物主要是皮毛、水煙和藥材。綿羊皮的運銷據點，隴南爲拉卜楞（今甘肅省夏河縣），河西爲永登、永昌、張掖、酒泉，隴東爲平涼、西峰鎮，而蘭州則是西路各縣皮張的總集中地。山羊皮的運銷據點除平涼、西峰鎮外，尚有張家川、靖遠等地。抗戰前，羊皮多輸往英、美各國，多用皮筏沿黃河順流而下包頭，然後由平綏路轉北寧路至天津出口。藥材的輸出，除了由北路（水路）的包頭輸入綏遠等地區，由東路（陸路）的寶雞輸入陝西等地區，還由南路（棧道）經文縣的碧口輸入四川等地區。〔註67〕水煙運銷若走水路，則用羊皮筏順黃河「將煙製品運至沿河要埠，如寧夏、包頭各地。戰前至包頭後，再以火車運至大同或平、津，然後轉至東北。其在寧夏出售者，則以寧夏爲批發中心；山西出售者，則以大同爲中心」；陸路由蘭州沿「西北公路用膠皮輪騾車（戰前多用汽車）運至陝西。在陝西境內銷售者，則以西安爲批發中心。如繼續運至東路，則須運至陝西涇陽縣，加以整理改裝，然後再經潼關，而運至晉、豫、江、浙各省」；此外還運銷青海、新疆、四川等地。〔註68〕

　　青海高原的商品流通也有了很大的發展，皮毛、藥材和木料等，大部分要經蘭州順黃河下流至包頭再轉運出去，據統計，青海高原及甘肅西南部的羊毛，每年經過蘭州運出約11000餘噸，皮貨、藥材各約170餘噸，木料約6000餘噸。由陝西或包頭方面經甘肅過境而運往青海高原的貨物，每年大約有布匹3000噸，茶葉1100餘噸，紙張、印刷材料、棉織品、藥材、鐵器以及其它雜貨等共約5000餘噸。〔註69〕各地輸入西寧的商品以雜貨、布匹、綢緞、海菜、藥材、磁器等爲大宗，每年約值6207000餘元；而由此輸往天津、上海等地的商品以羊毛、皮革、牲畜、油木、藥材爲大宗，每年約值15497000餘元。〔註70〕湟源作爲漢、回、蒙、藏各族互市的主要場所之一，商務也非常繁榮，售給蒙、藏牧民的貨物，以蕪青、青稞爲大宗，湖南茶、各色粗布、糖、酒等次之，並收購青海物產轉運省外銷售。該地有洋人和漢商設立的羊毛行數十家，每年輸出各類皮張80000餘張，羊毛約300餘萬斤，青鹽約4000擔。〔註71〕

〔註67〕王世昌：《甘肅的六大特產》，《甘肅貿易季刊》1943年第5～6期。
〔註68〕甘肅省銀行經濟研究室編印：《甘肅之特產》，第49頁，1944年。
〔註69〕鐵道部業務司商務科編：《隴海鐵路甘肅段經濟調查報告書》，第87頁。
〔註70〕顧執中、陸詒：《到青海去》，第322頁，上海商務印書館1934年。
〔註71〕許公武纂：《青海志略》，第四章，青海之自然區域及政治區域，二，湟源縣，

4、天山南北

新疆地區，「生齒日繁，需用日增，商務亦蒸蒸日上」，[註72] 不僅羊毛等經甘肅、綏遠各省大批外運，[註73] 與西北區外特別是俄國間的商品交流亦非常頻繁。據記載，1917 年以前，新疆省對區外的貿易，十有八九爲俄國人所操縱。除穀物、小麥、麵粉、食鹽、乾果等物品多輸往外蒙外，該省絕大部分原料、半成品以及日用工業製成品的輸出入對象是俄國。每年向包頭方面輸出的，僅爲皮毛、乾果等；由包頭輸入的，也僅是少量雜色布匹。[註74] 此後至 1925年間，由於俄國的政局不穩，經濟衰退，新疆的棉花一部分轉輸到天津出口。後來因沿途捐稅苛重、路途遙遠，再加上俄國政局和經濟形勢的逐步好轉，又全部運銷到俄國。生絲、羊毛、各類皮張的輸出也是以俄國市場爲主，以天津等內地市場爲輔。所輸入的貨物，除茶葉與絲貨主要由內地的湖北、湖南、四川、陝西、天津等地運來外，糖、棉布、毛絨布、鐵器、熟革等也主要是由俄國運來，來自印度和內地只占很小的一部分。[註75]

近代以後西北地區國內商品流通的發展，進一步打破了各地經濟上原有的封閉狀態，使其原有的基層市場，以各大中心市場爲依託而相互銜接起來，從而爲民國時期西北外向型市場體系的形成奠定了基礎。

二、民國時期西北外向型市場體系的構建

隨著商品流通的進一步發展，民國時期西北地區以發展對外貿易爲主要職能的外向型市場體系初步形成。它是以區域性市場網絡爲依託，以水陸運輸線爲紐帶，中心市場、中級市場和初級市場 3 個層次相互銜接而共同構成的。

中心市場是指那些地處整個西北的交通和貿易要地，在區內、外貿易中起關鍵作用，並直接同區外大市場進行大規模商品交流的綜合性樞紐市場，主要有西安、包頭、蘭州、古城（今新疆奇臺縣）、庫倫（今蒙古國烏蘭巴托）5 處。中級市場是指那些地處相對較大地域的交通和貿易要地、在當地貿易中起重大作用、直接同 5 大中心市場進行大規模商品交流的區域性中轉市場。如陝西的寶雞、三原，河套的歸綏，寧夏平原的寧夏城，河西走廊的張掖，

民國三十四年鉛印本。

〔註72〕林競編：《新疆紀略》，五，實業，商業，民國七年鉛印本。

〔註73〕劉穆：《最近新疆經濟狀況》，《西北》1929 年第 8 期。

〔註74〕村之：《西北商務衰落之原因及其救濟之方策》。

〔註75〕劉穆：《最近新疆經濟狀況》。

隴東的平涼、天水，青海高原的西寧，天山南北的迪化、哈密、塔城、喀什，外蒙古高原的科布多、烏里雅蘇臺、恰克圖等。初級市場是指廣泛分佈於西北農牧區之內的集市和廟會等產地市場，其數量眾多，形式多樣。西北的三級市場雖非民國時期所特有，但它們在民國時期的發展卻空前明顯，聯繫也空前緊密，初步形成了 5 個區域性市場網絡；它們相互支撐，初步構建起西北邊疆的外向型市場體系。

1、秦嶺以北以西安為中心的市場網絡

自隴海鐵路西展到西安後，西安便進一步發展成為秦嶺以北、乃至西北地區商品輸出入的樞紐和最大市場之一。

表 3-2　1935 年前後長安縣的商品流通概況

商品	年輸出入約數	貨物來源地及比例	貨物銷售地及比例
藥材	1500 餘萬公斤	6/10 來自甘肅，4/10 來自四川	7/10 運往津、滬、漢口，3/10 運到它縣
麵粉	1500 餘萬公斤	6/10 自滬，4/10 自津、青島、豫	6/10 銷陝省，4/10 運往甘肅
匹頭	1250 餘萬公斤	5/10 自漢口，5/10 自津、滬	6/10 銷陝省，4/10 運往甘肅
棉花	1040 餘萬公斤	均自陝省各縣運來	運往鄭州，轉運上海
煤炭	400 餘萬公斤	均自山西運來	銷往陝省各縣
雜貨	240 餘萬公斤	5/10 自津，5/10 自滬	3/10 銷陝省，7/10 運往甘肅
食鹽	200 餘萬公斤	均自山西運來	銷往陝省各縣
糖	100 餘萬公斤	8/10 自津，2/10 自漢口、滬	5/10 銷陝省，5/10 運往甘肅
燒酒	100 餘萬元	8/10 自鳳翔，2/10 自岐山、寶雞	8/10 銷渭南、潼關，2/10 運往河南
鐵器	100 餘萬公斤	均自山西運來	3/10 銷陝省，7/10 運往甘肅

資料來源：鐵道部業務司商務科編：《隴海鐵路西蘭線陝西段經濟調查》，第 91～92 頁。

從天津、上海、漢口等地輸入的綢緞、布匹、油類、顏料、食糖、紙煙及其他普通日用品等由火車運抵西安後，商人們便通過汽車、大車、馬車、牲畜、人力等轉運到省內各中小市場銷售。而過境到甘肅等地去的布匹、茶葉、鞋帽、顏料、肥皂及其他雜貨，多由汽車沿西蘭公路轉運。這樣，「西安已漸成為東南工商製造品輸入及西北農畜產品輸出之門戶」。〔註 76〕

除西安外，寶雞、三原、鳳翔等地也是秦嶺以北地區內外貿易的重要市場。

〔註 76〕鐵道部業務司商務科編：《隴海鐵路西蘭線陝西段經濟調查》，第 107 頁。

寶雞是漢中、四川、西安間輸出入貨物的重要集散地，種類包括匹頭、藥材、捲煙、糖、紙煙、雜貨等，其中流通匹頭年約 360 餘萬公斤，全部來自西安，銷往漢中；藥材年約 150 餘萬公斤，7/10 來自漢中，3/10 來自四川；捲煙年約 40 餘萬公斤，全來自四川，6/10 銷往鄰近各省，4/10 運往甘肅。〔註77〕

三原既是湖北土布推銷到西安、咸陽、平涼、蘭州、涼州（今甘肅武威市）、甘州（今甘肅張掖市）、肅州（今甘肅酒泉市）、中衛、寧夏等地去的貨物集散地，又是陝、甘、川三省藥材的合聚市場。商務最盛的時候，有布店 40 餘家，年銷湖北土布 20 餘萬卷，價值上千餘萬元；藥行有 100 多家，每家平均的年營業額都在 10 多萬元。〔註78〕

鳳翔交通便利，東可達省會，西可通甘肅，南經寶雞可至漢中。1930 年代，「漢南之藥材，四川之捲煙，甘肅之獸皮，運至鳳翔向西安轉售者為量頗巨。各種匹頭，由西安運至鳳翔轉售漢南者每年達 1500 餘萬匹，京貨由西安運來向甘省轉售者每年達 2600 餘萬件」。〔註79〕

這樣，秦嶺以北以西安為中心市場，以寶雞、三原等地為中級市場，建立在眾多初級市場之上的區域市場網絡遂逐步架構起來。這個網絡由西安向東沿舊有的驛道（1930 年代開始沿隴海鐵路）經潼關至鄭州與京漢鐵路交匯，至徐州與津浦鐵路交匯，可北到京、津，南抵漢口，東達上海等地外，還可從潼關北渡黃河沿馱路（1934 年後可沿同蒲鐵路）由汾河谷地達太原，再順正太鐵路至石家莊與京漢鐵路交匯；向西沿舊有驛道或新修西蘭公路，通達甘、青、寧、新各地；向北經榆林北通包頭或歸綏，再向東轉駝路（1921 年後沿京綏鐵路）至京、津等地；向南經南鄭或沿漢江抵漢口，或沿陸路進入四川地區。

然而，由於隴海鐵路鋪設緩慢，這一區域網絡在西北市場經濟發展中所起的重要作用受到了很大的限制。

2、河套及內蒙古高原以包頭為中心的市場網絡

民國時期的包頭，不僅是河套及內蒙古高原、甚至也是西北廣大地區內外貿易的中心市場之一。「凡京、津、陝、甘、內外蒙古、新疆貨物之往來，均以此為轉運之場，誠西北一大市場也。（1918）年貿易額達 500 餘萬，大小

〔註77〕 鐵道部業務司商務科編：《隴海鐵路西蘭線陝西段經濟調查》，第 92 頁。
〔註78〕 鐵道部業務司商務科編：《隴海鐵路西蘭線陝西段經濟調查》，第 108～109 頁。
〔註79〕 鐵道部業務司商務科編：《隴海鐵路西蘭線陝西段經濟調查》，第 109 頁。

商店共 1200 餘家」。〔註80〕1923 年前後，這裡僅絨毛一項每年就集散約 2000
～3000 多萬斤，占整個西北地方絨毛產量的三分之二以上。〔註81〕

圖 3-1　包頭城市景觀

資料來源：卓宏謀編《包寧鐵路建設與計劃》，北平東城王駙馬胡同卓宅 1933 年。

　　到 1930 年代，包頭「陸則有平綏路爲吞吐之骨幹，而平、津各地遂爲包
頭出入之尾閭，由包頭可至西寧、肅州、五原、寧夏、蘭州等地；至水路則
有黃河之水流，用皮筏可由蘭州至包頭」，其商業腹地已包含了河套地區的全
部、蒙古（阿拉善、額濟納地區）、寧夏、甘肅及青海等廣大地區。〔註82〕這
一地區比較重要的中級市場還有歸綏。另外，薩拉齊和烏蘭腦包（在五原縣
東北 50 裡）等地，也是該地區對甘、新、外蒙及平、津等地進行商品交流的
重要市場。〔註83〕它們皆以包頭爲中心，構成了西北地區的另一個區域性市
場網絡。時人指出：「包頭據西北中心，當水陸要衝，東由平綏路直出平津，
以達內地，以通外洋，南連晉陝，西接寧、甘、新、青，北通內外蒙古，凡

〔註80〕林競：《西北叢編》，第 193 頁，上海神州國光社 1931 年。
〔註81〕李紹欽：《古代北方各民族在包頭地區的活動》，《包頭文史資料選編》第 4 輯。
〔註82〕廖兆駿纂：《綏遠志略》，第 269 頁。
〔註83〕廖兆駿纂：《綏遠志略》，第 229 頁。

由內地運往西北各處之零整雜貨及由西北各處運赴內地之皮毛、藥材等貨，均以包頭爲起卸轉運之中樞」。〔註84〕它的構建，爲西北廣大地區內外商品流通的發展與繁榮，奠定了良好的基礎。

3、黃河上游以蘭州為中心的市場網絡

蘭州作爲黃河上游的重要中心市場，「巨大商號林立於此，或收購內地（指甘、青地區——筆者註）物產，如皮毛、藥材等類，運銷於外；或運入布匹、茶、糖、雜貨等項，分銷青海、河西及甘肅西南部各地。皋蘭全縣每年輸出貨物僅值 900 餘萬元，輸入 1700 餘萬元，過境貨物則值 1300 餘萬元。而青海羊毛、木料之由黃河直運包頭，由此經過而不發生商業關係者，爲數尚甚多也。各類重要商業皆爲陝西、山西及天津旅居於此之商人所經營」。〔註85〕

蘭州之下，尚有幾個相當繁榮的中級市場，如河西走廊上的張掖、隴東的天水和平涼、寧夏平原的寧夏城、青海高原的西寧等。

張掖作爲河西走廊的交通樞紐，「商務素稱繁盛，輸出以人米爲大宗。……皮毛雖非本地產，然歲由青海來者，輒百餘萬斤，轉售於各洋行。水煙年由蘭州運來數百擔，煤炭十餘萬斤，只供本地之用，餘如牛羊、駱駝、藥品所產者亦頗不少。輸入品多日本貨，由天津或包頭運來」。〔註86〕

天水爲隴南與陝南、川北物資交流的重要經濟中心，每年輸入貨物 400 餘萬元，輸出 140 餘萬元，過境 1000 餘萬元。重要商號約 350 家，資本總額約 120 餘萬元，全年營業總值 1500 餘萬元。〔註87〕

隴東平涼的商業狀況亦比較繁榮，堪「與蘭州、天水鼎足而三」。〔註88〕

民國時期，寧、青二省不僅在政治上而且在經濟上與甘肅有著極深的淵源，內外貿易皆以蘭州爲區域經濟中心，因而使得寧夏城和西寧作爲蘭州之下的中級市場（二城商業上的繁盛景況前已詳及，此不贅述），在這一涵蓋青海高原、寧夏平原、河西與隴東等地的西北地區另一大區域市場網絡中，起著至關重要的作用。正如時人所說：「甘、青、寧三省地居黃河上流，在商業

〔註84〕鐵道部財務司調查科《包甯線包臨段經濟調查報告書》，"工商"部分，H，第 8 頁，1931 年 5 月。

〔註85〕鐵道部業務司商務科編：《隴海鐵路甘肅段經濟調查報告書》，第 64 頁。

〔註86〕林競：《西北叢編》，第 326 頁，上海神州國光社 1931 年。

〔註87〕鐵道部業務司商務科編：《隴海鐵路甘肅段經濟調查報告書》，第 64 頁。

〔註88〕鐵道部業務司商務科編：《隴海鐵路甘肅段經濟調查報告書》，第 64～65 頁。

圖 3-2　蘭州黃河鐵橋

資料來源：蕭梅性著《蘭州商業調查目錄》，隴海鐵路管理局 1935 年。

上儼然自成系統，而以蘭州爲最大焦點。附近復有焦點 6 處，爲各地商業中心，如隴東區之平涼，隴南區之天水，洮西區之臨夏，湟中區之西寧，河西區之張掖，寧夏區之寧夏（今寧夏銀川市），皆以蘭州爲其樞軸。言水運，上起西寧，下達包頭；言陸路，東起潼關，西至迪化，皆爲其貿易區域。上述平涼之 6 鎮以外，復有若干城鎮，以河西區爲例，張掖以外，武威、酒泉、敦煌三城，商業亦稱殷盛。若以蘭州比於太陽，甘州之類猶行星，敦煌之類猶衛星，甘、青、寧三省自成一太陽系，構成偉大之商業網」。〔註89〕

　　這一網絡除西連新疆地區外，對外輸出貿易的主要方向有三：一是北路，即先沿黃河由水路向北至包頭或歸綏，再改經陸路向東抵達京、津，出口海外。二是東路，即貨物先彙集到蘭州後，再由陸路向東經平涼、西安至潼關，或北渡黃河至山西，沿汾河谷地（1934 年同蒲通車後沿鐵路）至太原，再沿正太鐵路向東與平漢鐵路相接；或由潼關乘火車沿隴海線向東至鄭州與平漢鐵路相

〔註89〕任美鍔、張其昀、盧溫甫著：《西北問題》，第 6～7 頁，科學書店 1943 年。

接，再往東至徐州與津浦鐵路相接。三是南路，由蘭州向東南沿棧道經碧口進入四川，從青海東部也有直接入四川的商路。另外，青海向東還有一條通往甘南拉卜楞的驛馬商道，在東南部的玉樹還有通往四川的商道，但皆不如向北沿湟水通往蘭州的水、陸商道繁榮。同樣，區外各地對該區域的商品輸入，亦主要沿此三路而來。其中，又以北路為主。

4、天山南北以古城為中心的市場網絡

古城在新疆經濟當中的中心地位，民國初年即已獲首肯：「迪化不居要衝，惟古城縕轂其口，處四塞之地。其東，至嘉峪關趨哈密為一路，秦、隴、湘、鄂、豫、蜀商人多出焉。其東北，自歸化趨蒙古為一路，燕、晉商人多出焉。自古城分道，西北科布多，為通前後營路，外蒙古人每歲一至，秋糴麥穀並輸毛裘皮革易繒帛以歸。又循天山而北為北路，取道綏來以達伊犁、塔城。循天山而南為南路，取道吐魯番以達疏勒、和闐。故古城商務於新疆為中樞，南北商貨悉由此轉輸，廛市之盛，為邊塞第一」。〔註90〕因此將古城定為民國時期天山南北和蒙古西部的中心市場是恰如其分的，它「地居新疆北路之中樞，四塞靈通。秦、隴、豫、蜀、湘、鄂商人出嘉峪關經哈密而至，燕、晉商人由張家口、歸化經蒙古草地而來，歲輸入綢緞、茶葉、紙張、漆器及東西洋貨，達300餘萬元。而歸化來者居十之六七。歸化則又來自京津。……至古城後，乃分佈於天山南北兩路各商鎮。是古城者，實新疆輸入內地貨物之總匯也」。〔註91〕

天山南北對區外貿易的重要市場除古城之外，北路通往蒙古等地的是迪化；往東通往甘肅、陝西等地的是哈密；往西主要從事對俄貿易的則有塔城、伊寧和疏勒三處；往南主要從事對印貿易的是和闐及喀什。〔註92〕

以上諸城皆以古城為中心市場，共同構成了西北地區的第4個區域市場網絡。它向西經塔城等地通往俄國境內，向南經喀什等地進入印度，向東北經古城等地進入外蒙古。向東進入內地的商路主要有三條，一是北路，由迪化等地先向西，經過塔城至俄境，再沿俄國的土西鐵路向北，沿阿勒泰支線入西伯利亞大鐵路再向東，到達中國東北的滿洲里等地。二是中路，由古城向北經科布多或烏里雅蘇臺等地向東，沿「大草地」駝路到張家口後再轉至京津等地，此

〔註90〕鍾廣生撰：《新疆志稿》，卷之二，商務，民國年間鉛印本。
〔註91〕林競：《西北叢編》，《中國西北文獻叢書》，總第122冊，第404～405頁。
〔註92〕劉穆：《最近新疆經濟狀況》。

路在 1921 年京綏鐵路通車前甚為重要；或者由古城向東經鎮西（治今新疆巴里坤哈薩克自治縣），沿「小草地」駝路至包頭或歸綏，再沿京包鐵路至京津等地。三是南路，主要也是靠駱駝駄運，由古城向東，經哈密，沿河西走廊至蘭州，再沿上述蘭州區域市場網絡的「東路」向東進入內地。這三條道路當中，又以中路為主。內地對天山南北的貨物輸入，亦沿這些道路而來。

5、漠北蒙古以庫倫為中心的市場網絡

庫倫在土謝圖汗部東境土拉河北，市街位於邱陵上，1861 年開放為對俄貿易的商埠。庫倫的城市建成區，大致分成 3 部分。一為西庫倫即西營子，有 2 個大的喇嘛廟，為 1924 年以後新的貨物集散的中心。二為中部的宮殿區，今為蒙古政府及俄領館駐地。三為東庫倫即東營子，又名買賣城，從前建有內地漢族商人開設的店鋪有數千家，是庫倫商業的中心地帶。牛、馬、羊、駱駝、布帛、雜貨都在此地交易，1924 年後快速衰落。〔註93〕庫倫作為外蒙古地區的最大商業中心市場，貿易輸出品以牛、馬、羊、駱駝等為大宗，輸入品以布、帛、雜貨等為大宗。庫倫的商業輻射範圍，曾經向東到達東三省，向南到熱、察、綏等省，向西到新疆，向北到西伯利亞。交通上無論陸路、汽車路，四通八達，最為利便。祇是 1924 年以後，商業上的主導權，由以前的山西商人，讓位給了蘇聯商人；主要的對外貿易方向，由以前通過張家口、天津輸往國際市場，到主要向北向西直接輸往蘇聯市場了。〔註94〕

從俄國人的視角來看，庫倫是外蒙古最重要的市場，「其地位於中俄的主幹商路之上，且為全蒙古轉運及分散之地。蒙古與外國之貿易，尤其與中國，至少有四分之三經過庫倫」。中國內地商號與外蒙古地區的貿易商品，大半先運到庫倫行棧，然後再轉運到各貿易中心以及各區域；輸出亦是如此。即各行棧把由外蒙各地收買到的原料集中到庫倫後，再運到中國內地的總號，進而出口到歐美市場。庫倫有中國內地商號 400 家，俄國商號 50 家。庫倫的貿易腹地，包括車臣汗及土謝圖汗二盟，以及庫蘇古爾境內，及三音諾顏汗東部。〔註95〕

恰克圖，在土謝圖汗部極北，與蘇聯交界的地方，距庫倫 276 公里。1727 年中俄《恰克圖條約》以後，確立為中俄陸路通商埠，各派官員於此。從雍

〔註93〕王益厓：《高中本國地理》，第 115 頁。
〔註94〕楊文洵等編：《中國地理新志》，第 11 編第 28 頁。
〔註95〕〔蘇〕克拉米息夫著、王正旺譯：《中國西北部之經濟狀況》，第 17～18 頁。

正初年開始，將舊市街全部劃入俄國領轄以後，另外再建築了新的市街於其南，叫做買賣城，一直延續下來，成爲中俄邊境貿易的要地，商業繁盛。輸出品有磚茶、大黃、金、銀、綢、緞、雜貨等大宗，輸入品有羊、狐、貓、貂、海獺、銀鼠等皮及紡織物、毛織品、呢、絨、金屬等。1924 年後，隨著蘇聯商品的大規模輸入，由中國內地輸入的貨物，迅速地減少了。〔註96〕

　　烏里雅蘇臺，在三音諾顏汗部西境，烏里雅蘇臺河上，1881 年開放爲對俄貿易的商埠。埠址叫買賣區，街市井然，商肆羅列。1924 年以後，商鋪大部分是蘇聯人、蒙古人所開。以前，山西人商人在此地經商的很多。輸入品以牛、羊、駝、馬等各種獸類及其皮張爲大宗，輸入品以洋貨等爲大宗。其地東通庫倫，西通科布多，是外蒙古地區重要的商業中心。〔註97〕「烏里雅蘇臺爲次要之貿易中心，此地所買賣之商品與庫倫一樣。惟應注意者，烏里雅蘇臺爲羊毛貿易的重心，其勢力所及之區域，皆富有綿羊及駱駝」，其貿易腹地包括三音諾顏西部，箚薩克圖汗全部及科布多北部。〔註98〕

　　科布多，在科布多中部，布彥圖河右岸，1881 年開放爲對俄貿易的商埠。南門外的街市，頗爲幣潔，蒙人、蘇聯人、回人皆設店肆於此。貿易旺盛，是額魯特蒙古的第一大市場。內地商人以山西人最多。輸出品以牲畜、磚茶及各種獸皮爲大宗，輸入以布、帛、綢、緞、雜貨爲大宗。〔註99〕「再次之貿易中心爲科布多，其地與烏里雅蘇臺相同，爲批發貿易之中心，商品自此運至各旗之商店」，其貿易腹地包括科布多及新疆的阿勒泰地區。〔註100〕

　　綜上所述，5 大區域市場網絡以西安、包頭、蘭州、古城、庫倫爲中心，以北面的「草地」駝路和平綏鐵路、南面的甘新驛路和隴海鐵路、中間的黃河水路等交通線爲紐帶，以眾多的中級市場和初級市場爲依託，東與其它國內市場和津、漢、滬等港口城市（及國外市場），西與俄國，南與印度等國外市場溝通起來，初步構建成一個較爲完整的外向型市場體系，從而爲西北近代市場經濟的進一步發展奠定了基礎。

　　需要補充說明的，一是民國時期西北的中級市場，按其規模和功能的大小，又可再細分爲一級中級市場和二級中級市場。上述對中級市場的界定，

〔註96〕楊文洵等編：《中國地理新志》，第 11 編第 28 頁。

〔註97〕楊文洵等編：《中國地理新志》，第 11 編第 28 頁。

〔註98〕〔蘇〕克拉米息夫著、王正旺譯：《中國西北部之經濟狀況》，第 18 頁。

〔註99〕楊文洵等編：《中國地理新志》，第 11 編第 28 頁。

〔註100〕〔蘇〕克拉米息夫著、王正旺譯：《中國西北部之經濟狀況》，第 18 頁。

實際上是指一級中級市場而言的。西北地方的二級中級市場，則是指那些作為較小地域範圍內的交通和貿易要地、以區內貿易為主、除與一級中級市場發生貿易聯繫外、亦同中心市場進行一定商品交流的綜合性或單一性區域中轉市場。如甘肅東部專業性皮毛市場張家川，雖然「凡百貨物之往來與天水與西安間者靡不經此。然雖為必經之道路，而並不為百貨之市場。惟甘肅各地以及青海等出之皮貨，則以此為一中心市場，各地生皮紛集於此」。〔註101〕

　　需要補充說明的第二點是，初級市場在西北地方存在已久，祇是民國時期其規模和數量等方面獲得進一步的發展，變成了西北地方商品流通的最基層的場所和最普通的形式。並且，由於農業區和游牧區的自然條件和生產生活條件不同，各地初級市場的流通狀況和特點也不盡相同，主要可分為游牧區、農業區、農牧交錯區三種類型。

　　游牧區初級市場商品流通的特點，一是流動性很強，二是直接的物物交換。

　　比如，在天山以北游牧區初級市場的商品流通中，貨郎們把貨物販運到山裡，行止隨牧民的遷移而定。雙方間的交易不以貨幣為媒介，而是採取物物交換的方式進行。牧民需要何種貨物，就商定於某一時日用某一數量的某種牲畜或皮毛予以償還，決不食言。如果不能償還，屆時就將本帶利一起算上。收債一年分春秋兩次進行，屆時貨郎們等在牧民遷徙冬夏牧場的必經路口，按所記帳目收取，非常便當。〔註102〕

　　蒙古高原游牧區初級市場的貨物交易，則是通過旅蒙商以「出撥子」（貨郎）的形式來進行的。他們以每年的陰歷三月至五月，七月至九月為期，將蒙古人所嗜好的日用必需品積載於牛車或駝背上，然後向蒙古內地進發。到達目的地後，或住在熟人家，或自搭帳蓬，冠上蒙古文的店號，將攜帶的物品排列起來，以招徠顧客。過上四、五天至六、七天後，再轉移到別處。生意好的時候，也有長久地停留在一處的。附近的蒙古人，聽到某號撥子來了，都爭相用皮毛等物品來換取他們所需要的日用品。等到攜帶的商品賣完，撥子們便把所換來的皮毛、藥材等物產，駄載在牲畜背上或牛車上，集運到歸化（今內蒙古呼和浩特市）、包頭等大市場上去。〔註103〕

〔註101〕鐵道部業務司商務科編：《隴海鐵路甘肅段經濟調查報告書》，第65頁。
〔註102〕王應榆：《伊犁視察記》（1935年），《中國西北文獻叢書》，總第139冊，第158～159頁，蘭州古籍書店1990年10月影印。
〔註103〕賀揚靈：《察綏蒙民經濟的解剖》，第58頁。

　　西北農業區初級市場的商品流通，在交易的時間和地點上都具有很強的固定性。比如，甘肅農業區的初級市場，就是定期在縣城或鄉鎮舉辦的集市。集市的期限，有兩天一集的，三天一集的，甚至九天一集的，間隔的長短完全看當地的商業狀況和消費量的多少而定。集市之日，商販和消費者從四面八方趕到那裡進行交易。〔註104〕除非重大變故，集市的日期、地點、交易方式、習慣、甚至於市面上貨物的種類等等，都不會有什麼改變。

　　而農牧交錯區初級市場的商品流通，則兼有游牧區和農業區的特色。

　　比如，在河套以北的農牧交錯地區，就有每年一定時期才舉行的集市和廟會。大旅蒙商在這些地方，設立了一些雜貨鋪和皮莊。雜貨鋪大多用販來的嗜好品及日用必需品，換取蒙古人的牲畜和皮毛等；皮莊的資本比雜貨鋪雄厚，它一方面「依據所在的市場，直接向蒙古人購取其皮毛產料，另一面又將出撥子從蒙旗中所換得的皮毛產料收買過來，每年探取某種時間的市場需要，輸送到內地大市場或國外去」。這些店鋪除了坐地收購周圍集聚來的皮毛之外，還派遣眾多的行商，以「出撥子」的形式深入到牧區，直接換取牧民的皮毛等畜產品。與此同時，蒙古牧民為了換取日用必需品，也於每年初夏或初冬的時候，主動來到定期舉辦的集市和廟會上，用他們所帶來的牧畜或皮毛等，同漢人店鋪進行交易。〔註105〕另據1940年代的記載，在青海北部的農牧交錯區，蒙古族牧民於每年秋冬二季到湟源、亹源（今青海門源回族自治縣）、大通一帶互市，春夏二季則在本境以內定期進行集市貿易。這種集市的地點多選在曠野之中。集市期間，方圓數百里的牧民都來趕集，用當地的物產同漢族商人交換各種日用品，「交易由雙方揀選估價至相當價值而止，每次凡二十餘日乃散」，〔註106〕「平時雖有交易，但不甚盛」。〔註107〕

　　然而，民國時期西北外向型市場體系在經濟發展中的促進作用，並沒有得到應有的發揮，反映出該市場體系發育的不夠成熟。這主要體現在：

　　第一，相對於西北地方豐富的農牧業資源來說，參與市場流通的商品，在同類商品總值中所占的比重相當有限。西北地方有著豐富的羊毛資源，然而民國時期，其羊毛的輸出額與其產額之間，仍有著巨大的差距。比如1930年代的

〔註104〕鐵道部業務司商務科編：《隴海鐵路甘肅段經濟調查報告書》，第72頁，1935年4月。
〔註105〕賀揚靈：《察綏蒙民經濟的解剖》，第55～64頁。
〔註106〕許公武纂：《青海志略》，第五章，第九節，商業，民國三十四年鉛印本。
〔註107〕高良佐：《西北隨軺記》，第230頁，建國月刊社1936年。

青海省，其「羊毛額數，除本地人民織褐、裁絨、作氈用極少數之外，而其輸出於天津、張家口一帶者，亦無多。……歷年所運出售者，約占全省產額 16%；本省製造需用者，約占 8%」；其餘 76%，「皆爲屯積無用之物」。〔註 108〕究其原因，在於民國時期，青海及西北其它省份羊毛的集運與外銷，仍然主要依靠犛牛、駱駝、駝車、皮筏來轉運，故外銷數量不多。顯然，交通運輸方式的落後，嚴重制約了西北市場體系促進作用的充分發揮。

第二，市場體系的主要功能僅在於中轉貨物，其在生產領域裡的資源配置作用體現微弱。西北各省近代工業起步較晚，規模較小，水準較低，〔註 109〕抗日戰爭爆發後也終未成氣候，〔註 110〕因而該地市場流通中，主要輸入工業製成品、輸出農畜類原料，貿易結構畸形。這種不合理產業結構的形成和長期存在，與該市場體系未能在生產領域裡有效地發揮資源調配作用不無關係。

其三，對西北居民生活市場化的影響還不夠大。民國時期，西北市場體系的支配力還不夠強，人民生活市場化的程度還很低。比如在隴東的許多地區，1930 年代時，「除大城市外，各縣鄉鎮幾少觀外來貨品，市上所售物品，大都爲本省境內所產。食品除穀、麥、青稞、蓧麥等糧食外，僅有蓬灰（代城用）、鹽、調和等類而已。服用衣料，因甘肅產棉甚少，不能自給，遂仰外來之天津布及湖北大布，若干地方多用本省所產之麻布、土布及氈衣。此外，市上所見之商品，則金屬農具，如犁鏵、竹筐之屬」。〔註 111〕再如關中地區的中部縣（治今陝西黃陵縣），1930 年代時仍「土廣民稀，人皆務農，而不知務商，即本境所產麥、豆、草藥銷行外境，其數不多；即他境所來貨物，僅布匹、紙張、煙、糖、茶葉等項，或由本境、或由三原、或由興鎮、或由同州，均由陸路運入本境，每年其行銷者亦不多」。〔註 112〕

總之，民國時期西北外向型市場體系，隨著其區域性市場網絡的不斷完善，業已發展到了一定高度。儘管其總體水準尚遠不能同東部沿海地區相比，但相對於西北以往較低水準的市場發育來說，畢竟有了很大進步。這對於提高西北農牧業經濟的市場化、外向化水準，起了明顯的積極作用。

〔註 108〕陸亭林：《青海省皮毛事業之研究》，《拓荒》1935 年第 3 卷第 1 期。
〔註 109〕袁翰青：《西北五省工業現況》，《甘肅貿易季刊》1943 年第 7 期。
〔註 110〕諸葛達：《抗日戰爭時期工廠內遷及其對大後方工業的影響》，《復旦學報（社科）》2001 年第 4 期。
〔註 111〕鐵道部業務司商務科編：《隴海鐵路甘肅段經濟調查報告書》，第 69 頁。
〔註 112〕佚名纂修：《中部縣鄉土志》，商務，民國二十六年鉛印本。

第三節　天津對近代西北經濟發展的獨特影響

西北地區於 1852 年就已經對俄國開放了伊犁和塔城 2 個通商口岸，並且幾乎與 1860 年天津開埠的同時，西北地區也於 1861 年開放了喀什噶爾、庫倫 2 個商埠，稍後的 1881 年，又對外主要是對俄國開放了迪化、吐魯番、哈密、古城、肅州、科布多、烏里雅蘇臺 7 個口岸。無論從貿易商埠的數量還是地理的空間佈局上看，西北地區對國際市場開放力度的大小，甚至於同國內市場的聯繫，似乎都與遠在數千里之外的天津，扯不上多大的關聯。

但是，對於一個區域經濟發展影響因素的考察，決不能僅僅從地理遠近和主觀感覺上來判斷，而要根據當地經濟的時、空間發展實際進行客觀的考察。從近代西北邊疆的開發進程來看，影響其經濟發展的要素是多層面的。

第一，近代西北經濟的對外開放是全方位的，既有對俄國市場的開放，也有對歐美日市場的開放。對俄國的開放對西北地區、特別是對新疆和外蒙古地區固然重要，但是，對歐美日市場的開放，卻是陝西、甘肅、青海、寧夏、綏遠，乃至新疆東部和外蒙東南部的主要對外貿易通道。

第二，從清代以來西北民族和政治經濟發展的實際來看，這裡的民族都是中華民族大家庭的重要組成部分，這裡的土地也都是中國領土不可分割的組成部分，清朝中央政府對這裡進行了卓有成效的治理，內地各省的兵丁和商人也都為西北經濟的開發做出了重要貢獻，使西北邊疆與內地在市場上連結為一個密不可分的整體。換言之，西北地區同內地之間的政治經濟聯繫，要遠遠大於它與俄國之間的聯繫。在這樣的歷史和現實背景下，近代中國北方最大的經濟龍頭——天津〔註 113〕的存在，自然會對西北特別是其東部地區近代經濟的發展，產生重要影響。而這一點，又恰恰是學術界所容易忽略的。

一、天津開埠對西北經濟外向化的拉動

1860 年天津的開埠，一方面使西方列強的商品通過它而傾銷到我國北方，另一方面也為北方廣大地區的商品進入國際市場打開了一扇大門，廣大的西北地區也不例外。不過，開埠初期，天津港的進出口業務處於一種消極被動的狀態，其腹地經濟也缺乏相應的必要準備，再加上交通運輸和行銷方式的落後，西北地區與天津間的經濟聯繫並不強。從 1865 年天津海關的貿易

〔註 113〕樊如森：《天津——近代北方經濟的龍頭》，《中國歷史地理論叢》2006 年第 2 期。

報告可知，這一時期西北地區運往天津出口的貨物，除歸化城（今呼和浩特市）一帶的少量皮毛外，別無他物。〔註114〕與此同時，天津的進口貨物運銷到西北去的也不多。只「有少許貨物銷運陝省之西安府、同州府（治今大荔縣）及興安府（治今安康縣），餘則運往蒙古之西南部」。〔註115〕

隨著時間的推移，西北地區同天津之間的物資交流逐漸增多。一方面，西北地區輸往天津的商品數量和種類有所增加。1876 年，天津駝毛的 95% 購自歸化城。〔註116〕藥材方面同樣如此，來自陝西、甘肅等地的大黃，不僅數量較前增加了，而且西寧府所產者還被視爲類中精品。〔註117〕此外，陝西、甘肅、蒙古西部所種植的鴉片，運銷到天津去的也不少。〔註118〕另一方面，天津洋貨輸往西北的也較前增多了。1890 年，外來「洋貨俱由本口運往河南、山西、陝西、甘肅等省銷售」。〔註119〕僅陝西一省，1902 年由天津輸入的洋貨就達 34,000 兩，1903 年爲 65,000 兩，1904 年爲 60,000 兩。〔註120〕另據日本人的調查資料統計：

表 3-3　1906 年腹地與天津間的商品流通狀況（價值單位：海關兩）

腹地	輸往天津貨物總值	占出口總值%	接納洋貨總值	占進口總值%
直隸	5597768	44.58	22120293	64.14
山西	3460295	27.56	6578933	18.18
吉林			3531842	9.76
甘肅	96421	0.77	1453153	4.02
山東	349231	2.78	1420579	3.93
河南	332671	2.65	1165426	3.22
盛京	306172	2.44	857416	2.37

〔註114〕吳弘明編譯：《津海關年報檔案彙編（1865～1911 年）》，1865 年貿易報告，天津市檔案館、天津社科院歷史所刊印 1993 年。

〔註115〕吳弘明編譯：《津海關年報檔案彙編（1865～1911 年）》，1865 年貿易報告。

〔註116〕吳弘明編譯：《津海關年報檔案彙編（1865～1911 年）》，1876 年貿易報告。

〔註117〕吳弘明編譯：《津海關年報檔案彙編（1865～1911 年）》，1880 年貿易報告。

〔註118〕吳弘明編譯：《津海關年報檔案彙編（1865～1911 年）》，1883 年貿易報告。

〔註119〕吳弘明編譯：《津海關年報檔案彙編（1865～1911 年）》，1890 年華洋貿易情形論略。

〔註120〕吳弘明編譯：《津海關年報檔案彙編（1865～1911 年）》，1904 年華洋貿易情形論略。

陝西	9634	0.08	152465	0.42
土耳其斯坦			138188	0.38
張家口	2228833	17.75		
在津收購	19914	0.16		
恰克圖			34270	0.09
黑龍江	104700	0.83	2049	0.006
蒙古	50977	0.41	700	0.002
總計	12556616	100.00	36178019	100.00

資料來源：日本中國駐屯軍司令部編《天津志》，侯振彤中譯本爲《二十世紀初的
　　　　天津概況》，第 274～275，291 頁，天津市地方史志編修委員會總編輯
　　　　室 1986 年。

　　儘管筆者難以將 1906 年歸綏道與天津間物資往來的確切數值從山西全省
的總數據中分離出來，因而無法提供 1906 年西北地方同天津貿易的準確總值。
但據表 3 3 所做的最保守估計，西北地方對天津的進出口貿易總值，決不會低
於天津港進出口總值 10%的份額。在由西北地方運往天津的各種貨物當中，以
羊毛所占的比重最大；就區域而言，又以甘肅省的寧夏府〔註 121〕（治今銀川
市）、蘭州府、西寧府〔註 122〕、甘州（治今張掖市）、涼州（治今武威市）和山
西省的歸化城、包頭一帶最爲集中。〔註 123〕鑒於西北地方已逐步發展成爲天津
進口貨物銷售市場和出口貨物來源地之一，時人呼籲「津埠必須籌畫將商務向
西推廣，緣甘肅、陝西兩省每年購運洋貨者實繁有徒也」。〔註 124〕

　　到 1908 年，山西（包括歸綏一帶）、甘肅、陝西、內外蒙古等地消費的
洋貨，主要從天津輸入；而土產出口亦需經天津外運。〔註 125〕單從範圍上
講，其覆蓋面已占了山西和蒙古的全部，陝西、甘肅和新疆的各二分之一。
〔註 126〕

　　隨著雙方物資交流的日趨頻繁，西北地區與天津間的經濟聯繫日益密

〔註 121〕1913 年 6 月稱寧夏道，仍隸甘肅省。1927 年廢道，改擴爲寧夏行政區，仍隸
　　　　甘肅省。1928 年 11 月改設爲寧夏省。
〔註 122〕1914 年 6 月稱西寧道，仍隸甘肅省。1928 年 9 月改隸青海省。
〔註 123〕侯振彤中譯本：《二十世紀初的天津概況》，第 291～292 頁。
〔註 124〕吳弘明編譯：《津海關年報檔案彙編（1865～1911 年）》，1907 年華洋貿易情
　　　　形論略。
〔註 125〕侯振彤中譯本：《二十世紀初的天津概況》，第 243 頁。
〔註 126〕侯振彤中譯本：《二十世紀初的天津概況》，第 269 頁。

切。到 1908 年，天津人在新疆設立的商號達 100 多家，經濟實力位居旅居新疆的各內地商幫之首，商號遍及新疆南北各大小城鎮，其中又以迪化（今烏魯木齊市）和古城（今奇臺縣）最集中。不僅如此，新疆的天津幫還在天津建立了許多分莊，以便利天津與西北特別是新疆間的物資交流。〔註 127〕就連以前商品經濟比較落後的甘肅平涼府固原州，到宣統元年（1909 年）的時候，也已經把大宗的羊皮和羊毛，通過華商運到天津或上海，轉售給洋商出口。〔註 128〕

　　這一時期，天津與西北地區（新疆）間往返的交通要道主要有三條：西伯利亞路、中路和草地路。西伯利亞路即從滿洲里乘沙俄的火車，沿西伯利亞鐵路轉阿勒泰支線到俄國的塞米巴拉金斯克，然後乘馬車到我國新疆的塔城，再到迪化，共需 1 個月左右。該路雖最省時，但卻費用浩大，故商人多避走此路。中路也稱大路，即從天津西行，沿著太行山東麓的舊驛道向南出河北至河南中部，再向西穿陝、甘而進入新疆，全程約一萬餘里，徒步要走 5～6 個月，再加上該路關卡林立，往來者亦不多見。草地路又分為大草地路和小草地路，大草地路約從張家口往西北跨外蒙古大草原，經烏里雅蘇臺、科布多至新疆古城等地；小草地路即從歸化城往西，經阿拉善草地進入新疆東部的古城。由於此路關卡較少，商人多往來於此。經由大、小草地路的貨物，主要依靠駱駝進行駄運。〔註 119〕當時，西北與天津間的交通運輸，水路段主要靠木船和皮筏，陸路段主要靠駱駝和馬（牛）車，不僅運量有限，而且行進遲緩。據統計，駱駝隊「由古城至歸化，平常 70 日可達，運貨則至少非半年不可，蓋任重道遠，不能終日行走，或遇駱駝疲乏，則耽擱數月，亦往往有之」；非但如此，「駱駝一年只秋多二季為強壯之時，春夏全身脫毛，疲敝無力，不能運貨，故春夏必須休息，謂之下廠；秋冬起運，謂之起廠」。〔註 120〕而水路方面，從包頭運貨到寧夏府（治今銀川市），1058 華里的里程，上行的木船，至少需要 1 個月、長則需要 50～60 天才能到達。這還不考慮黃河每年長達 5 個月的封凍期。〔註 121〕而且，貨物從甘、青、寧、新運到歸化或包頭等地後，還需要再消耗大量的時日，才能轉運到天津；反之，

〔註 127〕王鑫崗等：《天津幫經營西大營貿易概述》，《天津文史資料選輯》第 24 輯。
〔註 128〕王學伊纂修：《新修固原直隸州志》，卷 11，庶務志，商務，清宣統元年鉛印本。
〔註 119〕王鑫崗等：《天津幫經營西大營貿易概述》。
〔註 120〕林競：《西北叢編》，第 405～406 頁，上海神州國光社 1931 年。
〔註 121〕馬廷誥：《包頭交通運輸業梗概》，《包頭文史資料選編》第 5 輯。

由天津運貨去西北，所費時日之長短亦然。西北地方與天津間的路途如此遙遠，貨物運輸又只能靠原始的車拉、駝運、船載方式，這與天津與西北地方之間需要進一步加強經濟聯繫的客觀要求，顯然是極不協調的。

　　20 世紀初，清政府以京、津地區爲中心，修築了多條的鐵路。以京、津爲中心的北方鐵路網的初步建成，特別是正太鐵路和京張鐵路、京包鐵路、同蒲鐵路、隴海鐵路的陸續通車，〔註122〕客觀上爲西北與天津間的物資交流，提供了更加便利的運輸手段。交通運輸狀況的改善，密切了腹地與天津之間的經濟聯繫，加快了西北近代經濟外向化的步伐。1911 年前後，天津洋行「在甘肅各地設莊的很多。中寧有仁記洋行、新泰興洋行，中衛有平和洋行、瑞記洋行」。另據記載，清末民初時，天津有 9 家洋行在河州（治今甘肅臨夏市）收購羊毛、皮張、腸衣、藥材、豬鬃等貨物，然後雇用皮筏沿黃河將其運至包頭，再通過陸路運到天津出口。1920 年後，各洋行陸續從河州撤迴天津，當地商人便將收購起來的羊毛等貨物運至天津，再轉賣給洋行出口。隴東皮毛中心張家川鎮的情形也同樣如此。〔註123〕

　　隨著交通運輸條件的改善，西北與天津間的物資交流路線也發生了相應的轉移。由於隴海鐵路的修建時斷時續，時至抗日戰爭爆發也沒有通到蘭州，再加上該線沿途不靖，關卡又多，所以兩地間雙向的物資交流主要是沿北面的平綏鐵路線而展開的，沿隴海路的南線則處於次要地位。北線西段又由陸路和水路兩條支線組成。陸路支線是從迪化或古城用駱駝將新疆等地的貨物東穿阿拉善草地馱運到歸綏或包頭，再換乘火車沿平綏鐵路、北寧鐵路到達天津；水路支線則把青海、甘肅等地的皮毛、藥材等貨物，用牛、羊皮筏或大木船沿黃河水運到包頭，再換乘火車運到天津。南線則由新疆的哈密沿河西走廊向東，經蘭州東過平涼、西安至潼關，或東至鄭州再向北沿平漢鐵路、北寧鐵路運到天津；或北渡黃河沿汾河谷地至太原，東沿正太鐵路至石家莊，再北轉平漢鐵路、北寧鐵路運到天津，或沿西河向東用船水運到天津。〔註124〕這兩條交通紐帶，也就逐步發展成爲本階段整個西北地區經濟

〔註122〕1905 年，北京至漢口的京漢鐵路通車；1907 年，正定至太原的正太鐵路通車；
　　　　1909 年，北京至張家口的京張鐵路通車；1923 年，京張鐵路延展至包頭並通
　　　　車；1932 年，汴洛鐵路向西延展至潼關稱隴海路；1933 年，大同至蒲州的同
　　　　蒲鐵路通車；1935 年，隴海鐵路延展至西安，1937 年延展至寶雞。
〔註123〕《甘肅文史資料選輯》，第 8 輯。
〔註124〕林競：《新疆紀略》，五，實業，商業，東京天山學會 1918 年；鐵道部業務司

外向化的基本輻射地帶。處於該輻射帶上的城市，既是西北與天津之間經濟聯繫進一步加強的橋樑，也是西北外向化經濟迅速發展的縮影。體現最明顯的當數包頭、古城和蘭州。

林競在 1918 年的遊記裡寫道：「包頭地居口外，處東西兩路之沖，陸有平原車馬之便，水有黃河舟楫之利。凡京、津、陝、甘、內外蒙古、新疆貨物之往來，均以此爲轉運之場，誠西北一大市場也。貿易年 500 餘萬……商店大小共 1200 餘家。……洋布、海菜、火柴、煤油、茶葉及各種雜貨，來自京津而轉銷於蒙古、甘、新、陝北一帶」。〔註 125〕京綏鐵路延伸到包頭以後，它的這種中介作用體現得更加明顯。「大約西進（來）貨物的 70%，由這裡經鐵路轉運到京、津地區」。〔註 126〕由此可見，這一時期的包頭，對綏遠、陝北、寧夏、甘肅、青海、新疆等廣大地區的商品交流及其經濟的外向化，都有著直接的影響。

這一時期，古城的商業也非常發達，它「地居新疆北路之中樞，四塞靈通。秦、隴、豫、蜀、湘、鄂商人出嘉峪關經哈密而至，燕、晉商人由張家口、歸化經蒙古草地而來，歲輸入綢緞、茶葉、紙張、漆器及東西洋貨，達 300 餘萬元。而歸化來者居十之六、七。歸化則又來自京、津。……至古城後，乃分佈於天山南北兩路各商鎮。是古城者，實新疆輸入內地貨物之總匯也」；古城從事新疆與天津間商品交流的著名大商號，有津商 8 家，晉商 6 家。〔註 127〕附近的烏魯木齊，與天津間也有著非常緊密的貿易關係，城內的商務均由津幫商人主宰。〔註 128〕它們共同組成了新疆東、北部廣大地區經濟外向化的中心。

蘭州作爲甘肅省會，「消費特多，而又有水煙之特產，以及青海等處之貨物過往，其市場甚爲重要。巨大商號林立於此，或收購內地物產，如皮毛、藥材等類，運銷於外；或運入布匹、茶、糖、雜貨等項，分銷青海、河西及甘肅西南部各地。……各類重要商業皆爲陝西、山西及天津旅居於此之商人所經營，當地商人僅有小規模之營業而已」。〔註 129〕輸入的洋貨、布匹等大宗貨物，大部分由天津用火車運至包頭，再由駱駝運至蘭州；輸出的皮毛等大

商務科編：《隴海鐵路甘肅段經濟調查報告書》，1935 年內部刊印。
〔註 125〕林競：《西北叢編》，第 134 頁。
〔註 126〕馬廷誥：《包頭交通運輸業梗概》。
〔註 127〕林競：《西北叢編》，第 404～407 頁。
〔註 128〕經濟討論處編輯：《中外經濟週刊》第 103 號，1925 年 3 月 14 日。
〔註 129〕鐵道部業務司商務科編：《隴海鐵路甘肅段經濟調查報告書》。

宗貨物,大部分也運銷到天津去。〔註130〕到20世紀30年代,它已發展成爲
這一時期甘、寧、青廣大地區經濟商品化與外向化的一個重要中心。

西北地方其它城鎮的商業規模雖然比不上包頭、古城、蘭州,但它們在與
天津進行物資交流、促進西北地方近代經濟的商品化與外向化方面,也起著不
容忽視的作用。據時人記載,寧夏府的澄口(今內蒙古自治區澄口縣),一方面
轉銷來自天津的洋廣雜貨,一方面又把收購到的皮毛轉運到天津。〔註131〕涼州
也大量轉銷由包頭寧夏來的京津洋貨。〔註132〕甘州也是既將來自青海等地的皮
毛轉售給天津各洋行,也轉銷來自天津的洋貨到青海等地。〔註133〕肅州的情形
也大致如此。〔註134〕湟源一方面吸納來自天津的洋貨,同時也是青海羊毛的主
要集散地,最盛的時候,每年集散羊毛400餘萬斤。〔註135〕

隨著西北地區與天津間經濟聯繫的進一步深入和加強,西北的商品經濟
尤其是外向型經濟獲得了空前的發展,並逐步發展成爲天津港最重要的經濟
腹地之一。

表3-4　1927～1931年天津港畜產品的出口狀況(價值單位·海關兩)

畜產品	1927	1928	1929	1930	1931
牲　畜	12667	30160	41031	7783	13653
肉　類	1278039	1442960	1778170	2192934	1894995
豬　鬃	3007968	2538261	3761325	3041579	2558176
其它動物原料	1530726	1672489	1761003	1449279	2558176
羊毛/駝毛	13966743	17577613	11821606	6028791	7875843
各類皮張	10564646	16419776	18058708	14615879	14430376
合　計	30360789	39681259	37221843	27336245	29331219
占出口總值的百分比	38.26	51.01	47.32	36.54	34.67
1927～1931出口總值	79348284	77786880	78655227	74802121	84602726

資料來源:蔡謙、鄭友揆:「主要土貨各通商口岸對各國出口統計」,《中國各通商口
　　　　　岸對各國進出口貿易統計》,第355～599頁,商務印書館,1936年。

〔註130〕高良佐:《西北隨軺記》,第181～183頁,建國月刊社1936年。
〔註131〕林競:《西北叢編》,第216頁。
〔註132〕林競:《西北叢編》,第311頁。
〔註133〕林競:《西北叢編》,第326頁。
〔註134〕林競:《西北叢編》,第336～337頁。
〔註135〕顧執中、陸詒:《到青海去》,第183頁,上海商務印書館1934年。

表 3-5　七‧七事變前天津羊毛類畜產品的收集狀況（單位：萬擔）

產　　地	大約收集量	百分比（%）
青海、甘肅、寧夏、新疆	20	50
內蒙	10	25
山西、陝西	6	15
河北、山東、河南	4	10
合計	40	100

資料來源：李洛之、轟湯谷：《天津的經濟地位》，第 36 頁 31 表，經濟部駐津辦事處
　　　　　1948 年印行。

　　表 3-4 顯示，天津港的畜產品 1928 年時曾占到了出口總值的 51%，其它年份所占的份額也都占 1/3 以上，說明到 20 世紀 20～30 年代，畜產品已成爲天津港出口業的一大支柱；而表 3-5 則表明七‧七事變前，西北地區已經佔據了天津羊毛類畜產品出口的 2/3 以上。這既說明西北地區在天津對外貿易中的重要地位，更說明西北畜牧業經濟的外向化，已經達到了很高的水準。

　　另一方面，天津在西北經濟發展中所占的地位也越來越重要。本來，就新疆而言，天津在其對外貿易中所起的作用，是不如俄國的。「新疆省在俄國未革命（1917 年）以前，一切經濟，什九爲俄所操縱。所有該省所產原料品，及半製成品，及日用之工廠製造品，都是由俄輸出入。每年由包頭輸出入者，僅爲皮毛，及雜色布匹、乾果等數種」。〔註 136〕1917 年之後，天津與新疆間的經濟聯繫進一步地加強，並很快超過了蘇聯。雖然 1928 年以後，由於受新疆政局連年動盪以及世界經濟危機等方面的影響，新疆對天津的貨物輸出與輸入量都減少了，俄國對新疆的影響又超過了天津，但是，天津在新疆商品對外貿易中的重要地位，卻鞏固了。

　　與此同時，西北其它地區與天津間的雙向物資交流也很頻繁。據綏遠省政府 1933 年的統計，包頭的 21 家皮毛店，每年從青海甘肅陝北蒙古等地採購的各類絨毛約 600 萬斤，各類皮張 11 萬張，均銷售到天津等地，共值 250 萬元；銷於本地及西北廣大地區的洋廣雜貨、布匹、茶、糖、煙等，絕大部分來自天津。〔註137〕據寧夏民政廳統計，該省每年運銷到平、津去的各類皮毛很多，僅

〔註 136〕村之：《西北商務衰落之原因及其救濟之方策》，《西北》1929 年第 10 期
〔註 137〕綏遠省政府：《綏遠概況》，下冊，第 67～71 頁，1933 年 12 月編印。

不太景氣的 1933 年就達 648538 元。〔註138〕1934 年,蘭州由天津等地輸入的貨物總值爲 515328304 元,向天津等地輸出的毛皮、水煙、藥材等貨物總計達 316286873 元。〔註139〕西寧所銷售的洋廣雜貨,大多來自天津;其皮毛等貨物,也多運往天津出口。〔註140〕陝西北部的榆林、綏德、延安等地,由於由於受平綏鐵路、特別是包頭、歸綏兩地直接的經濟輻射,同天津間的物資往來一直比較密切,這裡的皮毛等土產主要集中到包頭再轉售天津,所消費的洋貨等也主要是通過包頭從天津轉運而來。南部的關中地區,由於受隴海鐵路修建緩慢、沿線關卡林立、社會秩序時常動盪等不利條件的制約,與天津間的經濟聯繫不如西北其它地區密切。據陝西實業考察團 1932 年的調查,在西安金融界、商界影響比較大的外省銀行,上海有 4 家,而天津只有 2 家。〔註141〕這說明天津在西北各地經濟外向化過程中所起的作用,也有著一定的不平衡性。

總起來看,雖然由於交通狀況仍不盡如人意、社會秩序一再動盪、苛捐雜稅有增無減、人民負擔日益深重、世界經濟危機陰魂不散等不利條件的制約,20 世紀 30 年代西北地方與天津間雙向的物資交流已不如 20 年代末時那樣繁盛,並且各地與天津間的經濟聯繫還存在著某些差異,但是天津在西北外向化經濟發展中所占的重要地位卻是難以動搖的了;與此同時,作爲天津重要經濟腹地之一的西北地區,再也無法自異於天津的整個外向型經濟體系之外了。

1937 年以後,由於日本帝國主義相繼侵佔了包括天津在內的華北和內蒙古地區,對天津及其腹地間的物資往來進行嚴格的軍事統制,從而打斷了西北地區與天津間正常的經濟聯繫,使西北經濟外向化的進程受到了沉重的打擊。

總起來看,天津開埠前,西北地區的商品經濟雖然有所發展,但畢竟衹是一種小規模的內向型經濟。隨著國際市場通過天津等地的滲透,西北地區的商品經濟中才增添了外向化的成分。此後,西北與天津間的經濟交流逐步深入並擴展開來,彼此間的經濟合作由被動而變爲互動,由自發變爲自覺:天津以西北爲重要的洋貨傾銷市場,西北以天津爲主要的物資輸出口岸,雙方既相互依存而又互惠互利。雖然這種雙向交流從整體上說,帶有被動色彩,但它畢竟爲西北近代經濟的發展翻開了新的一頁。而天津在這一過程中所起

〔註138〕高良佐:《西北隨軺記》,第 407 頁。

〔註139〕高良佐:《西北隨軺記》,第 187 頁。

〔註140〕顧執中、陸詒:《到青海去》,第 322~326 頁。

〔註141〕章有義:《中國近代農業史資料》,第三輯,第 150 頁,三聯書店 1957 年。

的主導作用，則是非常明顯而又無可替代的。

二、楊柳青人「趕大營」對西北經濟開發的貢獻

　　早在乾隆二十年（1755 年）清廷平定準噶爾叛亂的「西征之師，北出蒙古至科布多、烏里雅蘇臺者爲北路，西出嘉峪關至哈密、巴里坤爲西路。師行所至，則有隨營商人奔走其後，軍中資用，多取供之」，〔註 142〕這是清代內地商人較早的隨軍經商「趕大營」活動。此後，又有山西、甘肅、河南、天津等地的商人，或者跟隨遠戍邊疆的部隊，或者前往駐防內地的軍營，繼續從事「趕大營」活動。〔註 143〕光緒初年由左宗棠率軍收復天山南北的戰事爆發後，內地商人又掀起了新一輪的隨軍「趕大營」活動；新疆建省後特別是民國時期，這些由行商而轉變爲坐賈的內地各省商人，在西域地區的商業經營活動又有了更大的發展。〔註 144〕

　　迄今爲止，在有關內地商人「趕大營」活動的研究成果中，對山西、甘肅、陝西、湖南、四川等地商人「趕大營」的探索，還很不夠；而對於天津楊柳青商人「趕大營」的考察，則取得了一定的成就。比如王鑫崗、郭希齋、李墨薌合著的《天津幫經營西大營貿易概述》，〔註 145〕王鴻逵、於煥文、謝玉明合著的《天津商幫「趕大營」始末》，〔註 146〕賈秀慧著的《試析近代新疆商業史上的「津幫八大家」》〔註 147〕等等，皆屬實證性和學術性較強的著述。

　　筆者的研究認爲，近代轟轟烈烈的楊柳青商人「趕大營」活動，不僅是商人群體，拓展和強化天津與外部市場聯繫的一個側面；而且也是作爲北方經濟龍頭城市的天津，在人員、物資、信息、資金等多個層面，促進其西北腹地經濟開發的具體體現。〔註 148〕

〔註 142〕林競：《新疆紀略》，第 22 頁，東京天山學會 1918 年。
〔註 143〕馬國榮：《中國新疆民族民俗知識叢書——回族》，第 31 頁，新疆美術攝影出版社 1996 年；孟慶華：《塘沽地區簡史》，《天津文史叢刊》第 2 期，天津市文史研究館 1984 年。
〔註 144〕曾問吾：《中國西域經營史》，第 685 頁，上海商務印書館 1936 年。
〔註 145〕《天津文史資料選輯》第 24 輯，天津人民出版社 1983 年。
〔註 146〕天津市政協文史委、西青區政協文史委編：《津西古今采珍》，天津百花文藝出版社 1993 年。
〔註 147〕《新疆地方志》2004 年第 3 期。
〔註 148〕樊如森：《天津——近代北方經濟的龍頭》，《中國歷史地理論叢》2006 年第 2期；樊如森：《天津與北方經濟現代化（1860～1937）》，東方出版中心 2007 年。

　　天津楊柳青商人的「趕大營」活動，無疑由左宗棠大軍收復新疆的軍事行動而誘發，「清軍進兵新疆一帶的營幕稱爲『西大營』，楊柳青人跟隨進軍路線沿途肩挑小簍做生意，稱爲『趕大營』。〔註149〕不過筆者認爲，作爲新疆津商主體的「大營客」，並非西北津商的全部人馬。

1、「大營客」是西北津商的一部分，津商是西北內地商人的一部分

　　天津是北方典型的移民城市，其人口來自全國許多地區。據研究，外地移民的遷入，始終是天津城市人口增長的主要源泉。明代衛城時期，城市人口的主體，除外地調防來的官兵外，還有不少來津經商的平民。到清代中期，各地來津的商人已經人口眾多，幫派林立，僅建造的閩粵、寧波、江西、山西等地方會館就多達數十家；包括道、咸時期的天津商業八大家在內，基本都是外地移民的後代。1846年天津城廂近20萬人口中，直接經商者超過半數，其中很多又是外來移民。據天津100多個工商同業工會1941～1942年統計，天津籍投資者約占1/3，外地籍者約占2/3；企業職工的津、外籍比例，也大體如此。〔註150〕

　　人口來源的複雜與廣泛，是天津經濟腹地遼闊的體現和結果。到1930年代，天津的經濟腹地已經遍及華北、東北和西北的廣大地區。其中，天津市場的羊毛產區包括河北、山東、山西、河南、陝西、甘肅、察哈爾、熱河、綏遠、東三省、以至新疆、青海、寧夏、外蒙古、西藏等省區；山羊絨產區包括河北、山西、綏遠、陝西、察哈爾、熱河等省；駱駝毛產區遍及內外蒙古，集散地則爲張家口、包頭與歸化城；皮張產區包括河北、山西、陝西、河南、山東、東三省、熱河、察哈爾、綏遠、新疆、甘肅等省。〔註151〕而要把如此遼闊地區的畜產品收購上來並轉運到天津、同時把天津的工業產品和進口商品運銷到上述腹地的每個角落，單靠某一商幫的有限人手，是根本無法勝任的。這就要求廣大腹地的商人及其商業組織，都積極投身到這一宏大的流通網絡中來，以共同構建以天津爲中心的北方近代外向型經濟體系。

　　從這個意義上說，光緒初年開始到新疆「趕大營」的楊柳青商人，清代前期就已經在天津商界立足的山西旅蒙商人和票號商人，同、光年間開始「走口外」的順德皮毛商人，壟斷進出口貿易的歐美洋行和買辦商人，等等，都以不

〔註149〕王鴻遠、于煥文、謝玉明合著：《天津商幫"趕大營"始末》。

〔註150〕來新夏主編，陳衛民編著：《天津的人口變遷》，第92～96頁，天津古籍出版社2004年。

〔註151〕實業部天津商品檢驗局：《工商要聞》，《檢驗月刊》，1934年，3～4期。

同的形式和管道，對保持和加強天津與腹地、特別與西北腹地之間的經濟交流，做出了很大貢獻。換言之，他們都是天津商人群體的重要組成部分。因此，「大營客」只不過是西北津商的一部分，而津商又只不過是西北內地商人的一部分。

2、「趕大營」的主要業績和時空間曲折性

天津商人在新疆的經營活動，不僅內容豐富多彩，而且隨著時間和社會經濟環境的變化而產生明顯的差異。詳見第二章第二節。

「趕大營」的津商及其後繼者們，不僅從事新疆當地市場間商品的餘缺調劑，經營當地皮毛、藥材對俄國的出口，銷售俄國進口的工業產品，成為新疆商界首屈一指的大商幫，而且也販運內地的京廣雜貨和天津洋貨，並有不少人利用在新疆的商業積蓄，回到天津開辦工商企業。在新疆的經濟發展以及西北邊疆與內地間的經濟交流中，起到了重要的橋樑和紐帶作用。

近代天津商人在西北各省的經營活動，促進了當地的物資交流，滿足農牧民生產生活的需要，增加了當地人民的經濟收益，加快了西北農畜產品的市場化和外向化過程，強與天津與腹地之間的經濟聯繫，提高了西北經濟開發的深度和廣度。

不過，由於天津商人在西北的經營活動，主要是在商品流通領域，產品深加工方面的工業投資尚很有限，並且在流通領域的投入，也在時間和空間上有一個逐步拓展的過程，所以其作用的發揮，客觀上也存在一定漸進性和曲折性。

（1）時間層面

天津商人在西北經濟開發中的作用，時間上有一個從小到大、由弱到強的漸進過程。整個清代後期，在新疆商業中占主導地位的內地商幫，還是乾隆年間就已經涉足西域貿易的山西商人。據曾問吾 1935 年的考證，清朝前期就名聲鵲起的晉商，「經營事業之重大者為票號及茶莊，因其資本雄厚，故握有新省商業之大權」；此外，經營大宗茶葉貿易的尚有與新疆政界軍界關係密切的湖南商人；再次，才是販運粗細雜貨的「平津幫」。祇是在民國成立以後，由於各省供給新疆的協餉斷絕，才使得經手相關業務的晉商匯兌莊「無事可作，相繼收束，南商茶莊亦受匯兌莊收束之影響，日漸衰微」。在這種情況下，平津幫才「在近二十餘年中，遂駕山西幫而上之，執新省商業之牛耳。計新商二百四十餘家中，平津幫幾占十分之六」。〔註152〕

〔註152〕曾問吾：《中國經營西域史》，第 685～686 頁。

　　而熟悉新省事務的學者林競，也清晰地梳理了內地商幫各自的發展脈絡，從中道出了新疆津商的坎坷奮鬥歷程。他指出，1917年前後的新疆，「漢商則燕、晉、湘、鄂、豫、蜀、秦、隴共八幫。燕幫又分為京、津二聯，各不相屬。津人（多楊柳青人）當同光之初西師再出，首冒霜露，隨大軍而西。軍中資糧充積，俘獲所得，恣為汰奢，不屑較錙銖。故津人之行賈者，徵賤居貴，多以之起家。其鄉之人，一時振動，聞風靡從，謂之趕大營。及全疆肅清，遂首先植根基於都會，故今日津人之肆遍南北，居貨無常，凡山海珍供，羅致無遺。惟其俗急功利，好虛榮，所致結納長吏，以矜光寵。及其弊也，奢侈逾度，外強中乾，往往而有。民國以來，此等習氣漸漸革除，故津人猶執牛耳於商界也。京人（多武清人）則遠不及津人。雖設肆遍南北，而在南路者，則多為押當業，恣取重利。晉商多富庶，同光以前，官茶引課，咸屬晉商，謂之晉茶。亂後流離，轉歸湘人。然握圜府之權，關內輸輦協餉，甘隸其手。故省城一隅，票號十餘家。民國以來，協餉斷絕，漸次歇業。然根本深固，改圖他業，仍屬可觀。湘人從征最多，勢亦最盛。然其人局度褊少，貨殖非其所長。故憑藉雖厚，而無所施。惟擅茶引之權，占商務大宗。邇來茶引破壞，利復漸歸津、晉及俄人。故湘人除在南路多從事放賬外，北路則寥寥藥鋪而已。鄂人無大賈，多業手藝。豫、蜀亦無大賈，多販藥材，或設典肆。秦、隴之民，昔多販運鴉片謀重利，近則此業甚微，轉而積穀屯倉，賤糴貴糶以取利，或貸貸以徵重息，或輦關中百貨，以應稗販之求，號曰行棧。其民忍苦耐勞，不鄙賤作，故久恒致富」。〔註153〕

（2）空間層面

　　天津作為近代中國北方最大的經濟都會，通過往來於口岸與腹地之間的各類津商，對包括陝、甘、寧、青、新及內外蒙古在內的廣大西北地區，均實施了強有力的輻射。不過，由於受當時交通、信息、資金、技術、以及西北各地自然和人文條件等限制，天津商人在西北地方經濟開發中的作用，在空間層面上，也存在著明顯的差異。比如，在整個近代時期，包括新疆在內的西北地方，與天津間的客貨運輸工具，還主要是靠駱駝和大車來進行。行進速度的遲緩，直接影響了兩地之間的商品流通總量。

　　西北各地距離天津的路程有遠近，環境有優劣，幅員有廣狹，來自天津

〔註153〕林競：《新疆紀略》，第24～25頁。

的經濟輻射力度，自然也就有強弱了。以 1930 年代的青海省開發爲例，其「羊毛額數，除本地人民織褐、裁絨、作氈用極少數之外，而其輸出於天津、張家口一帶者，亦無多。……歷年所運出售者，約占全省產額 16%；本省製造需用者，約占 8%；其餘 76%，「皆爲屯積無用之物」。〔註 154〕

　　民國初年的新疆，除自西北部的伊犁、塔城口岸輸入的大量俄國商品外，與內地間的商品交流，「新疆貨物之來源，首推天津，次則秦、隴、晉、蜀。由天津趨新疆，一由火車至張家口，再用駱駝經歸化及蒙古草地，而抵新疆之奇臺，或逕由火車至歸化亦可。一由陝西、甘肅出嘉峪關，經哈密亦抵奇臺」。〔註 155〕然後，津商們再通過設在奇臺和迪化等地的商號，及其遍佈天山南北的分號，銷售這些內地洋雜貨，並收集天津市場或者出口國外所需的新疆細皮張和藥材等。

表 3-6　　1930～1932 年由新疆往天津運銷的皮毛（價值單位：元）

類　別	貨　物	數　量	價　值	貨　物	數　量	價　值
每年由新疆運到綏遠並轉運天津出口的貨物	羊腸子	3000000 根	2400000	掃雪皮	700 張	28000
	羔莊皮	150000 張	750000	灰鼠皮	30000 張	24000
	庫車黑羔皮	64000 張	224000	猞猁皮	1200 張	21600
	古城黑羔皮	20000 張	26000	野狸子皮	25000 張	37500
	油旱獺皮	450000 張	405000	野猴子皮	3000 張	1500
	狐皮	30000 張	270000	狐腿子	22000 對	17600
	狼皮	4000 張	48000	鹿茸	4000 斤	80000
	貂皮	300 張	13500	羚羊角	450 斤	270000
每年由新疆用駱駝直接運到天津出口的貨物	馬鬃馬尾	120000 斤	84000	白宰羊皮	24000 張	36000
	巴哈白羔皮	45000 張	40500	白羊毛	820000 斤	16400
	庫車白羔皮	30000 張	24000	雜羊毛	1150000 斤	172500
	古城白羔皮	22000 張	19200	駝毛	250000 斤	125000
	哈薩紅羔皮	64000 張	25600	乾鹿角	4000 斤	2000
	青山羊皮	2500 張	2500	貝母	65000 斤	13000
	山羊板皮	14000 張	4200	枸杞	13000 斤	4200
	狗皮	3000 張	5100	蘑菇	20000 斤	18000

資料來源：據陳賡雅：《西北視察記》第 14～16 頁內容繪製，上海申報館，1936 年。

〔註 154〕陸亭林：《青海省皮毛事業之研究》，《拓荒》，1935 年第 3 卷第 1 期。
〔註 155〕林競：《新疆紀略》，第 27～28 頁。

　　除了新疆之外，天津各類商人西北其他省份的經濟開發，也做出了重要的貢獻。從天津海關的貿易報告可知，1870 年代以後，僅來自歸化城的駝毛，便占到了天津駝毛出口總量的 95%；〔註156〕到 1898 年，天津的皮毛出口總值為56071 關平兩，占天津整個出口總值的 11.44%；1903 年，天津的皮毛出口總值為 370144 關平兩，占天津整個出口總值的 32.28%；1908 年，天津的皮毛出口總值為 223567 關平兩，占天津整個出口總值的 14.46%。〔註157〕而在天津所出口的所有畜產品中，直接來自西北牧區的，至少要在 1/3 以上。〔註158〕其中又以甘肅省的寧夏府、蘭州府、西寧府、甘州、涼州和山西省的歸化城、包頭一帶最為集中。〔註159〕

　　在整個近代歷史時期，外蒙古地區雖然在政治上發生過一些波動，但它始終是中國領土不可分割的一部分。因此，該地區以買賣城、庫倫、烏里雅蘇臺、科布多等地為商業中心，在進行對俄貿易的同時，也通過經張家口和庫倫等地之間的駝路和汽車路，向天津輸出入大量的畜產品和工業日用品。據統計，僅1918 年，張家口就有「外管（專做蒙古生意的店號）1600 餘家，茶莊、毛莊亦各 20〜30 家，每年進出口貿易額達 30000 萬元」。〔註160〕到 1925 年前後，「天津輸出之羊毛，青海、甘肅居其五成，山陝居其成半，蒙古居其二成半，直魯約居一成」，〔註161〕西北地方成為天津出口畜產品和銷售洋貨的主要基地。

　　總而言之，近代天津商人對西北經濟的開發，雖有一定的時空間曲折性，但實際貢獻卻是很大的。由於缺乏詳細的相關統計資料，筆者尚無法確知天津對西北每一個省區乃至每一個城鄉區域，經濟輻射的具體程度。不過從已經看到的西北近代經濟發展資料中可以明確地斷定，在中國近代所有的通商口岸城市當中，天津是對整個西北經濟現代化促進作用最大的一個。〔註162〕

〔註156〕吳弘明編譯：《津海關年報檔案匯編（1865〜1911 年）》，津海關 1876 年貿易報告，天津市檔案館、天津社科院歷史所刊印，1993 年。
〔註157〕據王懷遠《舊中國時期天津的對外貿易》中“天津口岸 1898〜1908 年直接出口商品結構表”推算。王文載《北國春秋》1960 年第 1 期，第 83 頁。
〔註158〕樊如森：《西北近代經濟外向化中的天津因素》，《復旦學報（社科）》，2001 年第 6 期。
〔註159〕日本中國駐屯軍司令部：《天津志》，侯振彤中譯本，第 291〜292 頁，天津市地方史志編修委員會總編輯室，1986 年印行。
〔註160〕賀揚靈：《察綏蒙民經濟的解剖》，第 51 頁，上海商務印書館，1935 年。
〔註161〕北京西北周刊社《西北周刊》第 15 期，第 2 頁，1925 年 5 月 24 日版。
〔註162〕樊如森：《天津與北方經濟現代化（1860〜1937）》。

第四章　近代西北經濟開發中的非市場因素——兼論市場調節經濟的侷限性

　　由上面章節的考察可以看出，1850年代以後的西北經濟開發過程和市場經濟的發展，是多方位和多層面的，既有國內政治、經濟的巨大影響，也有國際市場的有力拉動。但是，擁有500多萬平方公里的西北大地，幅員過於遼闊，地形氣候又過於複雜，生產方式和民族構成又千差萬別，內部各個地區之間的經濟發展進程自然也就有先有後，市場發育水平也就有高有低。所有這些，正是區域經濟發展時間和空間差異的重要表現。本章以西北地區的東部省份——陝西省的近代經濟發展歷程為例，探討市場調節經濟的曲折性和侷限性，藉以說明西北地區經濟開發的艱巨性和複雜性，以便形成對近代西北經濟變遷的全局性認識。

　　陝西是中國近代沒有設立通商口岸的內地省份之一，其經濟發展以1934年12月隴海鐵路陝西段修至省城西安為標誌，分為前、後兩個階段。在前一個階段當中，與沿海省份外向型經濟的飛速發展不同，以驛路和水路為主要交通運輸方式的陝西，受東部沿海的拉動作用相當微弱，經濟面貌依然傳統落後。可是到了後一個階段，與東部沿海省區相繼淪陷和經濟衰退的局面相反，位於抗戰後方的陝西，卻隨著以鐵路和公路為主幹的現代交通運輸體系的建立，經濟上進入了快速發展的黃金時期，初步建立起了相對完整的現代化農、工、商業體系。這些與東部沿海地區並不同步的經濟成就的取得，單單用從沿海到內地的市場化和現代化模式，是難以解釋清楚的。這顯示出陝西經濟發展有著不同於沿海省份的特殊動力機制，表明市場機制在調節區域經濟發展中的曲折性

和侷限性。因此，西北內陸要跟上全國經濟一體化和現代化的步伐，必須在大力發掘市場潛力的同時，更多地借助國家和外部其他區域的非市場力量；中央政府則必須在政策、資金、基礎設施建設方面，多向西部地區傾斜。

第一節　民國前期陝西市場經濟的緩慢發展

在經歷了漢唐盛世的巨大輝煌之後，陝西地區經濟的發展，隨著中原王朝政治、經濟重心的東漸南移而進入了一個相對衰落的時期。當然，由於其「天下之中」的優越地理區位和深厚經濟文化積澱，尚使得明清時期「陝西的社會經濟發展基本與全國同步」，但是，直到清朝末年，其傳統的商品經濟結構和發展水準，也沒有發生特別明顯的改變。〔註1〕

進入民國時期以後，地處內陸的陝西，作爲中國未設通商口岸的 4 個省份之一（青海、寧夏、陝西、貴州），其經濟的發展，以 1934 年 12 月隴海鐵路陝西段修至省城西安爲標誌，分爲前、後兩個階段。對於這一問題的相關探討，學術界目前尚付闕如。現有的少數幾篇論文，如樊如森著《民國時期西北地區市場體系的構建》，〔註2〕王建軍、陳釗合著《民國時期陝西棉麥良種改進的成就與經驗》，〔註3〕閻希娟的《民國時期西安交通運輸狀況初探》，〔註4〕樊鏵的《民國時期陝北高原與渭河谷地過渡地帶商業社會初探——陝西同官縣的個案研究》，〔註5〕均未正面而詳盡地論及這一問題。

受自身積澱和沿海沿邊口岸市場的拉動，〔註6〕民國前期，陝西各個主要產業部門市場化的水準，雖比清代有所提高。但是，囿於傳統的交通運輸體系，其變化並不太顯著。

一、以驛路和水路爲主的傳統交通格局

陝西地形地貌非常複雜，北爲溝壑縱橫的高原、中爲地勢平坦的盆地、

〔註1〕　張萍：《地域環境與市場空間——明清陝西區域市場的歷史地理學研究》，第 11～13 頁，北京商務印書館 2006 年。
〔註2〕　《中國經濟史研究》2006 年第 3 期。
〔註3〕　《西北大學學報（哲社版）》2004 年第 1 期。
〔註4〕　《中國歷史地理論叢》2002 年第 1 期。
〔註5〕　《中國歷史地理論叢》2003 年第 1 期。
〔註6〕　樊如森：《民國時期西北地區市場體系的構建》。

南爲重巒疊障的山地，且東西窄而南北長，這就爲交通運輸業的發展，帶來了極大的不便。到民國前期，陝西交通運輸的主體構架，依然是以驛路和水路爲主幹、再輔以山間小道的傳統格局。

1、陸　路

陝西特別關中地區，是中國傳統的政治、經濟中心之一，因而也是驛道系統較爲發達的省份。到了民國前期，陝西陸路運輸的主幹，依然是這些古代延續下來的官馬大道。最主要的有 7 條：一是陝西向南通四川的川陝大道。它從西安出發，經過咸陽、興平、武功、扶風、岐山、鳳翔、寶雞、鳳縣、留壩、褒城、南鄭、沔縣、寧羌、朝天關等處到達四川的廣元，全長約 922 公里，該路「不能通車，只能通牲馱肩挑」。二是陝西向西通甘肅的甘陝大道。在陝西境內由西安出發，經過咸陽、醴泉（今禮泉）、乾縣、監軍鎮、邠縣（今彬縣）、長武等處最後抵達甘肅的蘭州，長約 700 公里。三是由西安向西經過咸陽、興平、武功、扶風、岐山、鳳翔、汧陽（今千陽）而抵達隴縣的西隴大道，長約 300 公里。四是由西安向北經過三原、耀縣、同官（今銅川）、宜君、中部、洛川、鄜縣（今富縣）、甘泉、膚施（今延安）等處而抵達陝北延長的西延大道，長約 534 公里。五是由西安過咸陽、涇陽、三原、富平、蒲城、大荔到達朝邑的西朝大道，長約 252 公里。六是由西安過鄠縣（今戶縣）、盩厔（今周至）到郿縣（今眉縣）的西郿大道，長 156 公里。七是隴縣經過八渡鎮、新街鎮、縣功鎮、橋上鎮等處到達寶雞的隴寶大道，長 108 公里。另外，從西安經過臨潼、藍田到達商州龍駒寨的碥石路也很重要。這些「舊式大道上之運輸工具，全屬牲馱肩挑。路較寬平者，可通大車。路途多屬崎嶇難行。運輸費用，自輸運艱苦、時間長久方面言之，雖非昂貴，然以貨物負擔力言之，在此情形之下，欲發展貨運，實無甚希望」。[註7]

2、水　路

水運是古代交通運輸的首選方式。陝西雖然地處內陸，但是，它的水路運輸資源卻是西北地方最爲優越的省份。不過，美中不足的是這些和驛道互爲補充的主幹河流，卻被複雜的地形分割限制在南、中、北的不同地區，不能連爲一個完整的水運體系，從而降低了其運輸的功效。陝南地區的水運通

[註7] 鐵道部業務司商務科編：《隴海鐵路西蘭線陝西段經濟調查》，第101～102頁，1935年內部刊印。

道，除洵河、丹江、白水江的短促河段外（如洵河，只有從兩河關至轆轤壩的 40 餘里可通舟楫，餘爲淺險河灘所阻），主要是源遠流長的漢江了。它發源於陝南沔縣西部的嶓塚山，流經褒城、漢中（道名，治南鄭縣）、城固、洋縣、西鄉、石泉、漢陰、安康、洵陽、白河等縣，而流入湖北省的鄖陽，經老河口而下達漢口。「安康至下游之船隻，每艘可載 5 萬斤至 10 萬斤。漢中至安康一段較淺，在洋縣境內，有長 90 裡之黃金峽，中多險灘。故此段船載只 2～3 萬斤。每年中水淺之月，不能通航。惟此爲陝南貨物出口之唯一途徑，故平時航運甚忙」。〔註 8〕關中地區的主要水運通道是渭河，它發源於甘肅渭源的鳥鼠山，東流至甘肅清水縣以後進入陝西，經過寶雞縣的虢鎮入咸陽，再東流經過西安的草灘、臨潼的交口、渭南的白楊寨，在三河口與黃河相匯合。「惟水線（應爲淺——筆者註）流緩，並非四季通航。咸陽以下，載重千擔之民船尚能通過。咸陽以上，須在洪水時期，始能通 300 擔以上之船隻。上運貨物，有韓城煤炭，山西食鹽，及東來之茶、糖、布疋。下運貨物，則爲藥材、棉花、牛羊皮等」。〔註 9〕陝北地區的水運條件更差一些，除了一條只能在大荔以下才通航的北洛河，就是峽長流急的黃河了。關於黃河中游的通航情況，人們的說法很不一致。即使在陝西實業考察團的同一個調查報告裡，對該內容的表述也大相徑庭。比如，其在陝北「水上交通」部分裡說，黃河「在陝西壺口以下，行於山峽中，礁石矗立，流勢激湍，不能通航。迨達龍門，始可行舟」[5]；而在「陝北工商業情形」中，則又明確指出，「黃河自綏德州以下，即可通航。但至龍王圈時，須將貨卸地，用牲口馱運，約 10 餘里，再行裝船。空船則另繞由人工挖成之弧形河道，因該處水流湍急，帆船不能直下，載重則易肇危險，故須先行卸空也。抵龍門後，如遇順風，約 4～5 日即可至潼關，否則需 10 餘日以致數十日不等。計自龍王圈經芝川、夏陽、大慶關等處至潼關，約 300 餘里，每船可載貨 5 萬斤，船價約 240 元」。〔註 10〕黃河中游水運艱難，可見一斑。

3、山間小道

與驛路、水路幹線相銜接的，是眾多的陸運小道。這些「毛細血管」，在地勢平坦的關中平原上，通行尚便。但是，在地勢崎嶇坎坷的陝北高原、以

〔註 8〕 陝西實業考察團：《陝西實業考察》，上海中文正楷書局 1933 年。
〔註 9〕 陝西實業考察團：《陝西實業考察》。
〔註 10〕 陝西實業考察團：《陝西實業考察》。

及西部、南部山區裡，這些山間小道的交通運輸就異常艱辛了。稍微寬闊平坦一點的山路，尚可利用驢、騾等牲畜馱運貨物，而那些狹窄陡峭的險徑，則只能靠人力來背負。陝北高原和關中地區之間，儘管「有舊時官道，然居萬山叢中，或循坡盤旋而上，或沿溪繞曲而進，交通益覺艱險。非歷長久之時間，不克達到。所有旅行代步，非乘馱轎即騎騾馬。甚至羊腸崎嶇，並騾馬亦不易經過。似此情況，重載運輸，艱阻更不待言。以故本地所產貨物，鮮有能運達關中平原者」。〔註 11〕而陝南和關中之間因為有著高大秦嶺的阻隔，交通困難更甚。以 1932 年安康一帶與關中之間的數條山間小道為例，其「運貨方法，全用背負。其具若游方道士之背簍，但係木製。手執拄棍，形若丁字，行動以之作杖，休息以之承貨。余在途時，每日遇見背子三五成群，所負皆棓子、細麻、耳子、木板、花椒、構穀、藥材之屬，將往西安出售。視其上下陡坡，一步一呻，厥狀甚苦，而稅吏卡役對之，並不忽視。此途不但市不旋軌，不能載運，即牲馱肩挑，亦罕遇見」。〔註 12〕

圖 4-1　陝西的山路運輸

資料來源：鐵道部業務司商務科編《隴海鐵路西蘭線陝西段經濟調查報告書》，
　　　　　內部刊印 1935 年。

〔註 11〕陝西實業考察團：《陝西實業考察》。
〔註 12〕陝西實業考察團：《陝西實業考察》。

這種以驛路和水路爲主幹、再輔以山間小道的交通運輸體系，對陝西古代經濟的發展，做出了重大貢獻。但是，到了東部沿海交通現代化程度已經很高的民國前期，陝西卻依然如故。這種落後交通運輸狀況，一直到 1922 年 8 月，在舊有驛道基礎上修筑的長約 170 公里的西（安）潼（關）汽車公路通車，才告打破。不過，這也是 1934 年底鐵路延伸到西安之前，陝西全省僅有的 1 條現代化公路。〔註 13〕這就不能不因爲其運輸成本的高昂和行進速度的遲緩，而成爲阻滯人流、物流、信息流的通達量，影響了與省外現代化交通和市場網絡的有效對接，進而成爲制約陝西農、牧、工、商各個經濟領域迅速發展的瓶頸。

二、農牧業市場化水平的低下

1、農業發展的緩慢

進入民國以後，沿海地區的現代棉紡織工業有了很大發展，外部市場對陝西棉花的需求與日俱增，一定程度上刺激了其種植面積的擴大。但是，陝西交通的落後，又使得這種質輕體大貨物的運費相當高昂，進而又制約了陝西棉花的銷量和產量。和東部沿海相比，陝西農牧業經濟的商品化程度是相對低下的。

1910 年代初期，陝西的「產棉區域，以東路之臨潼、渭南、華縣、華陰及河北之三原、高陵、富平各縣爲最盛。近一、二年間，即西路之咸陽、醴泉、鄠縣、岐山、鳳翔、郿縣等處植棉者，亦漸次增加」；〔註 14〕陝南的漢中地區，棉花的種植面積也得到了擴展，南鄭縣的「棉花，在民國前，縣東北境僅種土棉，後洋棉種輸入，種者日多，全境種植地五分之三，爲境內出口貨大宗」。〔註 15〕到 1930 年代初，「陝省除陝北各縣，以溝嶺縱橫地多沙磧，不宜植棉外，關中及陝南兩區，因有洛、涇、渭、漢諸川交流其間，土地肥沃，而全年雨量平均亦在 16 吋左右，甚適於棉花之種植。近年以來，植棉事業進展甚遠，據陝西農業改進所調查陝西棉田面積，在民國 23 年以前，歷年均在 150 萬市畝上下」。〔註 16〕然而，1930 年前後，湖北「襄樊一帶，久爲匪據。漢水交通，爲之阻塞。貨運停滯，商號歇業。山上農民，亦以銷出無路，

〔註 13〕閻希娟：《民國時期西安交通運輸狀況初探》，《中國歷史地理論叢》2002 年第
　　　　1 期。
〔註 14〕劉家璠：《陝西省之棉業情形》，《農商公報》1921 年第 1 期。
〔註 15〕郭鳳洲等修纂：《續修南鄭縣誌》，卷 3，政治志，實業，農業，1921 年。
〔註 16〕葆眞：《陝西棉業概況》，《陝行彙刊》1941 年第 5 期。

不復忙於植桐樹漆」；種田農民，自然也就「不復忙於」植棉了。〔註17〕再加上品種的蛻變，結果，陝西棉花「曾居全國棉產省份之第 4 位。嗣因他省植棉增加，與陝棉品質劣變，漸落於第 7 位」。〔註18〕

　　落後交通對農業產生制約的反面事例，就是質輕價昂的鴉片罌粟，卻在歷屆政府的浩繁禁令之中，依然得到了如火如荼的生長。

　　自清代中期以後，鴉片罌粟就作爲一種重要的經濟作物而得到廣泛種植。原因是「種植罌粟花，取漿熬煙，其利十倍於種稻」，「鴉片之利，數倍於麥，其益於農者大矣」，「內地之種越多，夷人之利日減」，〔註19〕對農民生活和官府稅收，都有實實在在的好處，所以，「自咸、同以後，煙禁已寬，各省種植罌粟者，連阡接畛，農家習爲故常，官吏亦以倍利也，而聽之」。〔註20〕而陝西和甘肅、山西等地，則是中國北方鴉片罌粟種植最多的省份。據曾國荃 1878 年的奏摺裡說，一向大量種植米麥的陝西，「自回匪剿平以後，種煙者多，秦川八百里，渭水貫其中央，渭南地尤肥饒，近亦遍地罌粟，（糧食——筆者）反仰給於渭北」。〔註21〕到 1906 年，關中「扶（風）人近日狃於煙土之利，罌粟之種，幾於比戶皆然，流及邑中老幼男女皆蹈溺於毒涎」。〔註22〕進入民國以後，陝西鴉片罌粟的種植依然相當普遍。宜川縣「近百年來即屬產煙之區，多種植於縣川、白水及河清等川道。清光緒初，陝督左宗棠、陝撫譚鍾麟迭加嚴禁。光緒十年，知縣樊增祥涖任，履行原野，拔棄煙苗，禁種禁吸，同時並舉。爾後清政不綱，禁令時弛。民國初年，軍隊派種收款，地方毒卉又復故態。（民國）七、八年間，政府嚴禁，雷厲風行，幾經絕跡。後復日久玩生，駐軍派種如前。二十四年，實行 6 年禁煙計畫，二十五六年以後，逐漸減少」。〔註23〕其他記載反映的情形也大體類似，「陝西農村，一向都是種穀。清朝末年，種棉花的漸多；一入民國，因軍閥的勸種鴉片，以致大量良田都栽滿了殺人毒物」。〔註24〕1934 年前後，陝北的貧瘠耕地「產物以麥爲主。間有水田可以種稻，但幾乎全部都種了鴉片

〔註17〕陝西實業考察團：《陝西實業考察》。
〔註18〕鐵道部業務司商務科編：《隴海鐵路西蘭線陝西段經濟調查》。
〔註19〕道光朝《籌辦夷務始末》，卷 1，第 64。
〔註20〕中國史學會編：《鴉片戰爭》，第 1 冊，第 300 頁。
〔註21〕曾國荃：《曾忠襄公奏議》，卷 8，申明栽種罌粟舊禁疏，1878 年。
〔註22〕譚紹裘纂：《扶風縣鄉土志》，卷 2，物產，1906 年刊。
〔註23〕余正東等纂修：《宜川縣誌》，卷 18，衛生志，禁煙，1944 年刊。
〔註24〕石筍：《陝西災後的土地問題和農村新恐慌的展開》，《新創造半月刊》1932
　　　年第 12 期。

了」。〔註25〕

2、牧業變化不大

畜牧也是陝西特別是陝北地區普遍存在的基本經濟活動，民國時期依然。

據陝西實業考察團 1932 年的調查，「牛羊畜牧，陝北最蕃。羊皮一項，爲陝北輸出物之最大宗」，「羊毛多產於榆林區，如中部、洛川、鄜縣、甘泉、膚施、延長、宜川、韓城一帶，年產數十萬斤。剪毛分兩季，每羊可得毛斤餘。當地農民，大牛皆以牧羊爲副業」。〔註26〕鐵道部門隨後的調查也證實：「陝西畜牧，多在北部，因陝北一帶，山勢連綿，荒地遼闊，宜於畜牧。惟西蘭線陝西段各縣，荒地不少，溪流草野，所在多有，是以畜牧經營，並不甚難，現在各縣畜牧事業，多屬小規模，畜產之中，以羊最多」。〔註27〕不過，受傳統交通條件、牲畜品種、畜養技術等方面的限制，民國前期的陝西畜牧業經濟，發展變化同樣不大。

三、商業的進步不明顯

在省內、外傳統和口岸市場拉動的下，民國前期的陝西商業，在清代基礎上得到了延續和發展。但受傳統交通運輸的制約，商品交換的種類、規模和程度，皆受到了很大的限制，商業的區域分割現象依然明顯，市場整合度不高。

陝南地區的商業，分爲與漢口的交易、與西安的交易、川——陝——甘 3 省間的互市及轉口、本地交易 4 類，其中，以對漢口的貿易爲主導。它分別以西部的漢中和東部的安康爲中心展開，「所有上游彙集之貨物，來自甘肅、四川一帶者，以漢中爲中心。其由石泉、西鄉、鎮巴、紫陽、寧陜、嵐皋，各屬所來之貨物，以安康爲中心。……陝南特產，如桐油、生漆、姜黃、木耳之屬，皆能暢銷長江。因之漢中、安康兩地，商業鼎盛，金融流通，沿江市街，商號鱗比」。〔註28〕據當地方志記載，南鄭作爲陝南地區通往川、鄂兩省並連接甘肅的商業中心，以城東關和縣東十八裡鋪的商業最繁盛。城東關沿河有眾多的貨店，分別爲山西、陝西、懷慶（治今河南省沁陽市）、黃州（治

〔註25〕 行政院農村復興委員會：《陝西省農村調查》，第 1～2 頁，上海商務印書館 1934年。
〔註26〕 陝西實業考察團：《陝西實業考察》。
〔註27〕 鐵道部業務司商務科編：《隴海鐵路西蘭線陝西段經濟調查》。
〔註28〕 陝西實業考察團：《陝西實業考察》。

今湖北省黃岡市）、江西五幫控制。平時由漢水運往老河口、漢口的貨物多爲藥材，以甘肅運來的當歸、秦芄、冬花爲大宗，其餘爲鹿茸、麝香、甘草、枸杞、涼黃、地黃、麻黃、黨參等；由漢水運入的貨物爲瓷器、湖布、蘇緞、京廣洋貨、白礬、蘇木、黃丹、草果、胡椒、大香、鐵絲、連史紙等，商業很是發達。〔註29〕但是，由於作爲主要貨運通道的漢江上游，水量並不太大，並且「斷壁狹峽，層見疊出，險灘淺瀨，不可勝紀。下水行舟，危險萬狀，每年損失，何止百萬。至於上水行舟，逆流牽挽，由漢至陝，遙遙無期」；由漢中到漢口，下行須30餘日，上行難以計算；再加上途中多有稅卡和土匪的盤剝，造成的運輸成本很高。一般貨物的運費和雜費，竟達產地起貨價格的2.5倍，結果限制了運載的數量。〔註30〕

關中地區地勢平坦，交通相對便利，西安、三原、涇陽、寶雞、鳳翔等地，均利用舊有的官馬驛道和渭河水道，南接四川、東達晉豫、西通甘隴、甚至更爲遼遠地區，商業較爲繁盛。三原既是湖北土布推銷到陝、甘、寧等的貨物集散地，又是陝、甘、川三省藥材的合聚市場，商務最盛時，年銷湖北土布20餘萬卷，價值上千餘萬元；藥行有100多家，每家平均的年營業額都在10多萬元。寶雞是漢中、四川、西安間輸出入貨物的重要集散地，流通的匹頭年約360餘萬公斤，藥材年約150餘萬公斤，捲煙年約40餘萬公斤。1930年代初，漢南之藥材，四川之捲煙，甘肅之獸皮，運至鳳翔向西安轉售者數量頗巨；由西安運至鳳翔轉售漢南的匹頭，每年達1500餘萬匹，由西安運來向甘省轉售的京貨，每年達2600餘萬件。〔註31〕

交通的艱澀，也使得民國前期的陝北特別是榆林、延長等地，與本省關中市場之間處於嚴重的隔絕狀態；不過，地緣和交通上的便利，卻使這裡與東面山西市場間的商業聯繫相當密切。「陝北東面，濱臨黃河東岸，爲山西省界。因有渡口之便，乃以此爲陝北交通唯一之捷徑。同時全部金融，亦多爲晉商所掌握。南北往來之行旅，均以渡河取道山西爲便。其在綏德方面，則由吳堡過河至軍渡，可直通汾陽。在延長一帶，則有屹鎮渡口。在韓城、朝邑各縣，則有芝川鎮、大慶關等渡口。故陝北對於本省，除政治上有相當聯

〔註29〕郭鳳洲等修纂：《續修南鄭縣誌》，卷3，政治志，實業，商業。
〔註30〕陝西實業考察團：《陝西實業考察》。
〔註31〕鐵道部業務司商務科編：《隴海鐵路西蘭線陝西段經濟調查》第107～109頁。

絡外，其他則因交通之梗阻，反不若與山西關係之密切」。〔註32〕

表 4-1　民國前期陝北部分縣份的商業概況

縣份	大 宗 輸 出 商 品		大 宗 輸 入 商 品	
	名　稱	輸　往　地　點	名　稱	來　源　地　點
三原	棉花、藥材	北平、天津、上海、漢口各地	布疋	漢口、河北高陽
耀縣	（原文缺）	（原文缺）	雜貨	西安
同官	煤、磁器	煤銷鄰縣，磁器銷鄰縣及甘肅東部	京廣雜貨	西安、山西
宜君	生牛皮	年 500～1000 張，銷耀縣、三原、白水	雜貨	西安、山西
中部	黑白羊毛	年 1500 斤，銷絳州、同州、朝邑	布疋、雜貨	布疋自蒲城、絳州，雜貨自西安、山西
洛川	糧食	銷鄰縣	布疋、雜貨	西安、山西
鄜縣	羊毛	由龍門過黃河銷山西絳州	雜貨	西安、山西
甘泉	羊毛	（原文缺）	布、雜貨、麥	麥自洛川、鄜縣，餘自西安、山西
膚施	牛羊皮、毛、氈、藥材、糧食	牛羊皮、毛由山西銷天津，氈向南可銷至同州，糧食南銷至洛川、北銷至安邊	雜貨、布疋	山西
延長	石油	鄰縣	布疋、雜貨	山西
宜川	羊毛、氈、藥材	由山西轉銷天津，鄰縣	布疋、雜貨	絳州
韓城	棉花、麻	棉年 300 餘萬斤，大部分由晉轉津，麻年輸出約 40 萬元	布疋、雜貨、紅白糖	絳州、解州
郃陽	棉花、藥材、栽毯絨	棉由夏陽裝船抵潼關轉鄭州，藥材年銷 5 萬斤，栽毯絨曾經銷往外洋	京貨、布疋	山西，年 5～6 萬元
大荔	皮貨、棉花、金針、棗、花生	皮貨用郵包寄銷，棉銷鄭州，金針荣銷西省及漢口，棗銷四川，花生銷西省	雜貨、布疋	潼關、山西

資料來源：陝西實業考察團《陝西實業考察》。

〔註32〕陝西實業考察團：《陝西實業考察》。

綜上觀之，民國前期陝西各地的商業，雖然呈現出相對的繁榮，但由於全省並形成強有力的經濟中心，結果市場依然被分割成陝南、關中、陝北 3 大板塊，商業進步尚有很大侷限。

四、現代工業剛剛起步

和全國其他省份一樣，陝西很早就有了對當地農、牧、林、礦業產品進行初步加工的傳統手工業。進入清朝後期，中國沿海沿邊的許多通商口岸相繼對外國開放，以機器為動力的現代工業生產方式及其製成品，逐步滲透到中國的沿海、沿邊和內陸地區，仿傚西方新式工業的現代民族工業，隨之在各地特別是沿海通商口岸城市漸次建立起來。

然而與此同時的陝西，受到現代工業的衝擊卻相對遲弱，民國前期的時候，其現代工業僅限於起步階段。1932 年的調查顯示，陝北各縣，用羊毛製造氈毯的手工業比較普遍；大荔有皮貨加工業，同官有瓷器生產業，韓城、同官、耀縣、中部、甘泉、澄城等縣還有土法採煤業，延長有石油業等。關中地區，鳳翔有水煙加工、造紙、造酒業，岐山有造酒、掛麵加工業，興平有土布紡織業，寶雞有栽絨毯及牛毛毯業等。陝南地區草鞋和麻鞋的編制業比較普遍；城固、西鄉有紡紗織布業，安康、南鄭有造紙、磨面、桐油榨取業，寧羌有制革，略陽有毛氈，南鄭有火柴、染織、製革業等，動力皆係人力。〔註33〕

傳統工業與新式工業的區分標準在於，「其屬於新式工業者，指仿造外貨之物品，或間有化學作用者而言，如火柴、肥皂之類，其原動力仍係人工」。〔註34〕若以此標準觀之，陝西的新式工業可謂已略有發展。

表 4-2 民國前期的陝西新式工業（資本額單位：萬元）

時間	地　點	名稱	資本	時間	地　　點	名稱	資本
1912	寧強	保惠火柴廠	2.40	1933	郃陽等 3 縣	平民紡織廠	0.55
1917	南鄭	益漢火柴廠	1.00	1933	西京（即西安）	電廠	100.00
1922	西安	新履革履公司	20.00	1933	西安	三酸廠	12.00
1928	長安等	平民工廠 6 處	5.98	1934	渭南	西北打包廠	10.00
1931	白水等	平民工廠 2 處	0.18	1934	西安	利秦漂染廠	5.00

〔註33〕陝西實業考察團：《陝西實業考察》。
〔註34〕陝西實業考察團：《陝西實業考察》。

1932	榆林	職中毛廠	2.00	1934	寶雞		秦昌火柴廠	24.00
1932	華陰、同州、邠縣	紡織廠 3 家	2.85					

資料來源：宋國荃《陝西省工業建設之演進》，《陝行彙刊》1943 年第 2 期。

表 4-2 顯示，1912～1934 年 23 年間，陝西全省共設立新式工業企業 23 個，平均每年 1 個，資本在 10 萬元以上的有 4 家，100 萬元的有 1 家，資本總額爲 186 萬元。這和沿海省份相比，雖然有著巨大的差距，但相對於陝西落後的交通運輸和市場狀況，也算有了一定的進步。

第二節　全面抗戰與陝西經濟的快速發展

如上所述，清末至民國前期，陝西各個產業部門的發展水準雖然有所提高，但是，由於受以驛路和水路爲主幹的傳統交通運輸體系的制約，其自身的市場經濟發展水準與東部沿海相比，畢竟存在著無可比擬的差距，經濟的現代化程度也同樣極其微弱。換言之，和平狀態下的市場力量，並未明顯改變陝西經濟的緩慢和落後狀態。

然而，自 1931 年「九‧一八事變」、特別是 1937 年「蘆溝橋事變」之後，中國北方逐步陷入戰爭狀態。隨著日本侵略戰爭陰雲的籠罩，包括陝西在內的西北地方，其戰略地位得到了快速的提升。在這種非常態的歷史背景之下，陝西經濟主要借助於區域外部國家和社會各種非市場力量的推動，以交通建設的加快爲契合點，進入了一個全新的發展時期。

一、現代交通網絡的快速構築

以 1934 年 12 月隴海鐵路修至省城西安爲標誌，陝西交通格局較前發生了重大的改善。

表 4-3　民國後期的陝西現代交通運輸格局

類別	名　　稱	起　止　點	修　築　情　況
鐵路	隴海鐵路陝西段幹線	潼關—寶雞（304.8 公里）	1931 年底，河南靈寶至陝西潼關段（70.7 公里）完工；1932 年 8 月，潼關至西安段（131.8 公里）開工，1934 年 12 月完工；1935 年 1 月，西安至寶雞段（173.0 公里）開工，1936 年 12 月完工。

	渭白支線	渭南－白水 （78.0 公里）	開工年月待考，1938 年某月建成，係 1 米寬的窄軌鐵路，時稱輕便鐵路，中經蒲城，爲運煤專線，1950 年拆除。
	寶鳳支線	寶雞－鳳縣 （106.2 公里）	開工年月待考，1938 年某月建成，亦係窄軌鐵路，由寶雞至鳳縣雙石鋪，1945 年拆除。
	咸同支線	咸陽－同官 （138.4 公里）	1939 年 6 月開工，1941 年 12 月完工，中經三原、富平、耀縣，主要用來運煤。
公路	西潼公路	西安－潼關	160 公里。中經臨潼、渭南、華縣、華陰，1922 年通汽車，爲陝西第一條公路。1935 年以後，將西安至臨潼段鋪成碎石路面。隴海鐵路未通前，客貨運輸繁忙，後來狀況已大不如前。
	西蘭公路	西安－蘭州	753 公里。中經咸陽、醴泉、乾縣、監軍鎮、邠縣、長武等，1935 年通車，爲全國經濟委員會籌築。最初有柴油汽車 24 輛，後陸續添置。全部行程，夏季 4 天，冬季 5 天。
	西漢公路	西安－漢中	693 公里。中經咸陽、興平、武功、扶風、岐山、鳳翔、寶雞、鳳縣、留壩、褒城等，1935 年已通車至鳳翔。鳳翔以北爲陝西省建設廳修築，以南爲全國經濟委員會籌築。
	西荊公路	西安－荊紫關	414 公里。中經藍田、商縣、商南等，1935 年已築成 48 公里。
	西朝公路	西安－朝邑	252 公里。中經咸陽、涇陽、三原、富平、蒲城、大荔等，1935 年已有客貨汽車往來。
	西盩公路	西安－盩厔	90 公里。中經鄠縣，路面常被大車輾壞，汽車行駛極爲顛簸。
	咸榆公路	咸陽－榆林	840 公里。爲陝西最長的公路，中經三原、耀縣、同官、宜君、中部、洛川、鄜縣、甘泉、膚施、延長、延川、清澗、綏德、米脂等，1935 年已築成 290 公里。建成部分已通客貨汽車。
	鳳隴公路	鳳翔－隴縣	92 公里。中經汧陽，沿途坡度甚高，彎曲甚多。
	鳳虢公路	鳳翔－虢鎮	36 公里。寶雞虢鎮，爲水陸碼頭，商業甚盛。
	原渭公路	三原－渭南	78 公里。中經高陵，附近各縣進出貨物，多由此路聯接隴海鐵路。

資料來源：馬里千等《中國鐵路建築編年史（1881～1981）》，北京中國鐵道出版社 1983
　　年；鐵道部業務司商務科編《隴海鐵路西蘭線陝西段經濟調查》，第 95～
　　98 頁，1935 年內部刊印。

　　隴海鐵路陝西段幹、支線的修築，大大改善了陝西的交通運輸條件，爲其農、牧、工、商業的快速發展，提供了必要物質前提和技術保障。因爲隨著鐵路修築的完成，「一切之開發，其可能性甚大。關中棉產，可以增加；同官煤礦，可以開採；各縣大、小麥及雜糧產量，可以增進。凡此雖非鐵路直接可所能爲力之事，不過鐵路一通，則人才、資本、經營，均可到達內地（即陝西──筆者註），農、礦、工、商各項事業之振興，自必事半功倍。交通便利，人民生活程度提高，購買力必漸增加。同時，貨物輸出，因鐵路運費低廉，價格亦必降落，銷流必較廣」。〔註35〕

　　不過，由於陝西畢竟是一個東西窄而南北長的省份，複雜的地形和遼闊的空間，僅靠 1 條東西向貫通中部的鐵路幹線、和 3 條南北向短途延伸的支線，是無法克服巨大地理障礙，進而充分發揮其運輸功效的。因此，爲鐵路交通從運輸數量到運輸速度都能相互匹配的現代公路網的建設，具有同樣重要的意義。在民國中央政府、地方政府以及社會各界的積極努力下，從 1935～1940 年前後的短短幾年時間內，10 餘條現代化的汽車公路，就迅速地鋪設完畢。

　　這樣，以鐵路和公路爲主幹、以原有運輸方式爲補充的新交通運輸網絡快速建構起來，爲陝西經濟的發展奠定了必要的交通基礎。

二、基本經濟產業市場化程度的提高

1、農　業

　　交通便利降低了棉花運輸的成本，增加了其銷售數量，帶動了其種植面積的擴大。「陝西棉花向外輸出，歷年漸呈便利。當民國初年火車尚未至陝州（今河南省陝縣）之前，陝西棉花向外輸出，皆係由水路運輸。及至氾水，必需經下門、三門之險，當時運輸棉花，除時間長久之外，其危險非今日所能夢想，偶一不幸，則全舟覆沒，生命難保。至民國 10 年後，鐵路西展，水路運輸之路程漸次縮程，改由陝州登陸，而將三門之險完全避免。然沿河西岸，匪氛極熾，加以兵事頻仍，陝西棉商仍受損失。及至 22 年，火車通至潼關，轉運公司隨之而來，陝西棉花之東運者，皆由此處裝車，棉商運輸，不特免除危險，而節省運費，縮短時間，更稱便利，此爲陝西棉花運輸史上最光榮之一頁。不獨運輸方面有利於商，而間接所得之利益，如押匯以流通

〔註35〕鐵道部業務司商務科編：《隴海鐵路西蘭線陝西段經濟調查》，第 123 頁。

金融，保險以免危險，更非昔日所能享受。以此之故，引來外省棉商爲數不少。……23 年火車通至渭南，大部分棉花皆由渭南裝車。……繼則火車達至西安，則更由多數由西安起運」。〔註 36〕此後，隨著鐵路向棉產腹地的延伸、災情的消除、抗戰以後四川等後方市場對棉花需求的增加，陝棉生產始終處於上升狀態。1940 年，在糧食需求同樣亟需增加的情況下，陝西的棉花種植比重依然很大，棉田面積占到全省耕地總面積的十分之一強。〔註 37〕

2、牧　業

陝北及其周邊地區交通條件的改善，包括北方的平綏、東方的正太、同蒲、南方的隴海鐵路，以及咸榆公路的相繼建成通車。也使其畜牧業生產和市場運銷，較民國前期有了一定的起色。「陝省如中部、洛川、鄜縣、甘泉、膚施、延長、延川、宜川、韓城及榆林區各縣，年產（羊毛——筆者）數千萬斤。除供當地自制氈毯外，皆運往晉省，或經潼關，由本路（隴海鐵路——筆者）運至津、滬各埠，輸出外洋」。〔註 38〕

抗戰爆發以前，「陝北及綏西南各旗羊毛之運銷，多半集中榆林、安邊、神木等地，用大批駱駝或驢、騾馱運至包頭，經絨毛店轉售於包頭之中外商人，亦間有（經平綏鐵路——筆者）自行運往天津出售者。戰後，一部爲財政部貿易委員會富華公司陝豫分公司榆林收購處收買，一部用於當地之毛紡業，一小部份則仍流往敵區（包頭——筆者）」，〔註 39〕運銷數量依舊相當可觀。

表 4-4　1935～1940 年榆林周圍羊毛集散情況（單位：萬斤）

年份	羔毛	春毛	秋毛	羊絨	駝絨	年份	羔毛	春毛	秋毛	羊絨	駝絨
1935	125			25	6.2	1938	17	70	40	20	5
1936	125			25	6.2	1939	18	60	40	15	5
1937	17	75	50	25	6.2	1940		60	35	16	4

資料來源：王遇春《陝北羊毛》。

〔註 36〕鐵道部業務司商務科編：《隴海鐵路西蘭線陝西段經濟調查》，第 58～59 頁。
〔註 37〕葆眞：《陝西棉業概況》，陝行彙刊 1941 年第 5 期。
〔註 38〕隴海館編輯：《第四屆鐵展會隴海館專刊》，沿線物產，1935 年。
〔註 39〕王遇春：《陝北羊毛》，《陝行彙刊》1941 年第 5 期。

圖 4-2　1941 年前後的陝西交通運輸格局示意圖

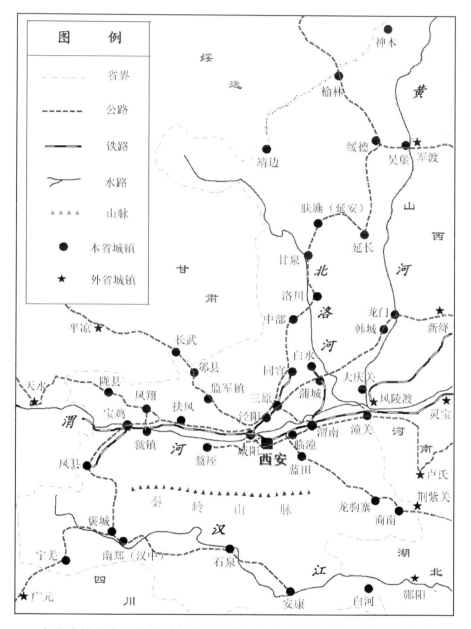

底圖爲楊景雄等繪製《中華民國最新分省地圖》，第 33 圖陝西省圖

3、工　業

由於「交通便利，實生產事業發達之重要條件，工廠所需之原料與製造品之分散，均賴交通機關爲之運輸。交通機關發達與否，實生產事業之生死關頭」，

〔註40〕所以，隴海鐵路的貫通，無疑使陝西工業進入了快速發展的新階段。

表 4-5　抗戰前後的陝西新式工業（資本額單位：萬元）

時間	地點	名　稱	資本	時間	地點	名　稱	資本
1935	西安	新華磚瓦廠	8.0	1940	咸陽	咸陽工廠（湖北官佈局）	600.0
		西北化學製藥廠	30.0			裕農（上海堯山）油廠	42.0
		亞立、玉德、義聚泰機器廠	4.5		西安	興華油廠	
		成豐、華峰麵粉廠	136.3		同官	新新瓷廠	10.0
	安康	濟華麵粉廠				企業公司水泥廠	200.0
		安康小工廠	0.3			二戰區經建會鐵工廠	10.0
	渭南	渭南打包廠	50.0		涇陽	西北實業公司鐵工廠	35.0
	鳳翔	培實紡織工廠	2.0			西北實業公司紡織廠	35.0
1936	咸陽	咸陽打包廠	50.0			魯橋毛織廠	35.0
	南鄭	歐西機器廠	0.5			西北毛織廠	2.0
	興平	雙山社紡織廠	301.0		鄜縣	難民工廠	2.0
	西安	大華紡織廠				和興紡織社	2.0
		中南火柴廠	5.0		耀縣	二戰區經建會鋼鐵廠	100.0
1937	西安	2 個玻璃廠	2.2		宜川	戰區經建會第二製革廠	6.5
		西北電池廠	10.0		虢鎮	難民紡織廠	20.0
		西京機器廠	29.8		三原	三秦瓷廠	20.0
		西京機器修造廠			武功	原濟面廠	3.0
		益德記機器廠			乾縣	敬業土布所	2.0
		尚發祥機器廠		1941	同官	建新瓷廠	5.0
		東升麵粉廠	12.0		岐山	大來煙廠	20.0
	城固	同成麵粉廠			西安	華隆豬鬃廠	2.0
	西安	培華紡織廠	3.2			新中國油墨廠	4.2
	鄜縣	難民紡織廠				企業公司化學工業廠	70.0
	虢鎮	協和火柴廠	42.0			建中機器廠	5.0
1938	西安	協興紙廠	17.0			建國機器廠	20.0
		啓新印書館	8.0			建新機器廠	5.0
		西北化學製革廠	15.0			同興機器廠	30.0

〔註40〕雲章：《抗戰以來之陝西工業概述》，《陝行彙刊》1944 年第 1 期。

		西北化學藥廠酒精部（自用）	不詳			泰記華興機器廠	30.0
		陝甘工廠	16.0			企業公司染織廠	14.0
	寶雞	洪順機器廠				長利印刷廠	35.0
	西安	和合麵粉廠	40.0			長安製革廠	40.0
	寶雞	大新麵粉廠				西北液體燃料廠	80.0
		申新紗廠				西華酒精廠	100.0
	郿縣	利華紡織廠	307.0			益門酒精廠	
	咸陽	咸陽等3縣平民工廠	1.4		寶雞	雍興公司酒精廠	150.0
1939	西安	華西藥廠	20.0			雍興公司西北機器廠	150.0
		豬鬃廠（貿易委員會統制）	不詳			雍興紡織廠	500.0
		大華紗廠酒精部	10.0		涇陽	二戰區經建會化學廠	3.5
		西北藥廠玻璃部（產品自用）	不詳		渭南	象峰麵粉廠	30.0
		同興麵粉廠	0.5		城固	義利公麵粉廠	0.5
		軍用染料廠	25.0		華陰	紡織工廠（與三原合辦）	2.0
		中國文化服務社（印刷廠）	20.0		華縣	勝利紡織廠	3.0
		中原機器米廠	21.0		郿縣	濟生紡織廠	1.0
	城固	新亞米廠			耀縣	耀縣紡織廠	18.2
	虢鎮	業精紡織廠	10.0			三光玻璃廠	20.0
	郿縣	利民紡織社	2.0		西安	西北機器造紙公司	300.0
		眾益廠	3.0	1942		富華化學工業公司	600.0
1940	西安	新華藥廠	10.0			大秦毛織廠	240.0
		泰豐煙草廠	100.0			中國西京製藥廠	30.0
		長城電解廠	30.0		宜川	克難紡織廠	100.0
		振興、育才2機器廠	11.0	年代不詳	寶雞	液體燃料廠	不詳
		光大毛織廠	10.0		各縣	平民工廠13處	1.6
		實驗毛織廠	10.0		漢中	各縣各種工廠21處	56.2
		東華漂染廠	38.0				

資料來源：宋國荃《陝西省工業建設之演進》，《陝行彙刊》1943年第2期。

　　表4-5的統計顯示，從數量看，1935～1942年的8年間，陝西共設立大小新式工廠150餘家，平均每年建廠19個；從規模看，企業的平均資本額較

前大爲增加，資本在 10 萬元以上的有 59 家，100 萬元以上的有 13 家，除去 4 家資本不詳者外，資本總額尙有 5202 萬元，爲民國前期新式工業資本總額的 28 倍；從結構看，企業的門類遍及了鋼鐵、機器、化工、建材、印刷、棉毛紡織、製革、製藥、火柴、麵粉、酒精、榨油、碾米、打包等眾多領域。另外，據云章對 1937～1943 年陝西工業的統計，僅登記在冊的新式工廠，就有 247 家。〔註 41〕如果再加上許多縣份正在向現代生產方式轉型中的煤礦及延長油田，陝西工業企業的數目和資本總額，還會更多。

到 1940 年代，陝西工業儘管「以性質言，多數工廠仍屬工廠手工業；就工業部門言，其發展實未能應付目前需要，與軍需、民生、日用有關之輕工業生產品，時感供不應求，然在本省經濟發展上，已創了新的一頁。短短 7 年之中，使經濟落後之陝西工業奠定強固基礎」。〔註 42〕

4、商 業

鐵路公路的通達與農、牧、工、礦業的快速發展，爲陝西商業的繁榮，提供了便利的交通運輸條件、豐富多樣的商品和日益廣闊的市場空間。

以西安的商業盛況爲例，「自隴海路西展到達西安後，西安實爲陝省輸出入之樞紐，故亦爲西蘭線陝西段區域內最大之市場。由津、滬、漢輸入之綢緞、布疋、油類、顏料、食糖、紙煙及其他普通日用品等，由火車運抵西安後，就各地所有之運輸工具，分別用汽車或大車或馬車或牲馱或人挑，轉運省內各地。在西安過境轉運甘肅之布疋、茶葉、鞋帽、顏料、肥皂及其他雜貨，現多由西蘭公路汽車運輸，由西安到蘭州及通達陝省各處之公路汽車，貨運營業不惡」。〔註 43〕西安已經逐步發展成爲陝西名副其實的最大商業都市，和西北地方的 5 大中心市場之一，陝西市場的整合度，也較前有了明顯的提高。

5、金 融

農牧工商及交通運輸業，與金融業是相互制約又相互促進的關係。其他產業的發展，也促進了金融業的興旺。「陝省昔日以交通閉塞，產業不振，金融業亦較落後。自隴海路通至寶雞，各重要縣市，新式銀行之設立，乃漸增加。抗戰以還，……金融事業亦愈見蓬勃」。〔註 44〕

〔註 41〕雲章：《抗戰以來之陝西工業概述》。
〔註 42〕雲章：《抗戰以來之陝西工業概述》。
〔註 43〕鐵道部業務司商務科編：《隴海鐵路西蘭線陝西段經濟調查》，第 107 頁。
〔註 44〕屈秉基：《陝西金融業之現狀及其展望》，《陝行彙刊》1944 年第 1 期。

表 4-6　1935～1944 年間的陝西金融業概況

類　別	概　　況
國家銀行	國家銀行在陝省境內設有分、支行、處，計中央銀行分行 7 所，收稅處 2 所；中國銀行分行 1 所，支行 1 所，辦事處 7 所，簡易儲蓄處 1 所；交通銀行分行 1 所，支行 3 所，辦事處 6 所；中國農民銀行分行 1 所，辦事處 3 所，分理處 4 所，籌備中 1 所。共計 38 所。
省地方銀行	陝西省銀行在省境設有分行 4 所，辦事處 43 所；此外，陝北地方實業銀行現設有辦事處 5 所；他省地方銀行在本省設置辦事處者，有河南農工，甘肅省、綏遠省、山西省、湖北省、河北省銀行等 6 家。
縣銀行	本省縣銀行於（民國）31 年 1 月開始籌設。一期成立 22 行，二期 16 行，三期 12 行，四期 10 行，共計 60 行。各行資本最高 120 萬元，最低 10 萬元。
商業銀行	現有商業銀行，除上海銀行、金城銀行為戰前設立外，其餘通商、川康、永利、建國、亞西、美豐、興文、四明、工礦、大同、裕華、華僑銀行等 12 家，均為戰後所設。上海、通商、四明、永利銀行等並在寶雞設有辦事處，金城銀行在寶雞、南鄭亦各設辦事處 1 所。
銀號錢莊	西京市之金融業，除銀行外，舊式錢莊、銀號為一重要金融勢力。截至目前，西京市錢業商業同業公會會員莊號，共計 67 家。
合作金庫	本省合作金庫於 27 年始由前合委會在咸陽籌設試辦。截至現在，先後設立合作金庫共有 20 庫，多係農民銀行輔導設立。
其他金融機構	儲蓄方面，有郵政儲金匯業局及中央儲蓄會西安分會。陝西省銀行亦於 28 年特設儲蓄部，資本 50 萬元，還於各分行、處陸續添設儲蓄分部。押當業現有渭南同義永家。保險業在西安有上海銀行附設之寶豐保險公司，金城銀行附設之太平保險公司，此外天一及中國等保險公司，在西安皆有委託銀行代辦。信託業有西北通濟信託公司，中孚信託公司等。

資料來源：屈秉基《陝西金融業之現狀及其展望》。

就整體情況而言，「陝省共轄 92 縣及西京市，現設立銀行總、分、支行、處共計 160 所（錢莊、銀號及其他機構未計在內），分佈於 68 縣 1 市。西京市計有中央、中國、交通、農民、陝西省、河南農工、甘肅省、河北省、綏遠省、山西省、長安縣、上海、金城、通商、川康、永利、建國、亞西、美豐、興文、四明、工礦、大同、華僑、裕華銀行等，及東大街交通、農民，鹽店街中國銀行等 3 辦事處，共計 28 所。寶雞計有中央、中國、交通、農民、陝西、通商、金城、上海、四明、永利及縣銀行等 11 所，正在籌備中者尚有關源銀行。南鄭有中央、中國、交通、陝西省、金城及縣銀行等 6 所。安康有中央、農民、陝

西省、湖北省、縣銀行等 5 所。渭南計有中國、農民、交通、省、縣銀行等 5 所。三原有中國、農民、省、縣銀行 4 所。大荔有交通、省、縣銀行 3 所」，〔註 45〕其餘有銀行 1～2 所不等。銀行和其他金融機構的普遍設立，爲民國後期陝西各個經濟領域的蓬勃發展，提供了強有力的資金支持。

三、促使陝西經濟快速發展的區域外部要素

　　由於受日寇侵華戰爭的直接破壞，東部省份已經無法開展正常的生產經營活動，經濟出現了嚴重的滑坡；而地處內陸的陝西，卻因爲特定的歷史機遇而進入了經濟快速發展的黃金時期。這種發展雖然離不開陝西深厚的歷史積澱、豐富的資源物產、勤勞的人民大眾等基礎要素，但更直接的則來自於戰爭狀態下所引發的各種區域外部要素。

1、民族危亡的戰時政治環境

　　近代歷史發展的客觀實際證明，口岸開放對東部省份的經濟發展來說是千載良機，而對陝西這樣交通落後的西部省份，卻並沒有多少實際的意義。而 1930 年代開始，日本對中國東北和華北軍事侵略的加快，在客觀上提升了西北地方的戰略地位。戰爭環境的逼迫，使陝西獲得了從中央到地方各個階層的大力支持，其主要經濟產業才得到了空前的發展。「抗戰以還，沿海各大都市相繼淪陷，陝省居於國防前線，屛障西北，是以開發資源，增加生產，充裕物資，以增強抗戰力量，培補建國基礎，實爲迫切之要求。政府與社會人士乃銳意進行各項建設；復以淪陷區工業內遷，年來人口之劇增，物價之高漲，工商業頗呈一時之繁榮，金融事業亦愈見蓬勃。其進展之速，與戰前情景，實不可同年而語」。〔註 46〕

　　再以西（安）漢（中）公路的修建爲例，陝南各界人士於 1928～1932 年間，曾先後數次集資，還分別成立了陝南路政、陝南築路和陝南築路協進等 3 個專門的委員會，並制定了詳細的實施計畫，但是，結果不是築路款項被挪用，就是省政府電令其暫緩而不了了之。〔註 47〕然而，在蔣委員長的飭令下，陝西省建設廳在 1935 年的當年，就讓西安至鳳翔的 250 公里路段實現了通車。其餘鳳翔至漢中 443 公里的一段，則由全國經濟委員會撥付資金 250 萬

〔註 45〕屈秉基：《陝西金融業之現狀及其展望》。
〔註 46〕屈秉基：《陝西金融業之現狀及其展望》。
〔註 47〕陝西實業考察團：《陝西實業考察》。

元之巨，分成寶（雞）鳳（縣）、鳳留（壩）、留漢（中）3段，「同時趕築」，並組織專家攻克了各種複雜的工程技術難關，從而保證了該公路的儘快通車。〔註48〕與此同時，在舉國上下開發西北的呼聲中，「國內關心西北者，均先後來此考察，願以所有資金投資工礦業者，頗不乏人」。〔註49〕

民國時期的中國，依然是一個高度中央集權的、市場經濟秩序並不完善的國家，如果不是抗戰這樣的特殊政治環境，國家和社會各界就不可能在如此短暫的時間內，把原本在東部更能獲利的人力、物力和財力投資，不計成本得失地轉而投放在陝西等國防基地的建設上。

2、外來資金——人才——技術的支撐

陝西原本是一個以傳統農牧工商業爲主的內陸經濟區，實現經濟現代化的捷徑，只能通過獲取沿海省區才具備的資金、人才和技術。這條捷徑，在萬事不備的民國前期，可謂踏破鐵鞋無覓處；而在民族危亡重於一切的民國後期，又是得來全不費功夫了。

第一，資金方面。

陝西要在農、工、商、礦及交通各方面，都建成穩固的抗戰後方基地，僅靠當地單薄的財力，是無法完成其巨額投資的。而省外諸多金融機構的到來，不但適逢其會，而且至爲關鍵。「抗戰發生，客觀形勢變動，依附口岸之我國金融業，遂轉向內地發展，以扶植後方生產建設事業，厚植國力，充裕民生，尤爲戰時金融之首要任務」。僅西京一個城市 1942 年的銀行民用貸款投放額，就達 9400 餘萬元。其中包括「工業援助放款 1385 萬元，農田水利放款 11322796 元，工礦業開發放款 120 萬元，農業生產、農產運銷、農業推廣貸款，共計 35720771 元，平糶放款 100 萬元，救濟貸款 66000 元，合作事業貸款 150 萬元，土鹽改良貸款 200 萬元，文化事業貸款 420 萬元，社會福利事業貸款 166 萬元，晉省戰區農貸 100 萬元，平價資金 62 萬元，公債抵押貸款 992243 元，各種公債投資 262 萬元，節儲 218 萬元，糧食庫券 392 萬元」。〔註50〕

〔註48〕鐵道部業務司商務科編：《隴海鐵路西蘭線陝西段經濟調查》，第 97 頁。

〔註49〕宋國荃：《陝西省工業建設之演進》。

〔註50〕屈秉基：《陝西金融業之現狀及其展望》。

圖 4-3　西安街景

資料來源：王望編《新西安》，上海中華書局 1940 年。

第二，人才方面。包括普通人才和專門人才。

　　1930 年代以後，隨著交通運輸的便利、開發西北熱情的高漲和戰爭局勢的驅迫，許多外地人口遷移到陝西。政局的極端複雜動盪，使民國後期的陝西沒有留下準確而全面的全省人口特別是外來人口的資料。不過，從西安市小範圍的人口統計資料中，我們依然可以窺測出這一時期陝西人口的基本結構和變動態勢。1936 年，西安人口為 188291 人，1947 年為 523183 人，1948 年為 628449 人，〔註51〕12 年間增加了 440208 人，年平均增長率為 195‰，這樣高的人口增長率，肯定包含大量的外來人口在內。另外，如果把抗戰勝利以後，已經返鄉的大量外地人再疊加進來，這個數值還會更高。據閻希娟研究，「抗日戰爭勝利後，東部各省復員返鄉人員驟增，西安一度聚集等待返

〔註51〕葛劍雄主編、侯楊方著：《中國人口史》第六卷（1910～1953 年），第 130～131 頁，上海復旦大學出版社 2001 年。

鄉人員高達 49 萬餘人。抗戰勝利初期，由於戰爭破壞，隴海鐵路尚不通暢，返鄉人員主要依靠公路運輸，尤其是西潼公路線運輸。最爲繁忙時，西安常備客車 100 輛，日發客車 30 輛，運送上千名旅客，仍不能滿足需要」。〔註52〕大量的外來移民，迅速彌補了陝西在 1930 年前後大旱災中損失的上百萬人口，滿足了經濟恢復和發展對各類勞動者的需求。

第三，技術方面。

外來技術對陝西經濟發展的貢獻，體現在農牧工商各個領域的生產和建設進程之中。以農作物的品種改良爲例。「陝省初期引種美棉，品質甚佳。纖維細長，產量較高，每畝恆產皮棉 40～50 斤。今則陝棉退化，纖維短劣，產量低減，每畝收皮棉 30 斤以下，此項棉田，在關中區約占 90%」。〔註53〕可見，棉種的選優、保純、馴化、改良技術不解決，陝棉生產就會日趨衰退；小麥生產方面，也存在著同樣的問題。所有這些難關，在外來科研機構和人員的幫助下，都陸續得到了解決。「1936 年，『四號斯字棉』、『德字棉』正式開始在陝西推廣，當年種植 147 公頃，占該年陝西植棉總面積 283647 公頃的 0.05%。此後，良種推廣面積年有增長，年平均遞增 186.7%，尤以 1936～1941 年間增速奇快，6 年增長 1209 倍。到 1945 年美棉種植面積達 114634 公頃，占當年陝西植棉總面積的 91%。1947 年農林部推廣美棉 303345 公頃，陝西即達 171333 公頃，占 56.5%，高居全國首位」；爲了改善陝西小麥的種植結構，「從 1940 年到 1946 年，共推廣各種小麥良種 416994 公頃，增產 54181 噸。7 年之間推廣面積擴大 100 倍」。〔註54〕

3、後方市場的畸形擴大

在此前的和平時期，由於東部地區同樣可以生產充足的工業原料和生活必需品，陝西的農畜產品因爲運輸成本的高昂而缺少市場競爭力，銷路欠佳。抗戰爆發後，東部沿海平原全部淪爲敵手，後方政府和軍民只有退而求其次，主要依賴陝西等地的戰爭和民用物資，變相地擴大了陝西工農畜產品的銷售市場，使其經濟獲得了非常態的發展。工業方面，「抗戰發生，沿海各省之民族工業，或遭兵燹，或被敵強佔，海外物資亦因交通困難來源斷絕，軍需、民用供

〔註52〕閻希娟：《民國時期西安交通運輸狀況初探》。
〔註53〕閻偉：《陝西實業考察報告書》，《開發西北》1934 年第 1 期。
〔註54〕王建軍、陳釗：《民國時期陝西棉麥良種改進的成就與經驗》，《西北大學學報（哲社版）》2004 年第 1 期。

應問題不得不仰給於後方，增加生產，自屬刻不容緩」；〔註55〕農業方面，「抗戰以前，漢中區棉花因交通關係，多售於甘肅東南及川北一帶；關中區棉花大部分出東路銷於鄭、津、滬、漢等埠。戰事發生後，東路交通阻塞，本省產棉除本銷外，餘均運銷川、甘各地，尤以銷川省者為多」；「抗戰爆發以後，河北、河南、山東、山西、江蘇、浙江、湖北諸大產棉地，陸續淪為戰區，棉產大為衰落」，冀、魯、豫、晉4省1939年的棉花產量僅及1937年的1/5，因此，「戰時紡織原料，實胥賴後方之補給，陝西棉產地位遂益形重要」。〔註56〕

四、西北內陸經濟發展的非市場推力

陝西經濟發展的歷史進程表明，和平狀態下東部沿海市場的輻射和陝西內部自身市場的整合，都沒有明顯改變陝西經濟的緩慢和落後狀態。相反，戰爭狀態下所引發的外部非市場要素，卻成為促進其經濟快速發展的直接推動力量。

換句話說，像陝西這樣一個交通和經濟基礎都相對落後的內陸省份，單純依靠市場經濟槓杆，是無法全面啟動其經濟發展原動力的。看似公平的市場經濟槓杆，因其所固有的弱肉強食和急功近利本性，對於發展基礎各異的中國不同區域，所進行的資源配置過程未必盡然公平合理。而國家和社會各界非市場因素的大力扶持和幫助，才啟動了陝西原本蘊含深厚的經濟活力，進而使這一欠發達地區的經濟也走上了現代化的軌道。

結合前幾章的內容我們可以發現，像西北這樣深居內陸的地區，儘管自然資源是相當豐富的，但是，由於其自然交通條件的相對劣勢，和經濟發展積澱的相對單薄，要使其真正跟上全國經濟一體化和現代化的步伐，就必須在大力發掘市場經濟潛力的同時，不斷調整和變換本區域的經濟突破點，更多地借助國家和外部其他區域的非市場力量。作為中央政府，也要明確區分沿海和內陸地區不同的經濟定位，並在政策、資金、基礎設施建設上多向西部地區傾斜，以確保全國的經濟平衡和社會穩定，維護多民族國家政治上的統一。

〔註55〕雲章：《抗戰以來之陝西工業概述》。
〔註56〕葆真：《陝西棉業概況》。

第五章　近代西北交通環境的變遷

西北地區古代的交通，陸路方面主要是官馬驛道，民間商路，以及聯結當地城鄉的民間小道；而進入民國時期以後，又新增了現代化的鐵路、公路和電信網絡。水路方面，不少河流特別是黃河及其主要支流的內河航運能力，在近代時期有了更大發展；陸路方面，草原商路依然駝鈴聲聲，使西北地區的傳統和現代交通方式在近代呈現出完美的結合。歷史經驗證明，要在自然資源短缺、生態環境較差的西北地區可持續地發展社會經濟，更應當強化對可再生性內河水資源的利用，繼續大力發展黃河等內河的航運。

第一節　近代西北的陸路交通網絡

近代西北陸路方面的顯著變化，就是除了延續古代修築的驛道和民間道路外，又新增了現代化的鐵路和公路，其陸路交通網絡更加完備了。

一、內地與西北間傳統陸路交通的延續

1、通往內外蒙古的驛道

清朝前期，清政府為了加強對蒙古高原地區的控制，在元、明兩代舊有道路的基礎上加以擴建和拓展，增設驛站，強化管理，構築起一張遍佈內外蒙古地區的驛路交通網。

當時，內地通往內蒙古地區的交通，主要是通過長城隘口的 5 條驛道，它們分別經由喜峰口、古北口、獨石口、張家口、殺虎口，均呈南北走向，東西並列，共同伸向草原腹地。

其中的喜峰口一路，南起直隸永平府的喜峰口，北達內蒙古哲裡木盟的哈達罕，全長 1600 多裡，共設 18 個驛站；古北口一路，南起直隸順天府的古北口，北達內蒙古錫林郭勒盟的阿魯噶莫爾，全長 900 多裡，共設 16 個驛站；獨石口一路，南起直隸宣化府的獨石口，北達內蒙古錫林郭勒盟的瑚魯圖，全長 600 多裡，共設 7 個驛站；張家口一路，爲直隸連接內、外蒙古的最重要的一條驛道，它南起直隸宣化府的張家口，北達內蒙古烏蘭察布盟的吉斯洪夥爾，全長 500 多裡，共設 19 個驛站，從吉斯洪夥爾站再往北，通往外蒙古的烏里雅蘇臺；殺虎口一路，南起山西朔平府的殺虎口，分東西兩路抵達內蒙古地區，東路北達歸化城，共設 4 個驛站，西路達於伊克昭盟的察漢紮達蓋，共設 7 個驛站。通往外蒙古地區的主要驛道有 2 條。一條是從內蒙古烏蘭察布盟的吉斯洪夥爾向西北方向，通往科布多的驛道。它分爲數段，從吉斯洪夥爾北達外蒙古的土謝圖汗部的奇拉伊水呼爾，再到賽爾烏蘇，共 6 站；從賽爾烏蘇到三音諾顏部的哈拉尼敦，共 21 站；從哈拉尼敦再到烏里雅蘇臺，共 20 站；從烏里雅蘇臺再到科布多，共 14 站。另一條是從賽爾烏蘇向北通往庫倫，再到中俄邊界的恰克圖，共 26 站。這兩條驛道，都向南與始自張家口的驛道相連接，政治、軍事、經濟意義重大，又名阿勒泰軍臺。〔註 1〕這些驛道，民國年間依然維持著有效的運行。

往來於這些商路上的內地商人，主要來自山西、直隸、山東等省份，而以山西商人最爲活躍。〔註 2〕他們用內地生產的茶葉、布匹或其他日用品，到草原上交換牧民生產的牲畜、皮張和藥材。

2、通往天山南北的驛道

清代前期，中原主要是北京通往天山南北地區的陸路交通，主要也是依靠在前代基礎上修建起來的驛道網絡實現的。當時通往天山南北地區的驛道，共分爲南路和北路。到 1930 年代，這兩條官道雖有所變動，但卻依然暢通。

南路官道，通稱塞內道。自北平先至保定、定州（今河北省定縣）、石家莊而向西進入山西境內。再經壽陽、榆次的鳴謙驛沿汾河東岸折而向南，經平陽（今山西省臨汾市）、蒲州渡黃河而抵達陝西潼關。再沿渭水南岸向西經渭南、臨潼行 290 里而至於長安（西安市）。由長安再西北行渡渭水 50 里而至咸陽，270 里至邠縣（今陝西省彬縣），90 里至長武縣，再向西北而至於甘

〔註 1〕　陳樺：《清代區域社會經濟研究》，第 212～215 頁。
〔註 2〕　烏雲格日勒：《十八至二十世紀初內蒙古城鎮研究》，第 20 頁。

肅省境內。然後再向西經涇川、平涼、化平、隆德、靜寧、定西、榆中 1000
餘里而至於皋蘭（蘭州市）。由皋蘭再西北行 250 里至永登，經古浪 344 里至
武威，再西北經永昌、東樂 464 里而至張掖，經撫彝（今甘肅省臨澤縣）、高
臺 445 里至酒泉，又經嘉峪關、玉門縣布隆吉 630 里至安西，又經白墩子、
紅柳園、大泉而入新疆境內。再過猩猩峽 732 里至哈密，由哈密過一碗泉、
七個井 920 里至奇臺，又經孚遠、阜康 498 里至迪化。再向西北經昌吉 340
里至綏來，再 340 里至烏蘇，又 380 里至精河，再 600 里而至於綏定（伊犁），
「此道爲近年來通新疆之道」。

圖 5-1　蒙古草原東部（烏爾遜河畔）的牛車運輸隊

資料來源：〔日〕米內山庸夫著《蒙古草原》，東京改造社 1942 年。

　　北路官道，又稱塞外道。由北平向西，經歸綏抵包頭，向西偏南經哈拉
補達、各加爾氣、姜白店、拍子補隆、隆興長、熊萬庫、何空柵子、中國堂、
廣慶遠、常家、磴口、河拐子、二子地、石嘴子、平羅縣共 1208 里而至寧夏
（今銀川市）。再南行經楊合堡（陽和堡〔註3〕）、大壩、渠口堡、石空共 285
里而至中衛縣。再南街經沙壩頭、長流水、乾塘子、營盤水、一條山、達拉

〔註 3〕楊景雄等繪編：《中華民國最新分省地圖》，第 32 圖 "綏遠省寧夏省"。

拜、六墩水、阜河共 621 里而至皋蘭。

　　另外北道由歸綏經薩拉齊、包頭，沿後套北部向西過後山草地，過沙漠而經阿拉狀善，走額濟納土爾扈特旗，經過居延海附近的黑城，到達巴里坤，再經古城（老奇臺）而達於迪化（烏魯木齊），稱小草地路，以別於北面經烏里雅蘇臺、科布多、承化（今新疆阿勒泰市）而至塔城的大草地路。「此路橫貫沙漠，往往數日不見人煙，非結隊百人或作地理旅行，不肯轉此道以趨新疆」。〔註4〕

　　經過不斷建設，到清朝末年，驛道網絡已經遍及西北地區的各主要區域，起著重要的溝通作用。當時，甘肅的涼州府（治今武威市）設置驛站 23 個，甘州府（治今張掖市）設置驛站 8 個，肅州（治今酒泉市）設置驛站 7 個，安西州設置驛站 26 個。新疆的鎮迪道設置驛站 70 個，阿克蘇道設置驛站 39 個，喀什噶爾道設置驛站 41 個，伊塔道設置驛站 10 個，共 160 個。〔註5〕

　　進入民國時期以後，隨著現代鐵路、公路、水路和新式郵政系統的普及，傳統的驛道交通在東部沿海地區逐漸廢止，而西北地區由於幅員廣袤，交通落後，驛道系統還是得到了有效的延續，成為西北現代交通網絡的重要組成部分。

二、「趕大營」的民間商路

　　民間商人特別是手持「照票」隨軍貿易的「趕大營」商人，他們在當時的行走與販運路線，肯定是與上述驛道基本重合的。但是，內地商人本土化，經商活動自由化、常態化以後，由於市場、成本和新式交通的興辦等原因，民間商人的其經商路線，就與傳統的驛道發生了不少的偏離。

　　以天津楊柳青商人的經商路線為例，北線與大、小草地路——驛道多有重合，南道則在與南路官道的重合之中，又發生了不少的偏差。

表 5-1　1922 年前後楊柳青人「趕大營」的南線路單（里程單位：華里）

地　名	里程	備　註	地　名	里程	備　註	地　名	里程	備　註
良王莊	25	下屬直隸省	閻鄉縣	20		豐落堡	70	應為樂豐堡
靜海縣	25		盤頭鎮	20		永昌縣	90	

〔註4〕　汪公亮：《中國西北地理大綱》，第 147～149 頁。
〔註5〕　《欽定大清會典事例》，事例，卷 657，光緒二十五年纂。

唐官屯	50		文底里	20	閿底鎮	水泉子	60	
興濟	60		潼關	20	下屬陝西省	新河	90	
滄州	40	當時爲滄縣	花廟	35	華嶽廟	山丹縣	40	
半壁店	30		柳子	55		東安縣	40	應爲東樂縣
南皮縣	25		池水	45	應爲赤水	甘州城	70	時爲張掖縣
東光縣	45		渭南縣	25		沙河	70	沙河堡
連鎮	20		零口鎮	35		高臺縣	80	
桑園	50	下屬山東省	臨潼縣	40		花牆堡	70	
德州	50	當時爲德縣	西安省	50	今西安市	鹽池	60	鹽池驛
苦水堡	40		咸陽城	50		臨水	100	臨水驛
恩縣	30		店張驛	40		肅州城	60	時爲酒泉縣
要塞	30	應爲腰站	醴泉縣	30	今禮泉縣	嘉峪關	70	
高唐州	30	當時爲高唐縣	鐵佛寺	40		惠同堡	90	
郭平	45	應爲博平縣	將軍鎮	40		赤金峽	100	
東昌府	45	當時爲聊城縣	永壽縣	40		玉門縣	90	
沙鎮	45		代玉	40	應爲太峪	三道溝	50	
深縣	35	應爲莘縣	邠州	30	當時爲邠縣	布隆吉	90	
潮城縣	45	應爲朝城縣	亭口	40		小灣	90	應爲小宛驛
貫城縣	45	應爲觀城縣	長武縣	40		安西州	70	時爲安西縣
觀音廟	45	下屬直隸省	高家鳥	60	下屬甘肅省	白墩子	大90	
開州	45	當時爲濮陽縣	涇川縣	40		紅柳園子	70	
白道口	50	以下屬河南省	白水	70		大泉	80	
李道口	60	道口鎮	平涼府	70	時爲平涼縣	瑪蓮井子	70	馬連井子
奇門	45		安國鎮	40		猩猩峽	80	星星峽（新疆）
衛輝府	45	當時爲汲縣	瓦亭	50		沙泉子	90	
新鄉縣	50		和尚堡	15	和尚鋪	苦水	80	
賀甲縣	50	應爲獲嘉縣	六盤山			鹽墩	大90	應爲煙墩

徐羊驛	35		隆德縣	30		長流水	70	
木狼店	35	應為木欒店	神林鋪	45		黃土崗	80	應為黃蘆岡
大司馬	55		靜寧州	45	時為靜寧縣	哈密	70	
溫縣	45		高家堡	45		頭堡	70	
召賢鎮	30		清江驛	45	青江驛	二堡	70	
孟縣	30		會寧縣	90		三道嶺	70	
郭村	15		青蓮山	90		遼墩	90	應為瞭墩
黃河口	18		安定縣	40	定西縣	一碗泉	90	
鐵謝	3		程口驛	50	應為秤鉤驛	車古輪泉	60	
河南府	45	當時為洛陽縣	甘草店	40		奇個井子	70	應為七角井
磁澗	40		響水子	80		頭水	90	
新安縣	30		蘭州城	40		大石頭	60	
鐵門	30		於家灣	40		三個泉子	120	
澠池縣	60		紅城子	100		木壘河	90	
觀音堂	40		平番縣	90	永登縣	奇臺縣	90	舊奇臺
硤石堡	25		岔口驛	70		古城子	90	奇臺縣
張茅	20		鎮羌驛	50		濟木薩	90	孚遠縣
磁鍾	25		湘子廟			三臺	70	
陝州	35	當時為陝縣	龍溝堡	45		滋泥泉	90	
橋頭溝	10		古浪縣	45		阜康縣	90	
靈寶縣	45		大河驛	60		黑溝	70	
大字營	40		涼州	70	時為武威縣	迪化縣	大60	俗稱紅廟子

資料來源：謝玉明《趕大營的「路單」和「大篷車」》，第 54～60 頁；地名考證參考
　　　　屠思聰著《中華新形勢一覽圖》，上海世界輿地學社 1926 年；歐陽纓編繪
　　　　《本國分省精圖》，湖南新化亞新地學社 1939 年。

表　　注：路單記錄者係楊柳青大車運輸商范玉春，受其個人對外省地名熟悉程度和方
　　　　言口音的限制，不少地名的音、字，難免出現訛誤。（參見圖 5-2 至圖 5-6）

圖 5-2　1922 年前後楊柳青人「趕大營」南線直隸山東段示意圖

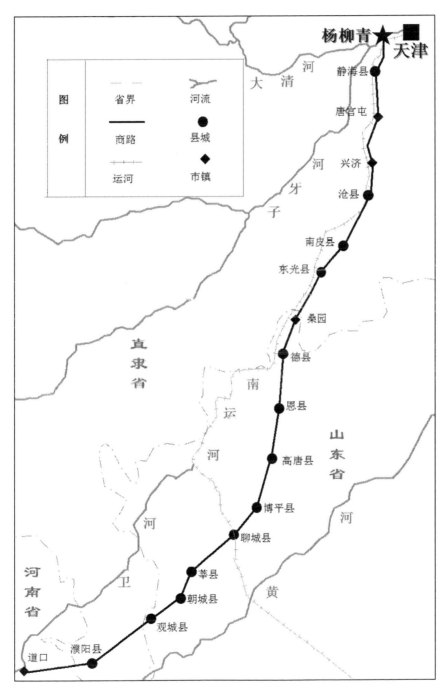

底圖為屠思聰著《中華新形勢一覽圖》

圖 5-3　1922 年前後楊柳青人「趕大營」南線河南陝西段示意圖之一

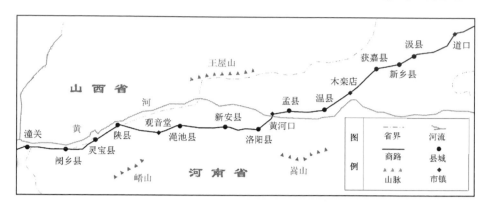

底圖爲屠思聰著《中華新形勢一覽圖》。

圖 5-4　1922 年前後楊柳青人「趕大營」南線河南陝西段示意圖之二

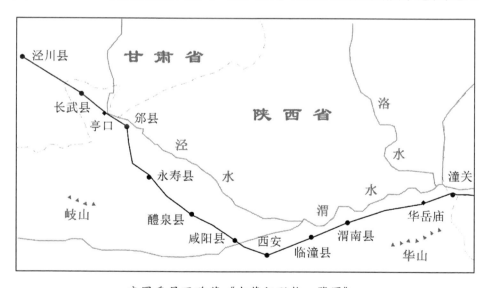

底圖爲屠思聰著《中華新形勢一覽圖》。

圖 5-5　1922 年前後楊柳青人「趕大營」南線甘肅新疆段示意圖之一

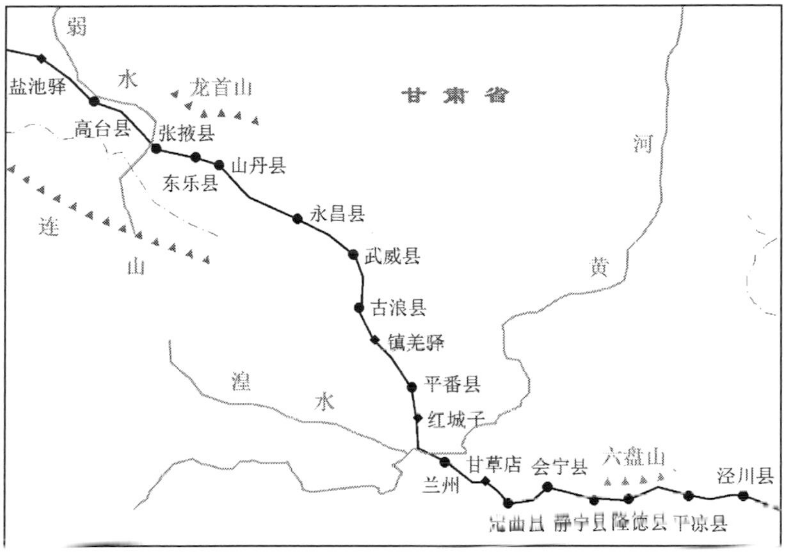

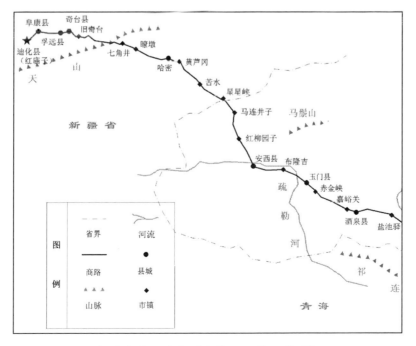

底圖為屠思聰著《中華新形勢一覽圖》。

圖 5-6　1922 年前後楊柳青人「趕大營」南線甘肅新疆段示意圖之二

底圖為屠思聰著《中華新形勢一覽圖》

　　然而，從技術層面上來看，這一時期，西北地區內部及其與內地間的陸路交通，還是相當傳統和落後的。以西北與天津間的交通運輸為例，陸路地段主要靠駱駝和馬（牛）車。由於它們的行進速度相當遲緩，因此，所能夠承載的畜產品總量，也是非常有限的。據統計，每峰駱駝的負載僅為 3 擔（300斤）左右，〔註6〕駱駝隊「由古城至歸化，平常 70 口可達，運貨則至少非半年不可，蓋任重道遠，不能終日行走，或遇駱駝疲乏，則耽擱數月，亦往往有之」，因為「駱駝一年只秋冬二季為強壯之時，春夏全身脫毛，疲敝無力，不能運貨，故春夏必須休息」。〔註7〕而且，貨物運到歸化以後，還需要再消耗大量的時日才能到達天津口岸。而他們在天津採購到的土洋雜貨，也要用同樣緩慢的方式運回新疆。從天津到新疆奇臺，「行張家口一路，行程須九十日至七十五日之間。行（陝甘——筆者）大道則非四閱月不可」；〔註8〕再加上途中耽擱，以及購銷貨物，馬車在兩地間「往返一次就需要一年的時間」。〔註9〕交通技術的落後，成為制約西北經濟市場化和外向化的一大瓶頸。

三、新式鐵路和公路的建設

　　西北地區的現代交通，主要包括鐵路和公路和建設。

　　鐵路建設方面，包括國內部分和國際部分的建設。國內部分有兩條，一是北部的京包鐵路的修建，二是南部隴海鐵路的修建。北路的京包鐵路，1909年到達張家口，1920 年到達歸綏（今呼和浩特市），1923 年到達包頭。南路的隴海鐵路，1930 年到達陝縣，1935 年到達西安，1937 年到達寶雞（1952年才修到蘭州，1958 年修到烏魯木齊，均繫單線）。

　　國際方面，是指瀕臨蒙古和新疆的俄國鐵路的建設，分為北路和西路兩條。北路是 1903 年貫通的西伯利亞大鐵路，西路是指巴爾喀什湖東岸 1930年貫通的土西鐵路。兩條鐵路相連後，向西通往莫斯科，向東通往中國的東北地區，成為蒙古和新疆地區經濟外向化的重要通道。

　　公路建設方面，民國時期，西北各省的公路建設，都有了很大的發展。陝西的現代公路有 10 條之多，參見「表 4-3，民國後期的陝西現代交通運輸

〔註6〕　吳弘明整理：《津海關年報檔案彙編（1865～1911）》，1866 年貿易報告。
〔註7〕　林競：《西北叢編》，第 406、405 頁，上海神州國光社 1931 年。
〔註8〕　林競：《新疆紀略》，第 28 頁。
〔註9〕　謝玉明：《趕大營的“路單”和“大篷車”》。

格局」所述；新疆的新式公路也有很多，參見「表 2-1，1942 年前後天山南北的交通概況」。綏遠也不少，1920 年代，京綏鐵路沿線上的主要縣城，都出現了商營汽車。其運行路線一般利用舊有的車馬大道或自然道路。1928 年綏遠建省之後，在省政府設置了建設廳，有計劃地修建以省會爲主、通往各縣的公路線，並謀求各縣之間公路的聯通。綏遠的所有公路，均以鐵路線上的主要縣城爲起點，分別通往它縣，從而形成了歸綏、包頭和集寧三個中心。

表 5-2　1937 年綏遠省汽車營運路線概況（里程單位：公里）

線路名	起止地點	所經主要地名	里程	開始營運時間	本年營運車數
包烏路	包頭－烏拉河	五原、臨河	365	1928.10	33
歸百路	歸綏－百靈廟	武川、召河	155	1928.6	9
武烏路	武川－烏蘭花	哈樂	61	1931	
歸托路	歸綏－托縣	三兩、官上窯	81	1935.10	10
歸和路	歸綏－和林	桃花板、一間房	60	1935.10	
歸涼路	歸綏－涼城	西溝門	71	1935.10	
集陶路	集寧－陶林	大土城	60	1936.3	4
集隆路	集寧－隆盛莊	榆樹灣	51	1936.9	
集商路	集寧－商都	大六號	75	1936.6	
集興路	集寧－興和	孤神廟、紅帽營	99	1936.12	
豐興路	豐鎮－興和	隆盛莊	100	1937.1	3
豐涼路	豐鎮－涼城	天成、麥胡圖	96	1937.1	
合　計	13 條		1380		59

資料來源：韋勝章主編：《內蒙古公路交通史》，第一冊，人民交通出版社，1993 年，
　　　　　第 140 頁。

在區域內部的短途汽車運輸發展的基礎上，又出現了跨省區的長途汽車運輸。涉及內外蒙古和新疆地區的，一是張庫路，一是綏新路。

張庫路的營運區間是張家口至庫倫，最早的營運商是大成張庫汽車股份有限公司，成立時間是 1918 年 2 月。此後，其他汽車公司和車行相繼加入了這條運輸線路。到 1927 年，張家口的汽車行已經有 30 多家，商車五、六十部。張庫間 1900 餘里，駱駝車需 30 天，牛車需 50 天，汽車只需 10～15 天。〔註10〕

〔註10〕竇衛華：《我省最早的汽車路——張庫公路早期通車運營簡況》，《河北文資料
　　　　選輯》第 7 輯。

綏新路的實際運營區間是歸綏至哈密，營運商爲新綏汽車公司，成立時間是 1933 年，正常運營年份爲 1935～1936 年。

表 5-3　1935～1936 年新綏汽車公司營運概況（單位：車（輛）、人（位）、貨（公斤））

年份	類別	往返車次	客車	貨車	載人	載貨	郵包
1935	西去	10	11	88	546	24306	56595
	東歸	11	2	66	106	14282	5069
	合計	21	13	154	652	38588	61664
1936	西去	9	23	65	230	41776	41976
	東歸	10	15	66	78	18917	4463
	合計	19	38	131	308	60693	46430

資料來源：韋勝章主編：《內蒙古公路交通史》，第一冊，第 158 頁。

汽車作爲一種新式的運輸工具，以其比較靈活、快捷的優點，獲得了很快的發展，從而成爲火車運輸的延伸和補充。新式交通和傳統交通的結合，構成了近代西北的陸路交通網絡（參見圖 5-7）。

圖 5-7　1932 年前後天津等內地與西北（新疆）之間的三大商路示意圖

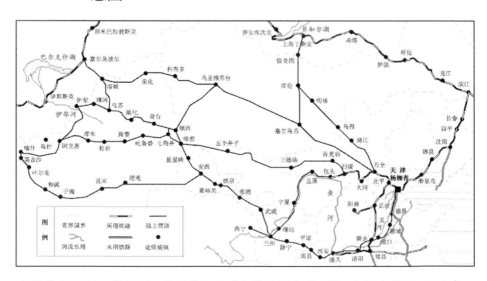

底圖爲丁文江、翁文灝、曾世英合編《中華民國新地圖》，上海申報館 1934 年。

內地通往西北的主要交通線有 3 條。一是北路。先從天津乘火車沿北寧

鐵路（1907 年通車）向北，經秦皇島等地到達瀋陽，再轉南滿鐵路（1903 年通車）經長春等地到達中東鐵路上的濱江（今哈爾濱），再向西經龍江（今齊齊哈爾）、呼倫（今海拉爾）、臚濱（今滿洲里）沿西伯利亞鐵路（1903 年通車）進入俄國境內，再向南沿阿勒泰支線轉入土西鐵路（1930 年通車）上的塞爾角波爾，再乘馬車向東，到達中國新疆的塔爾巴哈臺（俗稱「北丫」，今塔城市）等地。這條線較為快捷（全程約 25 天），但費用很高（300 餘元），故以客運為主。

　　二是中路，由天津乘火車向西沿京包鐵路抵達張家口、歸化城、包頭（1909年通車至張家口，1921 年至歸化城，1923 年至包頭）等地，或採用駱駝和牛車運輸的方式，由萬全（即張家口）向北，經滂江、叨林、庫倫到達中俄邊境的恰克圖，或向西經塞爾烏蘇沿「大草地」駝路，經烏里雅蘇臺、科布多到達新疆西北部的承化（今阿勒泰市）、塔城；或由歸化城、包頭沿「小草地」駝路向西經百靈廟、三德廟、五個井子，到達新疆的鎮西（今巴里坤哈薩克自治縣）、古城（今奇臺縣）、迪化（烏魯木齊）等地。此路全程需半年左右，時間雖久，但運費低廉，故以貨運為主。

　　三是南路，大體沿隴海鐵路向西，經河西走廊到達哈密、古城、迪化等地。不過，由於隴海鐵路修築緩慢（1909 年開封至洛陽間通車，1932 年通車至潼關，1935 年才通車至西安），所以該條線路上，鐵路運輸的作用甚微，駱駝和馬車依然是主要的交通工具。這條線全程約需半年左右，客票全價為銀50 兩，以客運為主，兼做貨運。〔註 11〕

第二節　近代西北水路交通的繼續發展

一、近代西北的水路交通概況

　　西北地區雖然整體上非常乾旱，但由於地域廣大，高山融雪形成的河流眾多，所以，具有航運價值的河流也有不少。新疆地區的伊犁河、額爾齊斯河、塔里木河，外蒙古地區的色楞格河、烏魯克木河、帖斯河，西北地區東部的黃河及其主要支流等等，部分河段在豐水季節，均有一定程度的內河航運便利。

〔註 11〕樊如森：《民國時期西北地方市場體系的構建》，《中國經濟史研究》2006 年第
　　　　 3 期。

1、伊犁河航運

據民國初年的資料，伊犁河「水勢急疾，流下木材而外，不便於運輸。唯從寧遠城（固爾箚）至惠遠城稍緩慢，加之片岩支舟，航運不自由。唯高水之際（一年內兩個月餘）下流容易，溯航困難，蓋流急故也。是河入俄境之後（1864 年前屬於中國——筆者），水運之利次第而大，在本省其利全缺」。〔註 12〕另據 1930 年代記載，該河的航運價值又有了新的發掘，「上游流行於山脈之間，兩岸夾山，水流湍激，舟行不便，土人恒用木筏轉運貨物。中流可通民船，新疆之土產多恃此河輸送俄境各地，蘇俄聯邦土貨亦恃以輸入。下流河幅漸寬，水量亦大，可行汽船」。〔註 13〕

2、額爾齊斯河航運

民國初年記載，額爾齊斯河「西北流越國境（1864 年前此地屬於中國，當時中俄兩國邊界在塞米巴拉金斯克——筆者），一度匯察桑泊，全長 600 餘里，河幅甚不廣，而水量多，舟楫便殊。烏龍古湖之北方，都爾伯勒鎮至下流 250 里間，可航行小汽船」。〔註 14〕1930 年代，該河航運更爲發達，「此河航運極發達，全河航路約 2000 餘里，每年自 4 月至 11 月爲航行期，其下游可通載重 500 噸以下之汽船。由阿爾泰至齋桑泊僅 1 日程，由齋桑泊至斜米（即塞米巴拉金斯克——筆者），上水 3 日，下水 2 日。由斜米至渥木斯克，下水 2 日，上水 4 日。爲全疆最優之河道。惟上游水較激，河幅亦狹，僅通木筏及民船」。〔註 15〕

到 1940 年代，上述兩河的航運之利又有所擴大，「伊犁河、額爾齊斯河——新疆北境大河，有小型輪船航行於中蘇國境間，載運著中蘇互易有無的貨物」。〔註 16〕不過令人可惜的是，「伊犁河及額爾齊斯河雖局部可通小汽船，但航權均操諸外人之手」。〔註 17〕

3、塔里木河航運

塔里木河，雖然水深在 12 至 20 尺之間，但由於中游和下游兩岸灌溉用

〔註 12〕張獻廷撰：《新疆地理志》，《中國方志叢書·西部地方·第八號》，第 28 頁，台灣成文出版社印行。

〔註 13〕譚惕吾：《新疆之交通》，二，航路，（一）伊犁河航路，北平禹貢學會 1936年。

〔註 14〕張獻廷撰：《新疆地理志》，《中國方志叢書·西部地方·第八號》，第 30 頁。

〔註 15〕譚惕吾：《新疆之交通》，二，航路，（二）額爾齊斯河航路。

〔註 16〕韓清濤：《今日新疆》，第 51 頁，貴陽中央日報總社 1943 年。

〔註 17〕呂敢：《新新疆之建設》，第 50 頁。

水和沙磧的滲透，水量漸次減少，所以，雖有一定航運之利，「可通小民船」，〔註18〕但整體上卻「舟行不易」。〔註19〕

4、外蒙的內河航運

外蒙古地區河流眾多，但大多數河流和河段，由於水流較淺，缺乏航運基礎。只有色楞格河的「下游可航行汽船，上游亦可通舟楫」，〔註20〕可以較好通航的河段達 317 公里；〔註21〕作為俄境葉尼塞河西源上流支流的烏魯克穆河，自「葉尼塞河逆流而上，可航行至上游附近地方」，〔註22〕順河下行自然也不成問題；

庫蘇古泊，「亦可航行汽船」，〔註23〕「夏季最盛舟楫可上溯至烏里雅蘇臺」。〔註24〕

帖斯河，「水勢特盛，頗適於航運」。〔註25〕

5、黃河航運

西北地區航運價值最大的，還是要數黃河及其主要支流。

黃河作為中國的第二大河，既有因灌溉航運之利而被尊為「母親河」的美譽，也有因決溢氾濫之害而被咒為「害河」的惡名。如此矛盾的評介，實緣於該河流域複雜的自然環境與獨特的水文特徵。千百年來，無數學人無不在趨利避害的雙重命題下，苦苦探尋有效開發和利用黃河水資源的良方妙策，相關著述卷帙浩繁。僅現代學者的成果中，就既有岑仲勉著《黃河變遷史》〔註26〕、譚其驤著《黃河與運河的變遷》〔註27〕、鄒逸麟著《千古黃河》〔註28〕等剖析黃河流經線路與治理過程的綜合論述；也有陳鉦著《歷史上黃河航運的興與衰》〔註29〕等考察黃河水運狀況的專題研究。前輩學人孜孜不倦的耕耘，無疑為黃

〔註18〕王益厓：《高中本國地理》，第 100 頁。
〔註19〕譚惕吾：《新疆之交通》，二，航路，（三）塔里木河航路。
〔註20〕楊景雄等繪製：《中華民國最新分省地圖》，第 39 圖，蒙古人民共和國。
〔註21〕王益厓：《高中本國地理》，第 100 頁。
〔註22〕楊景雄等繪製：《中華民國最新分省地圖》，第 39 圖，蒙古人民共和國。
〔註23〕楊景雄等繪製：《中華民國最新分省地圖》，第 39 圖，蒙古人民共和國。
〔註24〕楊文洵等編製：《中國地下理新誌》，第 11 編，第 23 頁。
〔註25〕楊文洵等編製：《中國地下理新誌》，第 11 編，第 23 頁。
〔註26〕人民出版社 1957 年。
〔註27〕《地理知識》1955 年第 8〜9 期。
〔註28〕鄒逸麟：《千古黃河》，前言，香港中華書局 1990 年。
〔註29〕《人民黃河》1990 年第 5 期。

河問題的繼續探索奠定了豐厚基礎。但是，受時代環境和資料條件的限制，已有成果中又難免會存在需要後人進一步探求的地方。比如，岑先生的著述雖然內容豐富，但卻沒有論及黃河的航運問題；譚先生的文章雖然詳述了黃河的航運歷程，但時間下限卻止於清朝末年；鄒先生和陳先生文章的時間下限，雖然延展到了 1949 年，但得出的結論卻是民國時期黃河航運的衰落。

筆者通過數年來的審慎考察，發現民國時期的黃河航運，不僅沒有走向的衰退，反而有了更大的發展：從上游發源地的青海，到下游入海口的山東；從河面寬闊的幹流，到水道狹窄的支流，總長度達 4000～5000 公里的河段上，各類水上交通工具都因地制宜地發揮著內河航運的最大效用。釐清這些問題，對於全面認識黃河的水利史，探索傳統交通和現代交通的關係都有意義。

二、現代交通與內河航運的正相關關係

學術界對民國以後黃河水運狀況的認識，無論在邏輯還是史實層面上，都是比較模糊的。民國時期專門研修中國交通史的張心澂指出：黃河「自古以來，時有水患，歷代皆設治河專官，然皆重在防患，無關航行。自寧夏（今銀川市）經綏遠之五原、包頭以抵薩拉齊，經比（利時）人實測，闢為小汽船航路。河津以下至陝縣間，由汾水至山西新絳，由渭水至陝西興平及開封附近，略有航路。其他各處泥沙淤積，水流奔波，於航業上無何利用」。〔註30〕今人陳鈺的結論則是：「晚清和民國時期，由於黃河改道和鐵路運輸的發展，再加上軍閥混戰，使黃河航運趨於衰敗」；鄒逸麟先生也覺得，明清以後是黃河水運的衰落期。似乎黃河改道就意味著航運價值的消失，鐵路興起則注定了傳統內河航運的衰落。

然而，民國時期內河航運發展的歷史事實表明，這種此消彼長的表層邏輯關係並不存在。

在現代交通發達以前，水運特別是內河航運，是古代中國人民進行長距離大宗貨物運輸的最廉價和最主要的交通方式。即便到了火車、汽車、輪船等現代化交通工具興起的民國時期，內河包括黃河及其支流在內的航運價值也一直存在著；它非但沒有衰落，反而比以前有了更大的發展。現代交通與傳統內河航運之間，所存在的是一種相輔相成的正相關關係。

以統計資料較全、現代鐵路興建最早、現代交通網絡最完善的京津地區為

〔註30〕張心澂：《中國現代交通史》，第 3 編第 2 章第 3 節第 7 款黃河，上海良友圖書印刷公司 1931 年。

例，20 世紀初年，京（北京）奉（奉天）、京（北京）漢（漢口）、京（北京）
張（張家口）、正（正定）太（太原）、道（道口）清（清化）、津（天津）浦（浦
口）等多條鐵路通車以後，這裡發展成爲中國交通現代化程度最高的地區。與
此同時，通往口岸城市天津的傳統內河航運，不僅沒有衰落，反而得到了相輔
相成的發展。民國時期，南運河、子牙河、大清河、北運河、薊運河 5 大內河
航線上的船隻，大多停泊在天津大紅橋、三岔口一帶，它們所聯結的內河航運
腹地，達 225000 平方公里，在天津與河北、山東、河南廣大區域的物資交流中，
發揮了重要的作用。〔註31〕從統計上看，1925～1930 年間，天津地區的鐵路網
建設儘管已經達到了非常完善的地步，但是，內河民船運輸的棉花，在火車、
大車、民船 3 種主要棉花運輸方式的運輸總量中，依然佔據了 54%～77%的比
重；與此同時，火車運輸卻僅占 44%～19%的份額。〔註32〕

　　依此類推，在京津以外鐵路交通相對落後的黃河流域其他地區，包括內
河航運在內的其他傳統交通方式，在當地交通運輸總量中所占的比重，還應
當更高一些。原因主要有 3 點：

　　其一，隨著現代口岸城市工商業的快速發展和人口的急劇增加，城鄉之間
需要在更廣的範圍、更大的規模和更深的層次上，加強彼此之間物資、人員、
金融和信息的流通。具體到交通運輸方式上，就不僅需要現代化程度很高的鐵
路、公路運輸，而且也離不開能夠靈活延伸到窮鄉僻壤的傳統內河水運。

　　其二，鐵路運輸雖然快捷，但是在當時，同樣重量和體積的貨物，火車
的運費要比內河民船的運費高出許多。〔註33〕所以，從運輸成本的角度考慮，
商人們在販運諸如糧食、棉花、木材等體大笨重、產品附加值低、短期不易
腐爛、市場行情變化遲緩的物品時，大多依舊通過內河水運來完成。

　　其三，火車運輸要受到物理位置固定的鐵路線路和站點的嚴格限制，貨
物的運輸和裝卸，難以實現商品產地和消費市場之間的無縫對接，其物流網
絡缺乏必要的普遍性和靈活性。而民船、大車等傳統水陸交通方式，卻正好
可以彌補和完善火車的集、疏、運網絡。「先前，貨物一直由駱駝、大車與
木船運至本埠（天津）……現在，只有從產地到最近的火車站一段仍採用這

〔註31〕樊如森：《天津與北方經濟現代化（1860～1937）》，表 6-5，上海東方出版中
　　　　心 2007 年。
〔註32〕華北農產研究改進社編：《天津棉花運銷概況》，第 6 表，1934 年刊印。
〔註33〕汪胡楨：《民船之運輸成本》，《交通雜誌》第 3 卷第 3 期，1935 年。

種舊的運輸方式，到車站後就由火車轉運至天津了」。〔註 34〕從這個角度上講，鐵路交通愈發達，對民船和大車等傳統運輸方式的需求就愈大。換言之，長盛不衰的內河航運，是日益繁榮的鐵路運輸必不可少的重要環節和組成部分。

由此可見，在交通運輸領域裡，傳統和現代之間，交融要比衝突大得多。

三、民國時期黃河上游航運的繁榮

1. 黃河航運的自然地理條件

黃河從其發源地約古宗列盆地到甘肅省永靖縣境內的劉家峽，蜿蜒行進在眾多山嶺之間，大約 1200 公里的河段落差達 1300 多米，不僅水道淺狹，而且河床比降大，加之人煙稀少，經濟開發程度低，結果使得黃河最上游的河段，水運價值極小。只有從永靖至蘭州的黃河幹流、及其 2 條較大支流湟水、洮河的下游河段，才有了初級的航運之利。不過，這裡的「所謂航運僅係皮筏、木筏由上而下，並無船舶上下通行。皮筏有牛皮、羊皮兩種。由湟水下運者，主要為青海之食糧、青油、木料、及甘肅窯街之煤炭。自洮河及永靖下運者，僅木料為大宗」；〔註35〕湟水自西寧以下皆可通行皮筏，名曰『渾脫』，用來裝運皮毛，間載旅客。〔註36〕

黃河自蘭州以下河段，航運價值才逐漸增大起來。不過自蘭州到靖遠縣的五方寺（亦名五佛寺）之間，又有大峽、小峽、五兄弟、一老老等險要，所以該河段只能通行木排和皮筏，不能行駛木船。自五方寺經過中衛、金積、靈武而至於寧夏城，中間隔有黑山峽等險阻，所以船隻通行亦相當艱難。只有從寧夏城再往北，經過羅平而至石嘴子，河面才進一步開闊起來，因此，石嘴子便成為黃河上游河段的一個民船航運中心，來自青海、甘肅、阿拉善及鄂爾多斯的羊毛、藥材，都先在這裡集中以後再大量運往包頭。自石嘴子向北經磴口、五原、包頭以抵河口鎮之間，均可通行民營木船。且寧夏城經五原、包頭至薩拉齊一段，由於河面深闊，尚可以行駛汽船。〔註37〕

〔註34〕許逸凡譯：《天津海關 1902～1911 年十年調查報告書》，天津市歷史研究所編《天津歷史資料》第 13 期。

〔註35〕黃河治本研究團編：《黃河上中游考察報告》，第 5 章，青甘段之水利，水利委員會發行 1947 年。

〔註36〕周振鶴：《青海》，第 14 章，交通，商務印書館 1938 年。

〔註37〕汪公亮：《中國西北地理大綱》，第 11 章，西北交通大勢，朝陽學院講義 1933

不過，受大陸性季風氣候的影響，黃河在每年的立冬前後，便開始進入結冰期，直到第二年的清明前後，才解凍開河。故而民國時期，當地即有「立冬半月不行船」，「立冬流凌，小雪封河」之類的諺語。也就是說，黃河上游的封凍期長達 4 個月左右，行船期只有 7 個多月的時間。再者，氣溫和降水的差異，也使得黃河上游每年通航期的水量，處於不斷的變化之中。「凌汛過後，五、六月間，水位最低。伏汛流量激漲，河水散漫，氾濫紛歧，似無正流之可尋。大汛以後，水位漸落，水勢亦殺，束入正槽，直至封河無大變動」。﹝註38﹞凡此種種，都對船隻運輸的規模和速度，產生了不同程度的影響。

2、黃河水運工具的種類

黃河上游河段各不相同的水文狀況，造成了航運條件的很大差異。當地人民爲了適應這些有利或者不利的自然環境，不得不對行駛在不同河段的水運工具，進行因地制宜的改造和利用。結果，行進在該水域的運輸工具，便呈現出了五彩斑斕的材質和規制。大體而言，可以分爲皮筏、木筏、七站船、五站船、高幫船、小劃子、汽船等 7 種類型。

表 5-4　民國時期黃河上游河段水運工具的種類及航運概況

種　類	基　木　概　況
皮筏	普通牛皮筏，係由 5 個至 12 個牛皮袋編成；大者則由 40～120 個牛皮袋編組而成，中塞羊毛或駝毛，放入水中，仿若小艇。小者可載重數千斤至萬斤不等，大者可載重 3～4 萬斤。羊皮筏係由 8～24 個羊皮袋編成，每 24 筏聯在一起稱爲 1 連。視載重之不同，定袋數之多寡，袋內不塞他物。輕快的羊皮筏，每日可行 200 餘里。每年經寧夏河段下行的皮筏約有 1000 餘排
木筏	黃河上游的洮河、導河流域，盛產黃松與白松等木材，居民把其編成木排，上面附載客、貨若干，順河漂向蘭州、寧夏城、包頭等地銷售。每年經寧夏河段下行的木筏約有 400 餘排
七站船	船身長 12 公尺，中部寬 6 公尺，兩端 3.5 公尺，高 1.5 公尺，平底，楊柳木質。載重下水 21600～24000 斤，上水 7200～10800 斤。行船的速度，水勢較大而天氣晴好的時候，下水每天 70 公里，上水 10 餘公里。專行於寧夏城、河口鎮、包頭之間
五站船	形式與構造與七站船大體相同，只不過船體較小而已，載重 1 萬斤上下，往來於五方寺、寧夏城、包頭、河口鎮之間。該河段此種船隻有 5000～6000 艘

年。

高幫船	船身長 10 公尺以上，中部寬約 5 公尺，兩端僅寬 1 公尺，船高 1.5 公尺，平底，兩端翹起，運轉靈便，往來於河口鎮、包頭、寧夏城、五方寺間。上水可運洋廣雜貨 4800 斤，每日行 40～50 裡，至寧夏城約需時 1 個月。下水可運皮毛 16800 斤或者糧食 19200 斤，每日行約 80 里，至包頭約 18～19 天，夏秋水大時可日行 120 里
小劃子	船身非常窄小，1 人搖槳，大約僅能乘坐 3 人，不能重載，輕靈快速，多用作渡口擺渡
汽船	寧夏城、包頭至薩拉齊間一段黃河可行駛

資料來源：華北水利委員會《黃河中游調查報告》，1934 年；綏遠省政府《綏遠概況‧上冊》，綏遠省政府 1933 年；葉祖灝《寧夏紀要》，南京正論出版社 1947 年。

3、造船（筏）與航行技術

自有初級水運之利的甘肅永靖，經蘭州、寧夏城、包頭以至河口鎮 1600 餘公里的黃河上游河段，河道與水流情形極端複雜，對水運工具、航行技術、運輸數量與速度，皆有不同的制約和要求。為了適應不同河段的自然地理狀況，當地人民因地制宜，努力改進造船（筏）和航行技術，以實現航運效益的最大化。

五方寺以上的黃河河床，以石質為主，河水穿行在眾多峽谷之間，不僅水淺流急，而且蜿蜒曲折，險灘迭出。所以，在這一河段，即便使用吃水淺、周轉靈、不怕碰的皮筏及木筏作為水運工具，也難免危險叢生。為降低損失，當地木筏工人通常趁著水流的平穩期，將木料編排後下放到河水當中，讓其順水漂流而下；在抵達峽口險灘之前，又將編好的木排拆散，聽其自流漂出峽口，然後再將其重新編成木排，如此往復循環。即便如此謹慎，木料被衝撞折斷的還是不可勝數。為此，「湟水險灘曾經黃委會上游工程處局部整理，洮河牛鼻峽亦經該處及甘肅省政府先後炸礁，（但）收效頗微」。通常，每 10 個木筏由 4 人駕駛，從蘭州至包頭需近 2 個月的時間。皮筏分牛皮筏與羊皮筏 2 種，係用牛皮或羊皮袋聯結而成。製作方法是把整牛或整山羊挖去骨肉，置於清油及鹽水中浸泡數日後取出。此時皮已為油所浸透，入水以後可久用不腐。將浸好的皮筒吹滿空氣，縛其四肢，聯袋成筏，上架木杆，即可浮游水面，搭客載貨了。每個皮筏至少需 1 人駕駛。牛皮筏載重較大，行駛速度較為遲緩；羊皮筏則較為快捷，每日可行 200 餘里。皮筏到達目的地之後，就把載運來的貨物和捆綁皮筏用的木排一併賣掉，而把騰空後的皮筒用駱駝

再由陸路馱回原地，以備下次運貨時再用。〔註39〕

圖 5-8　黃河上游的木船和皮筏碼頭

資料來源：〔日〕一氏義良編《最新北支那寫眞帖》，東京市綜合美術印刷社 1938
　　　　　年。

〔註39〕黃河治本研究團編：《黃河上中游考察報告》，第 5 章，青甘段之水利，水利
　　　　委員會發行 1947 年；葉祖灝：《寧夏紀要》，第 6 章，交通的大勢，第 2 節，
　　　　水上的交通，南京正論出版社 1947 年。

　　自五方寺經寧夏中衛縣至寧夏城之間約 746 裡，其間沙、石河床各半，除八灘峽水流湍急，頗爲險阻之外，其餘河段則水流平穩，所以，除皮筏、木筏之外，亦可通行木船。自寧夏城附近的橫城堡以下，經石嘴子再至磴口，500 裡均屬於石河，河面雖然有不少狹窄之處，但是整體上水深而流急，除石嘴子附近三道坎一段水淺流急，爲一險阻之外，其餘行船尚稱便利。磴口以下經五原縣的土城子、包頭的南海子再至托克托縣的河口鎮碼頭，共 1189 裡的水程，中間盡屬沙河，河面甚寬，船行無阻。〔註 40〕不過，這一河段特別是河套地區，雖然沒有山峽之險阻，但是由於地表平坦，河床鬆軟，水大之時河流卻往往容易改道。如南海子以西 500 裡的惠德成至馬米圖約 120 裡的河段，港汊紛歧，水漲之時一片汪洋，除非熟悉水性的人，難以辨認黃河的主流河道。爲了減少吃水深度和行船困難，這裡的船隻便一律造成平底，方形帶圓，並在中間豎立 1 根桅杆，順風時用來掛帆，以風力作爲行船的動力；逆風和逆水上行時用來拴繫纖繩，利用人力拉纖拖拽船隻行進。一般每艘七站船共有船夫 5 人，高幫船共有船夫 6 人，其中 1 人負責掌舵，其餘人順流而下時負責搖櫓，逆流而上時負責拖纜。爲了使航行更加安全，順流而下時往往將船隻行駛在河水最深處，以免擱淺；逆水上行時，由於主要靠人力拖行，所以，往往數條或數十條船結伴同行，並且儘量將船靠近岸邊行駛，目的是爲了便於拉纖行走。遇到急流險灘的時候，好多條船上的人便合到一起，輪流將船隻拖過去。〔註 41〕「自寧夏（城）至包頭，水程 1300 餘里，如天氣良好，水流通暢，下水約需 7～8 日，若遇大風，則往往延誤。木船逆流上駛，須由 7～8 人或 10 數人努力拉纖，每日所行不過 40～50 裡，自包返寧，需時 1 月半至 2 月不定」。〔註 42〕

　　爲了進一步開發這一帶的水運資源，不少有識之士曾多次試行小型輪船（俗稱汽船）航運，獲得了一定的成功。如清宣統 3 年，陝甘總督升允，聘用比利時人羅比爾吉，對河口鎮至蘭州間的黃河航道進行實地勘測，然後用「吃水 2 英尺半，載重 2 萬斤之小汽船爲之試航。由河口鎮以帆船 2 艘，滿載煤炭繫於船後，結局安然到達寧夏（城），更進而至中衛縣上游約 200 華里

〔註40〕綏遠省政府：《綏遠概況·上冊》，第 2 編，交通，第 5 章，河運，綏遠省政府 1933 年。

〔註41〕綏遠省政府：《綏遠概況·上冊》，第 2 編，交通，第 5 章，河運。

〔註42〕葉祖灝：《寧夏紀要》，第 6 章，交通的大勢，第 2 節，水上的交通。

五佛寺附近」。〔註43〕1918 年，商人陳潤生、向滌修等人，發起組織了甘綏輪船公司，購船 2 艘試行其間。1919 年甘督張廣建曾購汽船 2 只，航行此間，成績甚佳。1935 年，全國經濟委員會山西分會，曾在包頭購辦汽船 3 艘，第一次逆流上駛，抵達寧夏橫城堡共用了 13 日，通常則只需 10 日。不過，由於當時採用的輪船吃水較深，發動機的馬力太小，河流航道的先期測量不夠，資金缺乏，成本較昂等諸多原因，作為新生事物的汽船運輸，在黃河上游的航運中，經歷了不少的坎坷。〔註44〕

4、運營成本問題

黃河上游河段，交通工具和貨物種類不一，運費標準也有很大的不同。僅以木船和普通貨物的運費而言，就有上水（逆流）和下水（順流）的差異。一般情況下，上水由包頭到寧夏城，每擔（此處 1 擔為 240 斤）約銀 1.7～1.8 兩（約 1300 裡），至甘肅境內的五方寺約 3.5～3.6 兩（約 2046 裡）；下水由寧夏城到包頭，每擔約 1 兩。〔註45〕

運營成本高昂的原因在於，除了其中的人員、物資成本之外，還包含大量的稅收成本。因為黃河上游航運業的發達，在為當地人民提供交流物資和謀生就業便利的同時，也為沿岸各種政治、軍事勢力搜刮百姓錢財提供了機會。當時的各級政府，皆在黃河沿岸設立起密集的關卡和稅收專局，根據不同的船隻和貨物種類，分別征收數額不等的「正常性」過往捐稅；而沿河駐紮的各類正規與非正規的軍隊，也紛紛打著保護航道暢通的名義，通過其私設的各類關卡，進行大肆的盤剝搜刮，從而進一步加重了過往商船的負擔。比如，木材商人從包頭購貨，東運至托克托的河口鎮，中間 240 裡的距離，竟然要受到塞北關、船捐局、保衛團等機構所設立的 8 處關卡的盤剝，平均每 30 裡就有 1 處關卡，共需交納各種名目的捐稅 410 元，占木材貨物原有成本 1260 元的三分之一。〔註46〕

5、水陸聯運的發展

沒有陸運銜接的水運和沒有水運補充的陸運，都是不完善的。民國時期

〔註43〕交通部、鐵道部交通史編纂委員會：《交通史航政編》，第 3 章第 6 款第 1 項第 3 目，黃河上游，1931 年。
〔註44〕葉祖灝：《寧夏紀要》，第 6 章，交通的大勢，第 2 節，水上的交通。
〔註45〕綏遠省政府：《綏遠概況·上冊》，第 2 編，交通，第 5 章，河運。
〔註46〕華北水利委員會編印：《黃河中游調查報告》。

的黃河航運，本來就是和陸上運輸緊密聯接在一起的，水運和陸運祇是西北地方物資運輸網絡的不同環節和不同表現形式而已。當然，隨著外部市場和交通條件的變化，二者結合的內容和方式也有了新的變化。大體上說，民國早期的水陸聯運，是水上船筏載運與陸上駝馬駄運的結合；而 1921 年京綏鐵路通車至歸綏（今呼和浩特市）、1923 年通車至包頭以後，水陸聯運則表現為船筏、駝馬與火車運輸的結合了。水運與陸運、傳統與現代之間的相互支撐、包容和促進，為黃河航運開闢了更加廣闊的發展空間。

在黃河水陸聯運網絡中起著樞紐作用的關節點，則是沿岸眾多的碼頭市鎮。它們不僅是內河航運的物資中轉和集散地，而且也是通過岸上道路進行貨物運輸的起止點。

表 5-5　黃河上游的重要碼頭及其商業概況

碼頭	商　業　概　況
蘭州	甘肅省城，西北都會。貨物輸入主要有東面陸路和北面黃河水路 2 個方向，包括京津粗細布疋和洋廣雜貨，湖南散茶、漢口磚茶、三原大布、湖北藍布、陝西棉花和紙張，寧夏中衛大米。另外還有新疆來的葡萄和棉花，青海來的紅花、藏香、大黃、氆氌、皮毛，四川來的川綢、川緞、川茶，價值在 1000 萬元左右。輸出的貨物以黃河上游地區所產的絨毛為大宗，牛皮、雜皮次之，藥品、水煙、氈毯又次之，價值在 700 萬元左右
五方寺	地屬靖遠，距蘭州 500 裡，為黃河上游一大碼頭，貨物多由此上下，以下可以通行木船
中衛	地屬寧夏，距蘭州 700 里餘，城內商店 200 餘家，輸入以平津一帶的洋布、土布、糖、海菜及其他雜貨為大宗，輸出以枸杞（約年 1500 擔）、甘草（1000 餘擔）、皮毛（200 餘萬斤）為大宗
寧安堡	地屬中衛縣，距蘭州 900 餘里，產枸杞最富，北路羊毛亦集中於此，有專收羊毛的洋行數家
橫城堡	地屬寧夏，距蘭州 1300 餘里，距寧夏城 5 里餘，每歲輸出甘草 5000 擔，羊皮 1000 擔，羊毛 1000 餘萬斤，駝絨羊毛絨 40 萬斤；輸入洋廣雜貨、布疋等約 10030 餘擔
石嘴子	地屬寧夏，距蘭州 1500 餘里，商店 20 餘家，有專做蒙古貿易的洋行數家，將在西寧等地收購的皮毛集中於此，梳洗後再裝包，用駱駝陸路或船運包頭，每年皮約 100 萬張，毛約 3000 萬斤
磴口	地屬寧夏，距蘭州 1700 餘里，商店數十家，專與蒙古貿易，每歲貿易額約 20 萬元。西面的吉蘭泰池鹽歲出 3 萬擔，由駱駝運至磴口裝船，水運包頭，行銷歸綏、包頭各處。輸入品極少

南海子	地屬包頭縣，距蘭州 2600 餘里，距包頭 7 裡，爲黃河上游一大碼頭。包頭上下貨物均由此轉運，與平綏鐵路銜接，運輸頗爲繁盛。岸邊貨棧林立，交易均在包頭城內
河口鎮	地屬托（克托）縣，距蘭州 2800 餘里，上水以鐵貨、粗磁、木料爲多，下水以雜糧、鹽、城爲多。原來爲黃河上游最重要的碼頭，連接歸綏，後來爲南海子所超過

資料來源：綏遠省政府：《綏遠概況·上冊》，第 2 編，交通，第 5 章，河運。

內河航運特別是水陸聯運的發展，促進了黃河上游的區域開發。以包頭的崛起及其周邊地區的經濟發展爲例，它原來不過是河套地區一個普通的小村落，1809 年才隨著南海子碼頭水運的發展而成爲市鎮，1850 年後逐步成爲黃河上游的皮毛集散地。「凡京、津、陝、甘、內外蒙古、新疆貨物之往來，均以此爲轉運之場，誠西北一大市場也。（1918）年貿易額達 500 餘萬，大小商店共 1200 餘家」。〔註47〕1923 年，京包鐵路通車後，包頭更進一步發展成爲輻射西北的最大水陸交通中心和皮毛集散中心，僅每年集散絨毛就達約 2000～3000 多萬斤，占整個西北地方絨毛產量的三分之二以上。到 1930 年代，包頭「陸則有平綏（鐵）路爲吞吐之骨幹，而平、津各地遂爲包頭出入之尾閭，由包頭可至西寧、肅州、五原、寧夏城、蘭州等地；至水路則有黃河之水流，用皮筏可由蘭州至包頭」，其商業腹地已包含了河套地區的全部、蒙古（阿拉善、額濟納地區）、寧夏、甘肅及青海等廣大地區。〔註48〕

不僅如此，清代到民國時期，京津等東部更廣大地區，對綏、寧、甘、青等黃河上游地區所進行的經濟輻射，也在很大程度上是依靠黃河水陸聯運才得以實現的。〔註49〕統計表明，青海高原及甘肅西南部的羊毛，每年經過蘭州運往包頭等地的約 11000 餘噸，皮貨、藥材各約 170 餘噸，木料約 6000 餘噸；由包頭等方面經甘肅過境而運往青海高原的貨物，每年也約有布匹 3000 噸，茶葉 1100 餘噸，紙張、印刷材料、棉織品、藥材、鐵器以及其它雜貨等共約 5000 餘噸。〔註50〕在包頭南海子與靖遠五方寺 2100 餘里的航線上，上水多裝載由京綏鐵路轉運來的各色布匹、紅白糖、火柴、磚茶、海味、磁器、罐頭、洋油、紙煙及其他華洋雜貨，下水多載運青、甘、寧地區所產的皮毛、

〔註47〕林競《西北叢編》，第 193 頁，上海神州國光社 1931 年。

〔註48〕廖兆駿纂：《綏遠志略》，第 269 頁，南京正中書局 1937 年。

〔註49〕樊如森：《西北近代經濟外向化中的天津因素》，《復旦學報（哲社）》2001 年第 6 期。

〔註50〕鐵道部業務司商務科編：《隴海鐵路甘肅段經濟調查報告書》，第 87 頁。

甘草、枸杞、白麻、大米、雜糧、池鹽、土堿等。可惜，原始的船運動力和綿長的河床封凍期，限制了上下流之間的航運頻度，致使舟楫往來每年至多不過 3 次，皮筏往來至多不過 2 次，〔註51〕結果，陸路尤其是與平綏鐵路聯運的規模和效能，也隨之受到了很大的制約。

圖 5-9　1933 年前後黃河上游航運概況示意圖

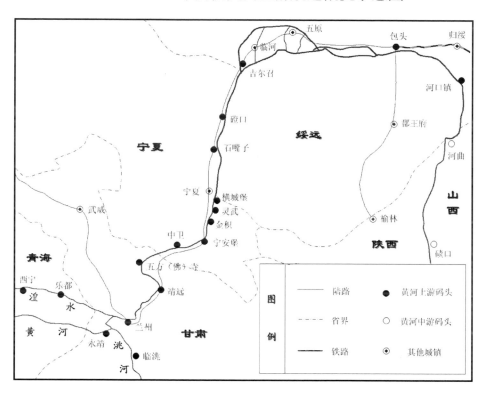

底圖爲丁文江等編《中國分省新圖》，上海申報館 1933 年。

四、民國時期黃河中游航運的發展

1、幹流河段的航運

一般將綏遠省托克托縣河口鎮以下，經山西、陝西 2 省邊界而至於河南省孟津縣之間，稱爲黃河幹流的中游河段。由於它主要穿行在黃土高原的山谷溝壑之間，河面反倒不如寧夏城至河口鎮一段寬闊平緩。因此，該段黃河雖然具有水運價值，但卻遜色於河套地區。

〔註51〕綏遠省政府：《綏遠概況·上冊》，第 2 編，交通，第 5 章，河運。

　　自河口鎮以下，河水穿行在山峽之中，困難特大。具體表現在，這裡河道曲折多且水流急，即使晴朗無風的天氣，也必須竭力運用櫓、舵，才能保證航行的動力和船隻的轉折方向；一旦途中遇到大風，那就特別危險，因為兩岸陡岩峭壁之間根本沒有可以停船避風的地方；春季是淺水期，礁石裸露或者淺藏於水下，更要格外小心觸礁。逆水上行，船隻遭遇的困難更大，因為除了要克服上述困難之外，更必須克服湍急水流的巨大下衝力。而在當時的條件下，只有完全依靠船夫拉纖。船隻上行的速度全視水流緩急而定，「若老牛灣一帶，拉纖者攀越懸崖，倍極艱險，每日上行不過 3 數里，其困難情狀，有不可以言語形容者」。〔註52〕

　　從綏遠省的資料來看，由於河口鎮以下河段航運困難重重，綏遠與山西 2 省之間的船運業務，大多數止於河曲縣，只有少數延伸到磧口一帶。〔註53〕

　　事實上，河曲、磧口一帶與河套地區水運聯繫的稀少，並不等於黃河中游其他河段水運價值的缺失。從地處河東的山西省的資料記載來看，黃河中游雖然水流湍急，但「至保德可行民船，更至下流的磧口，民船可順流而下，但不能逆航而上。至壺口一段，航行非常危險，至壺口附近龍王涎，為黃河瀑布，舟運完全不能」，轉經陸路繞過該段河床之後，航運之利又得以重新恢復，「自汾河與黃河的合流點而下，舟利雖稱不大，但平時得其交通之助甚多」。〔註54〕地處河西的陝西省的資料說得更加清晰，「黃河自綏德州以下，即可通航。但至龍王圈時，須將貨卸地，用牲口馱運，約 10 餘里，再行裝船。空船則另繞由人工挖成之弧形河道，因該處水流湍急，帆船不能直下，載重則易肇危險，故須先行卸空也。抵龍門後，如遇順風，約 4～5 日即可至潼關，否則需 10 餘日以致數十日不等。計自龍王圈經芝川、夏陽、大慶關等處至潼關，約 300 餘里，每船可載貨 5 萬斤，船價約 240 元」。〔註55〕由此可見，河口鎮以下河段的黃河水運，儘管頗費周折，但畢竟依然是山、陝地區之間重要的物資交流通道。

　　由陝西潼關至河南陝縣之間的一段黃河，河面變得寬闊起來，航行也相對便利了。衹是其中不少的石灘，也給航運帶來了一定的困難。特別是逆水

〔註52〕華北水利委員會編印：《黃河中游調查報告》。
〔註53〕綏遠省政府：《綏遠概況‧上冊》，第 2 編，交通，第 5 章，河運：華北水利委員會編印：《黃河中游調查報告》。
〔註54〕周宋康：《山西》，中華書局 1939 年。
〔註55〕陝西實業考察團：《陝西實業考察‧工商‧考察陝北工商業情形》。

上行的船隻，「船傍灘拉纖以行，傍岸之機會甚少；……一船水手約 4～5 人，1 人扶舵，1 人撐篙，其餘在岸上拉纖，逆行日不過數十裡。夜間泊岸，上游雨水暴至，每衝動船錨，漂流而下，儻有疏虞，則葬身魚腹矣。所經河路，介在山西、河南二省之間，兩岸多峭壁，中間大河通流，河身之寬常至數里，一望浩淼無際」。〔註 56〕而陝州（即陝縣）東面的黃河之中，又有一塊長 50 餘丈的大岩石，「隱顯於河中，舟楫至此，極有危險。故渭河流域物產之由黃河水運者，不能至陝州以東。商人之運貨於河南方面，至陝州必上陸一次。往東陸行 10 餘里，再裝船下航。即小汽船之航行，亦無一隻」。〔註 57〕另外，過了陝縣的險要河段以後，還要再經歷三門峽之險。在此峽之中，「一山如堵，橫截河中」，水石激蕩，奇浪翻卷，聲聞數里，儷人心魄。此塊山石將寬約 30 丈的河面分成 3 束，稱爲人門、神門、鬼門，神、鬼 2 門，「水道窄曲，舟不敢入；惟人門修廣，可行舟。陝西、靈寶之棉花，由（黃）河東運，舟小如瓢，疾行如矢，至三門上數里，簇泊北岸，虔祀禹王、河伯，然後以習水者爲導，蟬聯東下，去而不返」。〔註 58〕「當民國初年火車尚未至陝州（即 1924 年）之前，陝西棉花向外輸出，皆係由水路運輸。及至氾水，必需經下門、三門之險，當時運輸棉花，除時間長久之外，其危險非今日（即 1935 年）所能夢想，偶一不幸，則全舟覆沒，生命難保」。〔註 59〕

儘管如此，該河段依然是民國時期，黃河中、下游地區之間，進行人員和貨物交流的重要通道。產自山西和陝西的大量棉花，分別在榮河縣的廟前口、潼關、陝州、茅津渡、垣曲等地打包裝船以後，利用黃河幹流水運，抵達鄭縣（今鄭州市）的黃河大鐵橋附近上岸，進入鄭縣的棉花集散市場。〔註 60〕

2、主要支流的航運

黃河中游支流眾多，較大者亦有 10 餘條，然而，由於受水量特別是黃土高原千溝萬壑的分割與限制，能夠從事長距離航運的卻並不多。從資料記載看，只有山西境內的汾水，陝西境內的渭水，及其渭水的支流北洛水、涇水，有一定的航運便利。

〔註 56〕吳世勳編：《河南》，五三，陝縣至潼關水程之苦況，中華書局 1927 年。
〔註 57〕劉安國：《陝西交通契要》，下編，第 3 節，黃河之水運，出版社與年代不詳。
　　　　筆者據文內隴海鐵路已通陝州等語判定，當爲 1924 年之後。
〔註 58〕吳世勳編：《河南》，五〇，三門砥柱。
〔註 59〕鐵道部業務司商務科編：《隴海鐵路西蘭線陝西段經濟調查》，內部本 1935 年。
〔註 60〕〔日〕大島讓次著，王振勳譯：《天津棉花》，《天津棉鑒》1930 年第 4 期。

　　汾水，發源於山西省寧武、靜樂兩縣間，其幹流全長約 760 公里。中間經過 26 個縣境，在榮河縣境匯入黃河，是晉省最主要的河流。由於它的河水流量變化太大，所以一般人覺得，汾水整體上是沒有什麼水運之利可言的。〔註 61〕但是，如果對其進行具體和分段的詳細考察，就會發現事情並沒有這麼絕對。在太原以北地區，汾水穿行在山地當中，「流急水淺，航運極為困難。太原以南漸入平原，可資航行。但運行者只民間私用之木船，載重 2 公噸以至 4 公噸」。〔註 62〕特別是從新絳至汾水的黃河入河口一段，舟楫之利更大。〔註 63〕汾水下游的船隻，既可以由新絳順汾水轉黃河再溯渭水，到達陝西省西安城北的草灘碼頭一帶；也可以繼續沿著黃河再向下，經過潼關而東達於河南省境內。在這一區域內，載重 7～8 萬斤的民船，可以便利地航行。汾河在夏季河水大規模上漲的時候，自臨汾以下的河段都具有舟楫之利。〔註 64〕

　　渭水，發源於甘肅省渭源縣境內的鳥鼠山，東流至甘肅清水縣以後進入陝西，經過寶雞縣的虢鎮而進入咸陽，再向東流經西安的草灘、臨潼的交口、渭南的白楊寨，在三河山與黃河相匯合。就水運條件來看，渭河雖然是一條蜿蜒千里的大河，但由於其上游多穿行在山谷之間，所以「舟運甚鮮。惟有小舟常見於潼關、咸陽 350 里之間」；從船隻種類上看，除通常稱呼的大公船之外，還有不少吃水較淺的簡易小船；另外，在 1917 年的時候，還曾經在潼關至西安北窯店鋪之間河段，試航過小汽船，可惜未獲成功。風向、河水流向和水文狀況的差異，都會影響到水運日程的長短。從咸陽順流而下前往潼關，其間只需 2～3 日；反之，從潼關逆流而上抵達咸陽，其間則需要 4～5 日。〔註 65〕另一方面，「惟水淺流緩，並非四季通航。咸陽以下，載重千擔之民船尚能通過。咸陽以上，須在洪水時期，始能通 300 擔以上之船隻。上運貨物，有韓城煤炭，山西食鹽，及東來之茶、糖、布疋。下運貨物，則為藥材、棉花、牛羊皮等」。〔註 66〕

〔註 61〕全國經濟委員會：《山西考察報告書》，第 4 編，山西水利問題，全國經濟委員會 1936 年。

〔註 62〕華北綜合調查研究所水利調查委員會編：《洛水汾河及沁歷史研究》，一、汾河歷史研究，第二章，水利，（三）航運。

〔註 63〕邱祖謀等：《中華民國最新分省地圖》，第 27 圖，山西省，寰澄出版社 1946 年。

〔註 64〕周宋康：《山西》。

〔註 65〕劉安國：《陝西交通契要》，下編，第 4 節，渭河之水運。

〔註 66〕陝西實業考察團：《陝西實業考察·交通·陝北交通之考察》，上海中文正楷

　　北洛水，爲渭水的支流，發源於陝西省北部定邊縣的白於山，流經保安、安塞、甘泉、鄜縣、中部、洛川、宜君、白水、澄城、蒲城、大荔、朝邑等縣，沿途物產豐富。但是，由於水狹流急，大部分河段缺乏航運便利。只有大荔以下的河段才可以通航，船隻的載重量，至多 500 擔。〔註67〕

　　發源於甘肅省涇源縣境內的涇水，亦爲渭水的一條支流，可供航運的河段更短，只有在涇陽以下，才能通行載重 20～30 擔的小船。〔註68〕

圖 5-10　1933 年前後黃河中下游航運概況示意圖

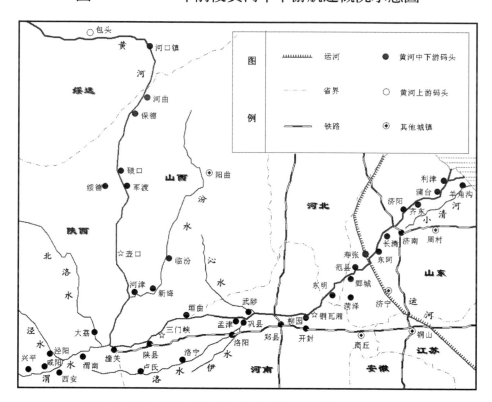

底圖爲丁文江等編《中國分省新圖》，上海申報館 1933 年

　　總之，在西北地區廣袤的大地上，交通運輸的暢通與否，是制約區域經濟發展的重要因素之一。近代西北內河航運發展的歷史證明，這裡乾旱少雨，水利方面的灌溉價值固然應當放在首位，但它並不影響內河航運價值的實

書局 1933 年。

〔註67〕陝西實業考察團：《陝西實業考察・交通・陝北交通之考察》。

〔註68〕劉安國：《陝西交通契要》，下編，第 5 節，涇水之水運。

現。特別是黃河，自古就是西北重要的水上交通要道，近代的航運價值也非常巨大。那麼在更加重視生態環境的今天，更應該大力開發可再生的資源利用方式——內河航運，而不是無節制地發展公路和鐵路。〔註 69〕而要在自然資源短缺、生態環境較差的西北地區可持續地發展社會經濟，更是必須強化對可再生性內河水資源的可持續利用，繼續大力發展黃河航運。

〔註 69〕樊如森：《內河航運的衰落與環渤海經濟現代化的誤區》，《世界海運》2010年第 5 期。

第六章　近代西北經濟開發與生態環境的變遷——以綏遠地區爲中心

西北地區近代時期的經濟開發活動，無疑促進了該區域的社會進步，並提高了人民生活的質量。但是，西北地區畢竟是一個氣候嚴重乾旱、自然生態條件極度脆弱的區域，在該區域的經濟開發過程中，如果忽視自然規律，片面追求經濟效益的最大化，就會給生態環境造成難以修復的巨大破壞，反過來嚴重制約西北經濟的可持續發展。近代以來西北地區經濟開發過程中所引起的快速沙漠化，既是嚴酷的歷史事實，更是慘痛的反面教訓。

第一節　綏遠地區的生態環境概況

位元於今內蒙古自治區西部的綏遠地區，地處我國半乾旱與乾旱、農業與牧業等多重性區域的交錯地帶，自然景觀的變化非常明顯。其經濟開發及環境變遷問題，早在 1930 年代就爲學術界所關注；〔註 1〕1949 年以後，相關著述進一步增多，如侯仁之、俞偉超合著的《烏蘭布和沙漠的考古發現和地理環境的變遷》，〔註 2〕史念海的《兩千三百年以來鄂爾多斯高原和河套

〔註 1〕 1934 年代創刊的《禹貢半月刊》，就刊載了不少的相關文章。如伊志的《明代"棄套"始末》（2 卷 7 期），顧（頡）剛的《王同春開發河套記》（2 卷 12 期），李秀潔的《後套沖積地的自然環境概況》（6 卷 5 期），蒙思明的《河套農墾水利開發的沿革》（6 卷 5 期），段繩武的《開發後套的商榷》（6 卷 5 期），張瑋瑛的《後套兵屯概況》（6 卷 5 期），等等。

〔註 2〕 《考古》，1973 年第 2 期。

平原農林牧地區的分佈及其變遷》，〔註3〕趙永復的《歷史上毛烏素沙地的變遷問題》，〔註4〕侯甬堅的《北魏（AD386～534）鄂爾多斯高原的自然——人文景觀》，〔註5〕韓昭慶的《明代毛烏素沙地變遷及其與周邊地區墾殖的關係》，〔註6〕蕭瑞玲、曹永年、趙之恒、于永合著的《明清內蒙古西部地區開發與土地沙化》，〔註7〕王建革的《農牧生態與傳統蒙古社會》，〔註8〕齊小娟、楊萍合著的《內蒙古地區土地沙漠化成因分析及防治措施》，〔註9〕等等。已有成果的研究時段，雖然包含了古代和現代，但卻明顯跨越和迴避了近代，或許是由於資料原因和關注點的不同所致。筆者在考察近代西北經濟變遷的過程中，積累了不少的資料和學術思考，彙集於此，或許有助於對近代西北經濟開發與生態環境關係的全面考察。

現有的研究成果表明，引發區域環境劇變的外部因素，不外乎自然和人文兩個層面；不過，二者在不同時期和不同地區的影響力度是不同的。就綏遠地區來說，其氣候乾旱、沙漠廣布、生態脆弱的初始自然地理景觀，主要是更新世中後期青藏高原劇烈隆起造就的，該區域的烏蘭布和沙漠、庫布齊沙漠等，就形成於那個時期；〔註10〕而毛烏素沙漠的形成和演變，也自更新世後期就開始了。〔註11〕此後直至清代中期，儘管氣候上也出現過冷暖乾濕的交替與波動，但並不足以引發土地的顯著沙化；〔註12〕從人文層面來看，人們雖然也在這裡從事過連續的畜牧業和斷續的農業生產，但限於開發強度，也沒有造成環境的顯著變化，〔註13〕可以視為土地沙化的緩慢發展

〔註3〕 《北京師範大學學報》，1980 年第 6 期。

〔註4〕 《歷史地理》，第 1 輯，上海人民出版社，1981 年。

〔註5〕 《中國沙漠》，2001 年第 2 期。

〔註6〕 《中國社會科學》，2003 年第 5 期。

〔註7〕 中華書局，2006 年。

〔註8〕 山東人民出版社，2006 年。

〔註9〕 《內蒙古環境科學》2007 年第 1 期。

〔註10〕 張力小、宋豫秦：《青藏高原的隆起對中國沙漠與沙漠化時空格局的影響》，《人口、資源與環境》2001 年第 4 期。

〔註11〕 董光榮、李森等：《中國沙漠形成演化的初步研究》，《中國沙漠》1991 年第 4 期。

〔註12〕 王濤、朱震達：《中國北方沙漠化的若干問題》，《第四紀研究》2001 年第 1 期；董朝陽、樊勝岳、鍾方雷、馬永歡：《中國沙漠化過程中人文作用研究進展》，《中國沙漠》2006 年第 4 期。

〔註13〕 蕭瑞玲、曹永年、趙之恒、于永合著的《明清內蒙古西部地區開發與土地沙化》，第 68、96 頁。

期。

　　然而，清代中期以後，綏遠地區的土地沙化速度明顯加快了：資料顯示，原來很多水草豐美的牧地現在已經變成了沙丘，原本彼此孤立的沙丘則連成了一體；到 1986 年，僅鄂爾多斯地區的沙漠化面積，就已經達到 113023 平方公里（原文如此。本數據應有誤，因爲鄂爾多斯地區的總面積只有 8.7 萬平方公里——筆者註），占該區面積的 58.93%。〔註 14〕 從自然原因看，1824～1982 的 158 年間，該地區易於土地沙化的溫乾氣候達 118 年，占 3/4；而情況稍好的涼濕氣候僅有 40 年，〔註 15〕 這表明清代中期以後的大部分時間內，綏遠地區的氣候條件是不適合人類高強度經濟開發的。而該時期的經濟開發實際卻是，農業、畜牧業、商業、以至藥材採挖業的發展規模和程度，都遠遠超過了歷史時期。其結果是在促進經濟開發的同時，加速了土地的沙漠化。人的過度干預顯然成爲環境劇變的主導因素。然而，相關的歷史地理學考察卻付闕如。

　　本章考察的綏遠地區，清代爲綏遠將軍節制，1913 年隸山西省歸綏道，1928 年設綏遠省轄之，包括烏蘭察布盟、伊克昭盟及歸化城土默特地區，大體上相當於今天內蒙古自治區西部的烏蘭察布、巴彥淖爾、伊克昭 3 盟及呼和浩特、包頭 2 市轄區。1954 年，綏遠省建制被撤銷。但爲了敘述上的方面，本文姑且仍以綏遠地區稱呼之。根據地形、地貌、水文、氣候等自然要素的差異，又可在其內部再細分爲陰山以北的烏蘭察布高原、陰山以南的後套——土默川平原、黃河以南的鄂爾多斯高原等幾個不同的自然地理單元。

〔註 14〕 薛嫻、王濤、吳薇、孫慶偉、趙存玉合著的《中國北方農牧交錯地區沙漠化發展過程及其成因分析》，《中國沙漠》2005 年第 3 期。

〔註 15〕 史培軍：《地理環境演變研究的理論與實踐——鄂爾多斯地區晚第四紀以來地理環境演變研究》，第 123 頁，科學出版社 1991 年。

圖 6-1　1930 年代的綏遠地區示意圖

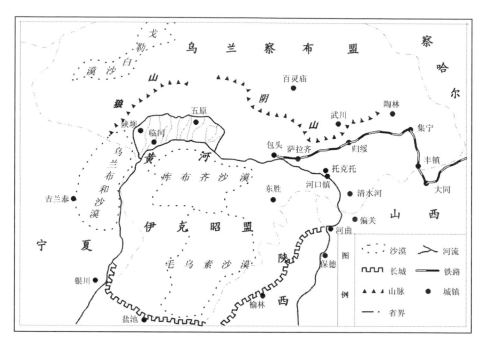

資料來源：底圖爲丁文江、翁文灏、曾世英編制：《中國分省新圖》,「綏遠省」,
　　　　　上海申報館 1934 年。

第二節　農牧業開發與西北草原的沙漠化

　　就自然環境而言，綏遠地區發展農業的氣候條件是很差的，不僅乾旱而
且低溫，兼多風沙。其年降水量從東南部的 400 毫米左右減少到西北部的 150
毫米左右，年蒸發量卻是降水量的 10 倍；大風與乾旱同期，8 級以上的災害
性大風年平均 40 天以上；年平均氣溫低，無霜期僅爲 125～145 天。在當時
的技術條件下，除了有河水灌溉的後套——土默特平原之外，其他如鄂爾多
斯高原、烏蘭察布高原等地區，只適於畜牧業而不適於農業生產。〔註16〕

　　那麼，在綏遠地區的經濟開發歷程中，上述自然規律又在多大程度上得
到了尊重呢？

〔註16〕王衛東：《1648～1937 年綏遠地區移民與社會變遷研究》，復旦大學史地所博
　　　　士學位論文未刊稿，2001 年。

一、農業墾殖對草原沙漠化的影響

自春秋時代開始，綏遠地區就一直處於中原農耕政權與草原游牧政權曠日對峙的軍事前沿，農業開發的延續性並不強。秦漢、隋唐及明代前期，中原政權軍力強盛，陰山——大青山一線曾一度成為內地移民農墾的最北界限；〔註17〕此外的大部分時間裡，這裡則是游牧民族的樂園。清朝建立以後，蒙古草原重新置於一個政權的統一管轄之下。為了保護蒙古貴族的利益，同時防止蒙、漢民族過密化的交往，清政府沿明長城一線設置了許多的關卡，嚴格查禁進入蒙區經商和墾殖的內地商民。順治十二年（1655年），朝廷明令內地漢人，「不得往口外開墾牧地」。〔註18〕此後，康熙、雍正、乾隆、嘉慶以至道光年間，禁墾令不斷頒發，規定愈益縝密，處罰也更加嚴厲。〔註19〕

綏遠地區儘管一直處在禁墾範圍之內，但也有例外情況。在中央層面上，康熙年間開始，為了保障平定準噶爾叛亂的軍需供應，同時減緩內地災荒和人口的壓力，政府曾允許在水澆條件較好的後套——土默特平原，進行一定的墾殖。僅雍正十三年（1735年），就放墾了官地8處共計40000頃；到乾隆八年（1743年），歸化城土默特地區的牧地已不足 1/5；至光緒十三年（1887年），僅有數可查的耕地，已不下57606頃。〔註20〕在地方層面上，蒙古王公為了獲取必需的糧食和豐厚的租金，也在灌溉條件較好的土默特下原和包頭以西地區，〔註21〕私自招募內地漢人墾殖。

後套地區能夠進行大規模農業墾殖的地理基礎，是康熙年間黃河主泓道由北道（五加河）改為南道以後，正好便利了在南高北低的自然坡面上開渠灌溉。基本做法是，「後套的農墾既經開始，其地主（蒙古王公——筆者）與墾闢者之關係，皆由地商包辦。地商包租蒙地，年納租金，地商除留一部分土地自種外，再分別租於佃戶耕種。其一切關於開渠澆水的事，皆由地商自辦。作地主的是蒙旗，年向地商收租銀。實地耕種的是佃戶，年納租粟給地商。地商則開渠放水，在蒙旗與佃戶之間取得大利。當日租價低賤，出產富

〔註17〕鄒逸麟：《明清時期北部農牧過渡帶的推移和氣候寒暖變化》，《復旦學報（社科）》1995年第2期。

〔註18〕《大清會典事例》，卷166，戶部15，田賦。

〔註19〕《大清會典事例》，卷978。

〔註20〕蕭瑞玲、曹永年、趙之恒、于永合著：《明清內蒙古西部地區開發與土地沙化》，第151頁。

〔註21〕蒙思明：《河套農墾水利開發的沿革》。

饒，蒙利漢租，漢利蒙地，開墾的事，遂與日俱進。自乾隆至於光緒，其間曾有不少能幹的地商，對於農墾水利有重大供（原文如此——筆者）獻：如初開纏金渠〔今永濟渠〕的甄玉，開老郭渠〔今通濟渠〕的郭敏修，開沙河、義和等渠的王同春，尤以王同春的功勞獨大」。〔註22〕僅王同春1人，就組織開闢了5條灌溉幹渠，墾出耕地10000餘頃。〔註23〕

綏遠地區大規模的農業開發，是在20世紀以後，標誌是光緒二十八年（1902年），中央政府批准了山西巡撫岑春煊關於開墾蒙旗土地的奏章，正式任命兵部左侍郎貽谷爲欽命督辦蒙旗墾務大臣。貽谷及其繼任者爲了有效推行農墾政策，先後在綏遠各地設立了一系列墾務管理和執行機構。如負責伊克昭、烏蘭察布2盟墾務及後套水利的西盟墾務總局，下設準噶爾旗墾務分局、郡王旗墾務分局、鄂托克旗墾務分局、烏審——紮薩克旗墾務分局，烏拉特3旗墾務分局，烏蘭察布盟墾務總局，綏遠城八旗牧場墾務總局，殺虎口站地墾務總局，清理土默特地畝總局，綏遠墾務總局，等等。同時與激烈反對農墾事務的伊克昭盟7旗及烏蘭察布盟6旗王公，進行了反覆的鬥爭。「經過六、七年的努力，到光緒三十四年（1908年），西盟各旗（綏遠各地——筆者）報墾聯翩，大開渠工，闢地千里，墾務大興」，1902到1911年間，在綏遠地區共放墾土地7984273畝，共應徵押荒地價銀2641200餘兩；〔註24〕1912到1915年，墾務最高機關綏遠墾務公所主持放墾了295800畝，共應徵押荒地價銀91011餘兩。〔註25〕除民墾之外，軍隊也參與了屯墾活動，以1930年代成效最大。到1932年，「綏省面積149萬方裡，30年來丈放土地20萬頃，蒙荒未報者250萬頃，除沙磧鹽鹼外，可耕地尚有170萬頃」。〔註26〕

清代至民國時期綏遠大規模的農業墾殖活動，改變了這一地區以牧業爲主的單一產業結構，使許多地方特別是後套——土默特平原，成爲良田彌望、阡陌相連的農業耕作區。到1920年代，這裡的糧食不僅實現了自給，而且還遠銷區外，成爲塞北地區的一個商品糧供應地。「查武川、和林、托縣、清水河等處所產之糧食，皆係運至歸綏銷售。其來城大宗，全年麥子約有200000

〔註22〕蒙思明：《河套農墾水利開發的沿革》。

〔註23〕顧（頡）剛：《王同春開發河套記》。

〔註24〕寶玉：《清末綏遠墾務》，《內蒙古史志資料選編》，第一輯，下冊，第33～38頁。

〔註25〕寶玉、海棠：《民國初年綏遠墾務》，《內蒙古史志資料選編》，第二輯，第289頁。

〔註26〕張瑋瑛：《後套兵屯概況》。

石，糜子 30000 石，穀子 30000 石，高粱 30000 石，蓧麥 20000 石，菜籽 30000 石，其餘糧食不上 10000 石，共計 350000 石之譜。其餘薩縣（薩拉齊）、東勝、固陽、五原、包頭等處所產之糧食，均由包頭運銷北京等處」。〔註27〕另據平綏鐵路車務處的調查證實，由於九·一八事變之後，東北糧食無法大量輸入，京、津地區所消費的雜糧，如高粱、小米、豆類等，主要來源於平綏鐵路沿線，「據二十二年統計，輸出數量約 300000 噸，大部分銷於平、津兩地。是本路對於平、津糧食之供給，實占最要之地位」。〔註28〕

然而，綏遠地區畢竟處於我國半乾旱向乾旱地區的過渡帶上，除了灌溉條件較好的後套——土默特平原之外，其他如鄂爾多斯高原、烏蘭察布高原，只適於發展牧業而不利於農業的墾殖。因爲在這些地區，稀缺的降水和旺盛的蒸發使地表缺少足夠的植被覆蓋，而植被覆蓋度與土壤風蝕量之間，存在一種負相關的比例關係，過度的人爲活動，會破壞乾旱地區的地表植被與土層結構，加大加速質地鬆散的沙質、沙礫質地表的風蝕活動過程，導致土地沙漠化的產生與發展。〔註29〕清代以至 1949 年以後，人們在綏遠地區特別是鄂爾多斯、烏蘭察布高原〔註30〕盲目的農業開發，是造成了這裡土地沙漠化加劇的根源之一。

二、牧業市場化與草原載畜量的增加

1、市場環境的逐步改善

清中期以後，綏遠地區的市場環境得以逐步改善，它體現在商業政策的改變、市場空間的拓展、商業隊伍的壯大、交通設施的改進等幾個層面。

清代以前的綏遠，商品化程度很低，一個很重要的原因就是這裡一直處於農耕與游牧政權軍事對峙的前沿，中原政府不得不採取保守的商業政策，禁止雙方間的物資流通。明朝隆慶四年（1570 年）蒙古與中原修好以後，雙

〔註27〕唐肩宇等撰：《綏遠農業調查》，《內蒙古史志資料選編》，第二輯，第 278 頁。
〔註28〕平綏鐵路車務處編：《平綏鐵路沿線特產調查》，"本路糧食與平津糧食問題"，第 22～23 頁，1934 年。
〔註29〕董朝陽、樊勝岳、鍾方雷、馬永歡著：《中國沙漠化過程中人文作用研究進展》，《中國沙漠》2006 年第 4 期。
〔註30〕 "經過近代以來上百年的開發，烏蘭察布盟已經成了一個以農業爲主的地區"，蕭瑞玲、曹永年、趙之恒、于永合著：《明清內蒙古西部地區開發與土地沙化》，第 182 頁。

方才開始以歸化城爲中心，開展程度有限的互市貿易。清朝建立後，出於政治上防範蒙漢人民接觸的需要，又禁止內地漢人私自進入草原腹地從事貿易，只有獲得朝廷許可、并且持有龍票的山西商人（也稱旅蒙商人或稱撥子商人），才能在蒙古王公的監管下，以「雁行」的方式到指定區域，進行內地日用品與草原畜產品的交換。〔註 31〕康雍乾時期，這裡成了中央政府平定西北邊疆叛亂的物資供應地，才在一定程度上便利了商業的發展，歸化城逐步成爲塞外地區繁榮的商業城鎮之一。

進入清中期以後，在西方列強的脅迫下，清政府被迫在北方沿邊沿海地區陸續對國外開放了幾十個貿易口岸。其中，與綏遠商業關的，有 1860 年開放的天津，1861 年開放的庫倫（今蒙古國烏蘭巴托）、1881 年開放的迪化（今新疆烏魯木齊市）、吐魯番、哈密、古城（今新疆奇臺縣）、肅州（今甘肅酒泉市）、科布多（俗稱後營，今屬蒙古國）、烏里雅蘇臺（俗稱前營，今蒙古國紥布哈朗特）；1914 年開放的歸綏、張家口、多倫；1917 年開放的赤峰，1922 年開放的包頭，等等。這些口岸的對外開放，不僅拓展了綏遠的內外市場空間，更從根本上衝破了清政府對該地區的商業封禁政策，使越來越多的內地商人如山西商人、陝西商人、順德（治今河北邢臺市）商人、以及天津買辦商人和外國商人，相繼來到了這裡，他們既競爭又互補，共同爲綏遠商業的繁榮做出了重要貢獻。

清代至民國前期的綏遠地區，行政上一直隸屬山西省節制，這就爲山西商人主導該區域的商業，提供了各種便利。他們除在綏遠的農牧交錯地帶開設皮莊、毛店、錢莊、票號、雜貨鋪之外，主要業務是通過「出撥子」的形式，深入到草原牧區，直接採購各類畜牧產品。居於主導地位的旅蒙商號，如歸化城的大盛魁、元盛德、天義德，包頭的廣恒西、復盛公、復盛西、復字型大小等，其創始人和經營者大都來自晉中地區的太谷、祁縣。不僅歸化、包頭的旅蒙商號、錢莊、票號爲晉中人壟斷，就是畢克齊、察素齊、薩拉齊等次一級集鎮，甚至鄉村的商業貿易，也爲他們所控制。民國初年，薩拉齊所開設的 200 多家各類商業店鋪，基本上都是山西祁縣、太谷、榆次、定襄等縣的商人開設的。〔註32〕

〔註31〕 盧明輝、劉衍坤：《旅蒙商——17 世紀至 20 世紀中原與蒙古地區的貿易關係》，第 27 頁，中國商業出版社 1995 年。
〔註32〕 王衛東：《1648～1937 年綏遠地區移民與社會變遷研究》，未刊稿，第 22～23 頁。

　　順德商人由順德貧苦農民轉化而來，他們自 1860 年代開始，趁著秋收冬藏的農暇時間，攜帶布匹、火柴等商品，結夥赴綏遠、陝、甘等地販運皮毛，開春返回。起初，他們經營規模很小，販運的貨物也很少。進入 20 世紀以後，專門從事此業的順德商人越來越多，貿易的規模也不斷擴大，僅從事皮毛中介業務的皮店就有 70 多家。〔註 33〕

　　綏遠通往國際市場的商業管道主要有兩條，一條是向西、北方向經陸路口岸通向俄國市場，一條是向東經天津等沿海門岸通向歐美日市場。向東的國際貿易主要由天津買辦商人和洋行商人完成。1892 年，天津的英商仁記洋行及其買辦最早來到包頭，他們以山西人開辦的恒義德牲畜皮毛店爲落腳點，收購了抓羊毛二、三十萬斤，雇用駱駝運經張家口抵達天津口岸。接踵而來收購皮毛的，是天津的英商新泰興洋行及其買辦。爲了便於經營，他們稍後還在包頭設立了自己的皮毛商號，有天長仁、天聚德、天泰合等等。20 世紀以後，天津其他洋行也紛紛到包頭設立分莊，如俄商隆昌洋行，英商平和洋行、慎昌洋行、怡和洋行、聚立洋行、成記洋行、安利洋行，以及日商、德商洋行。洋行和買辦在綏遠及西北廣大地區的商業活動，一是把進口的洋貨運進來銷售，一是把當地的皮毛等土貨運出去出口，雙重贏利。一般情況下，洋行在春節過後就把現銀預付給恒義德、明遠堂、廣恒西、義同厚等二、三十家皮毛店，皮毛店再用這些錢支付給旅蒙商（走後山的）和伊盟 7 旗的商人以及氈房，由他們去具體收購皮毛。到了六月份，毛販及毛店便把收購來的皮毛按照洋行認可的價格交付，由洋行雇傭車馬（後來是火車）運迴天津出口。〔註 34〕

　　清末以前，綏遠的交通也很落後。短距離的人員往來，除了步行外，主要是騎馬，蒙古人「平時皆好乘馬，雖近鄰百步之間，常騎馬決不步行。跨駿馬以馳騁於廣漠之野，爲蒙古人最得意之事。除寢食之外，殆俱不離馬」。〔註 35〕信息的傳遞方面，近距離的靠騎馬、步行口耳相傳，遠距離的公文傳遞，靠以歸化城爲節點的驛傳系統進行聯通。貨物的運輸工具，主要有陸路的駱駝、大車和水路的船筏 3 種：駱駝的載重量爲 150～200 公斤，日行進速

〔註 33〕實業部天津商品檢驗局出版《檢驗月刊》，1934 年 2 月號，"工商要聞"部分第 14 頁。

〔註 34〕賈曦、白玉：《洋行掠奪包頭皮毛見聞錄》，《包頭史料薈要》第 7 輯。賈曦、白玉：《洋行掠奪包頭皮毛見聞錄》，《包頭史料薈要》第 7 輯。

〔註 35〕佚名纂修：《五原廳志稿》，下卷，風俗志，光緒三十四年刻本。

度爲 25～40 公里；大車分牛、馬、駱駝輓拉的單套（牲畜的匹數稱爲套）、二套、四套、五套，其載重量多季分別爲 150～200 公斤、500～700 公斤、750～1100 公斤、1250～1500 公斤，夏季要分別減少 50～300 公斤，日行進速度多季爲 30～40 公里，夏季爲 20～27.5 公里；〔註36〕水路交通，主要是綏遠和寧夏、甘肅、青海地區之間的黃河水運，其工具在寧夏府（今銀川市）和托克托的河口鎮之間用木船，其他水域之間主要靠牛、羊皮筏子。所有這些式樣的運輸工具，雖然也稱得上因地制宜和各具特色，並且在區內外的商品流通中起到了很大作用，但是，它們的共同缺陷，就是運量小和速度慢。據相關統計，駱駝隊「由古城至歸化，平常 70 日可達，運貨則至少非半年不可，蓋任重道遠，不能終日行走，或遇駱駝疲乏，則耽擱數月，亦往往有之」，因爲「駱駝一年只秋多二季爲強壯之時，春夏全身脫毛，疲敝無力，不能運貨，故春夏必須休息」。〔註37〕水路方面，從包頭運貨到寧夏府（治今銀川市），短短 1058 華里的水程，上行的木船，至少需要 1 個月、長則需要 50～60 天才能到達，這還沒有把黃河每年長達 5 個月的冰凍封河期考慮在內。〔註38〕而且，貨物從甘、青、寧、新運到歸化或包頭等地後，還需要再消耗大量的時日，才能艱難地轉運到天津口岸。落後的交通方式，成爲制約綏遠區內外經濟交流的瓶頸。

進入民國時期以後，綏遠地區的交通有了明顯改進。首先，是現代鐵路交通的發展。1915 年 9 月，聯通港口城市天津的京（北京）張（張家口）鐵路向西延伸到豐鎮，併於 1921 年 4 月擴展至歸綏，1923 年 1 月再修至包頭，成爲綏遠及西北廣大地區進行快捷商品運銷的大動脈。津海關稅務司派倫稱讚說，「鐵路運輸條件日漸便利，對這種（出口貿易——筆者）進展起了極大的作用。先前，貨物一直由駱駝、大車與木船運至本埠，這種運輸方式不可避免地會遷延時日，並且有遭受損失的可能性。現在，只有從產地到最近的火車站一段仍採用這種舊的運輸方式，到車站後就由火車轉運至天津了。這樣，節省了許多時日，而且大大地減少了風險」。〔註39〕處在平綏鐵路的歸綏和包頭，商業因之得到了進一步的繁榮。「凡華北之工商品，銷售於西北各省，或寧、甘、新等省

〔註36〕 韋勝章主編：《內蒙古公路交通史》，第一冊，第 31 頁，人民交通出版社 1993 年。
〔註37〕 林競：《西北叢編》，第 406、405 頁，上海神州國光社 1931 年。
〔註38〕 馬廷喆：《包頭交通運輸業梗概》，《包頭文史資料選編》第 5 輯。
〔註39〕 許逸凡譯：《天津海關 1902～1911 年十年調查報告書》，天津市歷史研究所編《天津歷史資料》第 13 期。

之貨物轉銷於平、津各地，均以歸綏爲重心，而平綏鐵路爲輸運之要道」；包頭也成爲以「平綏路爲吞吐之骨幹」的另一商業中心。〔註40〕

　　與此同時，現代公路交通也得到了快速的發展。1920 年代，平綏鐵路沿線上的主要縣城，都出現了商營汽車。其運行路線一般利用舊有的車馬大道或自然道路。1928 年綏遠建省之後，在省政府設置了建設廳，有計劃地修建以省會爲主、通往各縣的公路線，並謀求各縣之間公路的聯通。綏遠的所有公路，均以鐵路線上的主要縣城爲起點，分別通往它縣，從而形成了歸綏、包頭和集寧 3 個中心。〔註41〕公路作爲鐵路的重要補充，加速了綏遠區內外人員和物資的交流。

　　電信交通方面，自光緒二十八年（1902 年）開始，在歸化城、薩拉齊、包頭、和林格爾各廳，河口、可哥以力更（武川縣治）、隆興長各鎮，設立了新式郵政系統的代辦所，民國以後，豐鎮、薩拉齊等處又升爲二等、三等郵局，包頭升爲一等郵局。承辦的業務除寄遞信函、包裹外，還辦理匯款、儲蓄和國際郵件。同時，長途和短途的有線電報、電話線路及機構，也建立起來。〔註42〕現代通訊技術的出現，爲政令商情的通達，提供了異常迅捷的電信服務，強化了綏遠與區內外市場間的貿易聯繫。

2、牧業市場化程度的提高

　　長期以來，綏遠地區的主要產業，就是各族牧民所從事的自給自足性畜牧業，農業、手工業、商業均極不發達。「蒙古人對於商業之觀念，不甚注意，此皆由其本身生活之關係所致也。蓋蒙人生活之簡易，五口之家，有牛羊數頭，即可維持矣。因是，則蒙古內地之商業，幾爲漢人所獨佔也」。〔註43〕

　　清中期以後，隨著商業政策的改變、市場空間的拓展、商業隊伍的壯大、交通設施的改進，國內外的各類生活日用品得以大量輸入綏遠，當地生產的各種畜產品也得以大量輸出，使牧民們原有的封閉性生產生活方式受到了不斷地衝擊，逐步增強了他們的商品意識。

　　一方面，隨著外部商品的輸入，牧民原來食肉衣皮的單一消費結構中，增加了茶葉、布匹、捲煙、食糖等新式生活日用品；另一方面，牧區原來用

〔註40〕廖兆駿纂：《綏遠志略》，第 268～269 頁，南京正中書局 1937 年。
〔註41〕韋勝章主編：《內蒙古公路交通史》，第一冊，第 140 頁。
〔註42〕郭孝英等：《舊中國包頭的郵電通訊事業》，《包頭史料薈要》第 7 輯。
〔註43〕廖兆駿纂：《綏遠志略》，商業，第五節，"蒙民之商業"。

途很小甚至是廢物的羊毛、羊腸、骨頭等，則變成了可以換取貨幣或其他日用品的緊俏商品，出口值日漸增大。1924 年，天津港羊腸的出口價值為 867000關平兩，1925 年為 1314000 關平兩，1926 年為 1024000 關平兩，其主要的來源地就是綏遠等地。〔註 44〕經濟收入的增加，生活品質的改善，直接刺激了廣大牧民多養牲畜、養好牲畜的積極性，使綏遠畜產品對外輸出的品種和數值，一直呈現上升態勢。

據天津海關 1860 年代初的考察，蒙古草原的牧場條件雖然非常優越，但是，由於商品意識的缺乏，牧民們「對其羊群疏於照料，據悉每值冬令，綿羊死亡者甚夥」，除了一些牛羊活體趕往內地銷售外，經天津口岸銷售歐洲市場的「綿羊毛與駱駝毛之出口，近時如彼甚少，不值一提」。〔註45〕後來，在各類商人的努力下，綏遠畜產品的出口量逐漸加大。1876 年，來自歸化城的駝毛占到了天津駝毛出口總量的 95%。〔註46〕到 1903 年，天津的皮毛出口總值為 370144 關平兩，占天津整個出口總值的 32.28%；〔註47〕而在天津所出口的所有畜產品中，直接來自西北牧區的，至少要在 1/3 以上，其中又以甘肅省的寧夏府、蘭州府、西寧府、甘州、涼州和山西省的歸化城、包頭一帶最為集中。〔註48〕進入民國時期以後，隨著鐵路、公路等現代化交通運輸方式的引入，綏遠地區畜產品的輸出進一步增加。1914 年，歸綏外銷的駝、羊毛為 200 萬斤，皮張 9 萬張；〔註49〕1924 年，運出的駝、羊毛增至 1180 萬斤，皮張在百萬張以上；〔註50〕1930 年代，每年有價值 40 萬兩的蒙旗、甘肅、新疆細毛皮，經歸綏運往天津等地；洋商在此所設的採買羊毛絨及牛、馬皮的洋莊，有 10 餘家。〔註51〕1923 年京包鐵路通車後的包頭，迅速發展成為西北廣

〔註44〕 天津工商業叢刊之十：《天津市皮毛腸衣業經營的方向》，第 19 頁，天津進步日報社 1951 年。

〔註45〕 吳弘明編譯：《津海關年報檔案彙編（1865～1911）》，1865、1866 年貿易報告，天津市檔案館、天津社科院歷史所 1993 年刊印。

〔註46〕 吳弘明編譯：《津海關年報檔案彙編（1865～1911 年）》，津海關 1876 年貿易報告。

〔註47〕 據王懷遠《舊中國時期天津的對外貿易》中“天津口岸 1898～1908 年直接出口商品結構表”推算。王文載《北國春秋》1960 年第 1 期，第 83 頁。

〔註48〕 日本中國駐屯軍司令部：《天津志》，侯振彤中譯本，第 291～292 頁，天津市地方史志編修委員會總編輯室 1986 年印行。

〔註49〕 《農商公報》，第 1 卷，第 7 冊。

〔註50〕 白眉初：《中華民國省區全志》，第 1 編，第 13 頁，北京求知學社 1924 年版。

〔註51〕 廖兆駿：《綏遠志略》，第 229～268 頁，南京正中書局 1937 年。

大地區水陸交通的中心和西北最大的皮毛集散地,「每年在這裡集散的絨毛約二千至三千多萬斤,占整個西北地方絨毛產量的三分之二以上」;〔註52〕1933年,包頭的 21 家皮毛店,每年從青海、甘肅、陝北、蒙古等地採購的各類絨毛約 600 萬斤,各類皮張 11 萬張,均銷售到天津等地,共值 250 萬元。〔註53〕

表 6-1　1936～1939 年洋行在包頭每年收購的皮毛數量（單位：皮（張）、毛（斤））

商品名稱	數　　量	商品名稱	數　　量
駝毛	1200000	狐皮	100000
羊毛	10000000	掃雪皮	3000
山羊板皮	200000	猞猁皮	2000
山羊拔絨皮	150000	狗皮	30000
狼皮	20000	牛馬大皮	100000

資料來源：賈曦、白玉：《洋行掠奪包頭皮毛見聞錄》,《包頭史料薈要》,第 7 輯。

3、載畜量增加與草原退化

在中外商人和當地牧民的共同努力下,綏遠畜牧業經濟的市場化程度得到了很大的提高,扭轉了千百年來這一地區畜牧業的封閉落後狀態。但是,由於畜牧業發展與草原生態平衡之間,存在一個負相關的比例關係,所以,在當時只能依靠增加牲畜頭數才能提高畜牧業產量和產值的生產技術條件下,牧民們只有通過增加單位草場的載畜量,才能獲取更大的經濟收益,這就會使草原出現一定程度的超載現象。而超載就會使草場因牲畜反覆不斷地啃食而得不到休養和恢復,使原本異常脆弱的地表因失去應有的植被保護和牲畜過度的踐踏而引起土壤結構的弱化,進而引發土地的沙漠化。〔註54〕相關研究表明,「50.5%的沙漠化土地是由草地過度放牧引起的。當牧草採食率持續高於 55%時,草地開始發生退化;當牧草採食率持續高於 70%時,草地迅速退化和沙漠化。載畜量增加和草原退化的內在機制是：過度啃食使植物光合作用面積減少,光合能力下降,導致用於覆蓋地表和固定土壤的物質和

〔註52〕李紹欽《古代北方各民族在包頭地區的活動》,《包頭文史資料選編》第 4 輯,第 25 頁。
〔註53〕綏遠省政府：《綏遠概況》,下冊,第 67～71 頁,1933 年編印
〔註54〕孔德祥等：《鹽池半荒漠風沙區土地沙漠化》,《乾旱區資源與環境》1997 年第 3 期。

能量減少，在家畜踐踏和風的雙重作用下，裸露的沙質地表發生風蝕並形成風沙流，進而引起更大範圍的草地沙漠化。定量研究表明，過牧草地 49% 的裸地是家畜過度啃食引起的，其餘 51% 是風蝕引起的」。〔註 55〕

第三節 藥材採挖業對草原土地的直接破壞

一、日趨發達的藥材采挖業及其環境後果

市場化程度的不斷提高，使藥材也成爲綏遠地區重要的出口商品。這些藥材當中，有甘草、大黃、肉蓯蓉、髮菜等，而數值最大的當屬甘草。在鐵路未修到包頭以前，各草場所出產的甘草，先用牛車或駱駝運到托克托縣的河口鎮集中，然後，發往河南的甘草沿黃河船載而下，發往天津、河北、山西等地的甘草則用馬車和駱駝運輸。1923 年京綏鐵路通到包頭以後，綏遠甘草多集聚到包頭，利用現代化的火車大量地東運天津，出口海外。〔註 56〕據統計，僅包頭一站，每年轉輸到平、津、滬及祁州等地的甘草數量，就約達 620 萬斤。〔註 57〕

表 6-2　1912～1937 年間天津港甘草和髮菜的出口數量（單位：擔（1 擔＝100 斤））

年份	甘草	髮菜	年份	甘草	髮菜	年份	甘草	年份	甘草
1913	17125	150	1920	93390	309	1927	35575	1934	34846
1914	18446	289	1921	132358	463	1928	32613	1935	36666
1915	23669	211	1922	22691	533	1929	31730	1936	45922
1916	27539	328	1923	55978	289	1930	38127	1937	30658
1917	58928	253	1924	35027		1931	34273		
1918	45478	350	1925	32102		1932	25832		
1919	123827	372	1926	22059		1933	52512		

資料來源：相關年份貿易統計，茅家琦：《中國舊海關史料（1859～1948）》，京華出版社，2001 年。

〔註 55〕王濤等：《中國北方沙漠化過程及其防治研究的新進展》，《中國沙漠》2006 年第 4 期。

〔註 56〕尹子衡等：《解放前原綏遠省甘草和甘草行業的概況》，《內蒙古文史資料》第 2 輯。

〔註 57〕平綏鐵路車務處編：《平綏鐵路沿線特產調查》，第 75 頁。

在綏遠地區從事甘草、肉蓗蓉、髮菜等藥材採挖的，是晉西北、雁北、陝北等地特別是保德、河曲、偏關三縣的流民。當時，從事藥材採挖的人口規模相當大，保德每年大約出去 3000～4000 人，偏關約 2000～3000 人，河曲約 4000 人，若遇大災年，每個縣都要超過萬人，其方式也由春去秋回的雁行轉爲定居。河曲人主要居住在臨河、陝鎮、薩拉齊、土默特左旗和烏拉特中、後旗等地，從 1875 年至 1940 年，在內蒙古定居的河曲人約有 10 萬人。保德人分佈較廣，比較集中的地方是包頭、固陽、東勝、五原、臨河、烏拉特喬旗、達拉特旗、杭錦旗。「哪裡有甘草，哪裡就有保德人」，保德人在綏遠地區的甘草經營中，穩居於壟斷地位。從工作量來看，民國時期綏遠甘草場子的作業半徑一般爲 40 華里，掏草工人每天要往返 30～80 裡，每天所挖的鮮濕甘草爲 60～100 多斤。〔註 58〕

藥材的採挖活動，比農、牧業對土地的危害更加嚴重，因爲它可以直接引起土地的沙漠化。相關測算表明，每挖 1 公斤鮮濕甘草，就要破壞 10m^2 的草地（包括挖洞及挖山的土埋壓周圍草地）；土地被挖過以後，植被靠自然恢復需 5 年以上，許多被濫挖的地方，植被尚未恢復就演變爲沙丘地了。〔註 59〕按照這一比例，我們來統算一下甘草出口量與土地沙漠化之間的對應關係。表 6-2 顯示，1912～1937 年間，天津口岸出口的曬乾甘草（主要來自綏遠地區），共計 110737100 斤，折合鮮濕甘草 332211300 斤即 166105650 公斤（3 斤鮮濕甘草，折合 1 斤曬乾的甘草〔註 60〕），直接破壞草場 1661056500 m^2，即 2490340 畝。

如果再加上 1912 年以前和 1937 年以後通過天津出口、和不通過天津出口而轉銷到其他中藥材市場上的甘草，以及採挖同樣良好的防風固沙植物——蓗蓉、髮菜、大黃、麻黃草等所破壞的草場面積，其數目將會更加令人觸目驚心。1935 年前後，綏遠省歸綏縣的黃芪、大黃、罌粟、野參、赤芍、防風、肉蓗蓉、甘草、蒲公英等藥材，「每歲行銷於津埠各地，豫、魯商人亦有來購之者」。〔註 61〕

除綏遠地區的藥材採挖業日趨發達之外，西北其他區域也相當繁盛，同樣在直接破壞著原本脆弱的生態環境。

〔註 58〕陳秉榮：《話說走西口》，《山西文史資料》第 84 輯。
〔註 59〕李士成等：《寧夏土地沙漠化現狀及防治對策》，《寧夏農林科技》2000 年第 4 期。
〔註 60〕陳秉榮：《話說走西口》，《山西文史資料》第 84 輯。
〔註 61〕鄭植昌修，鄭裕孚纂：《歸綏縣志》，產業志，野業，藥用植物，1935 年鉛印本。

　　早在近代之前的乾隆年間（1736～1795 年）開始，大盛魁等商號便把蒙古草原和西北地方的鹿茸、貝母、枸杞、麝香、羚羊角等珍貴藥材，集運到歸化城（今內蒙古自治區呼和浩特市），從而使該地發展成爲西、北路鹿茸等類藥材的集散地。這些藥材除了供給本地區的藥店之外，大量販往祁州等地銷售。〔註 62〕近代以後，俄國商人也通過恰克圖（今屬蒙古人民共和國）的中國商人，把大量的大黃冠以「土耳其大黃」之名，銷往歐洲其他國家。〔註 63〕僅 1892 年，俄國商人就從新疆運走了價值 4108 兩白銀的各類藥材。〔註 64〕

　　比如，從新疆販回內地來藥品，既有涼州膏藥等成藥，更有貝母、枸杞、鹿茸、鹿腎、鹿筋、鹿蹄、鹿肚、鹿胎盤、羚羊角等名貴藥材。〔註 65〕

　　甘肅的當歸、甘草、大黃、黨參、秦艽、羌活、黃芪、麻黃等藥材的運輸，產於隴西者，多由藥農背負到城鎮，各城鎮的藥商再將其用牲口駄運到武威，再用膠輪大車載到平涼集中；產於隴東者，則直接集運平涼，再運西安等站，用火車東運，銷往禹州、鄭縣、天津、漢口、上海等地。〔註 66〕抗戰爆發前，甘肅的藥材如當歸、大黃、甘草、黨參、秦艽、羌活、麻黃、黃芪、麝香等，屬於「河西所產者，運至包頭輸往天津；隴南所產者，由碧口（今屬甘肅文縣）出口；隴東所產者，集中平涼運陝西」，再轉火車東運。〔註 67〕

　　而平綏鐵路沿線各站如昌平、康莊、懷來、辛莊子、宣化、西灣堡、天鎮、大同、卓資山、旗下營、鐙口、包頭等處，皆盛產黃芪、知母、柴胡、大黃、赤芍等藥材。僅包頭一站，每年轉輸到平、津、滬及祁州等地的枸杞數量約達百萬斤，甘草約達 610～620 萬斤，這些「甘草每年運銷於日本爲最多，美國次之，在對外貿易上極著佳譽。在津、滬及祁州各地成莊，散銷於東南各省」。〔註 68〕

　　陝西省的三原縣，作爲陝、甘、川三省藥材的一個集散地，各地藥商均

〔註 62〕內蒙古自治區政協文史資料委員會：《旅蒙商大盛魁》，第 11 章，皮毛、藥材業務的經營，《內蒙古文史資料》第 12 輯。

〔註 63〕吳弘明翻譯整理：《津海關年報檔案匯編（1865～1911）》，1880 年貿易報告。

〔註 64〕歷聲：《新疆對蘇（俄）貿易史（1600～1990）》，第 147 頁，新疆人民出版社1993 年。

〔註 65〕閻繼敦：《清末走西營經商情況述要》，《內蒙古文史資料》第 22 輯。

〔註 66〕王肇仁：《甘肅藥材產製運銷概況》，《甘肅貿易季刊》1944 年第 10、11 期合刊。

〔註 67〕王世昌：《甘肅的六大特產》，《甘肅貿易季刊》，第 5～6 期 1943 年 9 月。

〔註 68〕平綏鐵路車務處編：《平綏鐵路沿線特產調查》，第 75 頁，1934 年印行。

在此地坐莊,「是以藥材行頗多,且多有數十年之歷史者。民元時藥行竟有 100 餘家,且全年每家營業平均皆在 10 餘萬元」。〔註69〕

二、經濟開發與生態保護問題

清中期以來,隨著市場環境的逐步改善,綏遠地區的農、牧、工商業經濟,得到了前所未有的發展,這符合社會進步的潮流,是值得肯定的。但是,這裡畢竟是一個生態環境異常脆弱的地區,其盲目性的經濟開發,很容易造成土地的沙漠化,進而從根本上影響到當地經濟的可持續發展。

從統計資料看,自清中期以降以至 1949 年以後,人們在生態條件更加脆弱(指缺乏足夠的河水灌溉條件)的鄂爾多斯高原和烏蘭察布高原上,所一直進行的高強度農、牧業開發,產生了極其嚴重的後果:鄂爾多斯地區 1948 年以前的沙化面積爲 1515 萬畝,1977 年增加到 5250 萬畝,1981 年又擴展到 1 億畝;烏蘭察布盟 20 世紀末的土地沙化面積爲 7569 平方公里(折合 11347826 畝),礫石化面積 3900 平方公里,水土流失面積 1281 平方公里,鹽漬化面積 185 平方公里,總計 11935 平方公里,占烏盟總面積 54324 平方公里的 22%。〔註70〕

西北地區近代時期的經濟開發活動,無疑在很大程度上促進了該區域社會的進步並提高了人民的生活質量。但由於經濟發展的盲目性和社會各階層的急功近利心埋,結果使得近代西北地區在走向市場經濟的時候,並沒有自覺地因地制宜,按照土地資源的合理容量進行農牧業的生產,國家和社會各界,也未能給該區域的人民足夠的保護生態環境的經濟補償,從而造成了這一地區原本脆弱的生態環境,更加雪上加霜。

如何正視歷史和現實,認真總結近代西北經濟開發過程中的經驗教訓,因地制宜,真正做到宜農則農,宜牧則牧,宜草則草,宜荒則荒,以保持當地土地資源的可持續利用,是包括西北地區在內的社會各界,特別是政府層面應該切實關切的重要課題。

〔註69〕鐵道部業務司商務科編:《隴海鐵路西蘭線陝西段經濟調查,第 109 頁》,1935 年。

〔註70〕蕭瑞玲、曹永年、趙之恒、于永合著:《明清內蒙古西部地區開發與土地沙化》,第 174、182 頁。

第七章　近代西北的域外經濟聯繫
——以與華北的市場聯繫爲中心

　　西北經濟的發展不是封閉孤立進行的，對西北經濟發展進程的考察，不能僅僅侷限在其自身的地域範圍之內，還要將視野放大到周邊區域，從而更好地反觀本區域經濟發展的特色和優勢，全面把握其經濟現代化的快慢和得失。本章從西北與華北地區間的市場聯繫爲中心，考察近代歷史時期西北地區經濟發展的空間關係和物流指向，探尋適合本區域經濟發展和域外經濟合作的有效路徑。

　　筆者研究發現，受交通地理環境和傳統政治經濟文化積澱的影響和制約，西北邊疆特別是其東部區域與華北之間、以進出口貿易爲紐帶的市場聯繫日趨緊密，進而初步形成了以華北沿海的港口城市天津爲一級市場，以華北和西北內陸的次級城市爲二級或三級市場的外向型市場網絡，擴大了雙方間的人員和物資交流，促進了西北經濟的現代化特別是其畜牧業經濟的外向化。

　　從學術史的層面來看，考察近代西北和華北 2 大區域經濟社會發展的著述有不少。但從整體上剖析其市場聯繫及其區域特色的成果，卻並不多見。筆者即試圖以此爲視角，通過相關的實證分析，爲兩大區域的近代經濟地理研究，提供一孔之見。

第一節　1850 年前的西北和華北經濟概況

一、以傳統農牧業爲主導產業的經濟形態

　　從產業結構上看，清代中期以前的西北和華北地區，商品經濟有了一定的發展，但是，游牧區傳統落後的畜牧業經濟、農耕區自給自足的種植業經

濟，以傳統農業、牧業爲主導產業的區域經濟形態，沒有發生根本性改變。

山東和直隸地處沿海，自然條件較好，交通也相對便利，因而其農副產品的商品化程度，也較華北其他地區和西北內陸地區爲高。據許檀先生研究，19 世紀中葉，山東糧食作物的商品率至少可達 20～25%，棉花、蠶桑、果樹、煙草、花生等經濟作物的種植面積低者可達 3～5%，高者則達 20～30%以上。〔註1〕直隸農副產品的商品化程度趕不上山東，並且各地發展程度也不平衡。水準較高的如欒城縣，「貨則棉布、蜂蜜、黃蠟、大靛、小靛、麻油、棉花子油，其最著曰棉花。欒地四千餘頃，稼十之四，所收不足給本邑一歲食，賈販於外濟之；棉十之六，晉、豫商賈雲集，民竭終歲之勤，售其佳者以易粟，而自衣其餘」。〔註2〕發展水準較低者如宣化，「地瘠民貧，風俗樸素，人民多務農，營商者少」。〔註3〕

上述兩個沿海省份，經濟的商品化程度，雖然有了一定的發展，但其產業結構和經濟形態方面的變化，卻並不十分明顯。地處內陸的省份，如華北地區的山西，西北地區的陝西、甘肅等地，則還要相差得更多。

圖 7-1　1820 年前後西北和華北分區示意圖

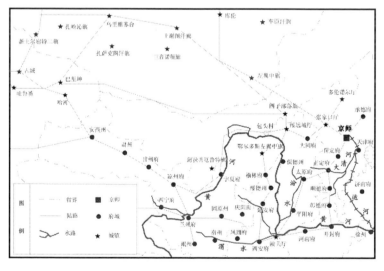

底圖爲譚其驤主編：《中國歷史地圖集（清時期一）》，中國地圖出版社 1987 年。

〔註1〕 許檀：《明清時期山東商品經濟的發展》，第 398～399 頁，中國社會科學出版社 1998 年。
〔註2〕 桂超萬等修，高繼珩等纂：《欒城縣誌》，卷二，食貨，物產，道光二十六年刻本。
〔註3〕 陳坦纂修：《宣化鄉土志》，風俗，清康熙五十年抄本。

　　據劉建生對山西的研究，該省在乾隆年間，仍以自給自足的自然經濟為主，萬泉縣農村，「俗尚節儉，男務耕耘，女務紡績」；臨汾人「居不近市，女不向街」；直到鴉片戰爭前，山西的商品經濟雖然在農業、手工業等領域裡也有了一定程度的發展，但也僅限於「萌芽」狀態而已。〔註4〕

　　張萍對陝西的研究也證明，該省經濟的發展雖然在內部有所差別，但遲至晚清時期，「自給自足自然經濟是占絕對統治地位的經濟形態」。〔註5〕耀州（今陝西耀縣），在乾隆三十年（1765年）前後，「居民務稼穡，尚蓄積，近又能種木棉，事織紡，然為布無多，不能出村落也」，〔註6〕意即當時該地雖然已經開始植棉織布，但並不用來進行交換，其農副業經濟的自給自足狀態非常明顯。甘泉縣「邑俗類皆以務農牧畜為本，讀書者稀少，亦不知事工藝、商賈之業」。〔註7〕

　　蒙古族牧民，「不諳播種，不食五穀，氈房為家，游牧為業，分佈散處。人戶殷繁，牲畜遍滿山谷。富者駝馬以千計，牛羊以萬計，即赤貧之家，亦有羊數十隻，以為糊口之資。多則食肉，夏則食乳。以牛、羊、馬乳為酒，以氈代薪，器具用木。至代煙，磚茶，尤為要需，家家時不可少。男女皆一律冠履皮靴、皮帽，冬用皮裘，夏著布衣，富者間或亦用細緞。不使錢文，鮮需銀兩。至日用諸物，均向商民以牲畜皮張易換」。〔註8〕

　　新疆，「惟和闐回人知養蠶繅絲織絹，他處桑雖多，食椹而已。惟賴種棉織布為衣，其紡車梭形雖小異，而用則同。遠近各外夷以羊馬諸貨易去，回人頗為利益，每年額收布匹，官為運送伊犁與哈薩克易換牛羊馬匹，為伊犁、烏魯木齊、巴里坤等處應用」，〔註9〕商品交換的水準是以物易物，產業結構依舊。

二、市場化的水準較低

　　吳承明的全國性研究結論表明，自宋代開始，中國國內區域市場有了明

〔註4〕　劉建生等：《山西近代經濟史》，第36～48頁，山西經濟出版社1995年。

〔註5〕　張萍：《地域環境與市場空間——明清陝西區域市場的歷史地理學研究》，第318頁，商務印書館2006年。

〔註6〕　汪灝修、鍾研齋纂：《續耀州志》，卷4，田賦志，風俗，清乾隆30年刻本。

〔註7〕　佚名編：《甘泉縣鄉土志・實業》，清光緒年稿本。

〔註8〕　佚名修纂：《烏里雅蘇臺志略》。

〔註9〕　蘇爾德纂：《回疆志》，卷二，織紝，清乾隆三十七年纂，1950年吳豐培校訂油印本。

顯的擴大，明清時期，國內統一市場的形成步伐趨於加速。到鴉片戰爭以前，無論是從商品運輸距離的長短、主要商品種類和商業城鎮數目的多少、商人資本額和農副產品商品化程度的高低等方面看，國內市場化的水準有了很大的提高。〔註10〕許檀的研究指出，從明代到清代中期，國家一級稅關由 8 個變成了 20 餘個，其中運河沿線 7 關在全國稅收當中的比重也由明代的 90% 下降到清初的 50% 再降爲嘉慶年間的 30%，沿海和沿江諸關所占的稅收比重在不斷地上升，表明傳統的商貿核心區由運河沿線逐漸向沿海和沿江貿易帶轉移，中國商品經濟在內涵和外延上都得到了一定的拓展。但是，在廣州一口對外通商的外貿格局下，以京師和省府縣治爲核心的國內市場格局並沒有發生根本性的改變。以華北地區的天津爲例，雖然作爲運河和沿海水運的雙重樞紐，它已經發展成爲北方地區最大的沿海港口，但是，爲北京轉運漕糧和其他物資，依然是它最根本的任務。在天津集散的南北貨物「除供天津本地消費外，絕大部分轉運北京，也有一部分沿運河南下銷往直隸各府」。〔註11〕

　　換句話說，受市場發育程度和中央集權政治體制的制約，直到清代前期，市場經濟的發展，依然嚴重依附於政治統治和國內市場的需要。最明顯的表現，就是從首都到省城、從府治到縣城的各級行政中心，就是各級各地的經濟中心。經濟中心和政治中心合而爲一，並在城市的職能上完全從屬於後者。就全國而言，清代中葉以前的北京，既是全國的政治中心，也是最大的消費型經濟中心城市；〔註12〕就華北而言，當時北京的影響力度相當強大。在市場層次上，無論是居於大運河沿線、專爲北京轉運漕糧和南方其他消費品的商業城市濟寧、臨清、天津，還是處於中俄恰克圖貿易重要中繼站上、爲北京供應皮張和牧畜的張家口，其主要的經濟功能，無不在於爲首都北京的正常運轉而提供全方位的服務。在城市體系上，自元至清，以北京爲核心，逐步形成了半徑大小不同的 3 個完整而嚴密的城市圈，直接涵蓋了華北大部和東北南部地區的大、中城市。「假如把北京比作一顆最明亮的星，它們就是環繞在北京周圍的主要衛星城鎮。在它們周圍，又有一群更小的縣鎮，像更小的星體被它們所吸引，環繞在這些中等城市的四周」，〔註13〕從而結成以北

〔註10〕吳承明：《中國的現代化：市場與社會》，三聯書店 2001 年。

〔註11〕許檀：《明清時期城鄉市場網路體系的形成及意義》，《中國社會科學》2000年第 3 期。

〔註12〕孫健主編：《北京古代經濟史》，第 265～267 頁，燕山出版社 1996 年。

〔註13〕王玲：《北京與周圍城市關係史》，燕山出版社 1988 年，第 76～80 頁。

京爲樞紐，以各級行政中心爲基礎的華北國內市場網路。

　　陝西是西北地方經濟發展水準較高的省份。清代中期，陝西傳統集市的發展達到了高峰，「集期類型多樣，多以旬爲單位，除旬二日、三日集分佈較廣泛外，有別於華北、江南，在關中及陝北地區也存在一些以旬一日爲集期的集市，顯示出清代陝西集市發展水準較低。在渭河沿岸存在一條普遍以日集或單、雙日集爲周期、開市頻率非常高的集市分佈帶，但從集市商品構成等方面來看，並不代表陝西商業發達，以及市場化程度高」；並且，集市最爲密集之處，即常年能夠每日開市的地方，「主要存在於陝西各縣城市」，而可以「這樣頻繁開市的市鎮無論在關中還是陝南、陝北均不占多數」。〔註14〕至於自然和交通條件更差的西北其他省份，經濟的市場化程度，應該比陝西還低。

三、區域之間的經濟聯繫鬆散

　　研究表明，受交通和市場化發展水準的限制，清中葉之前的西北和華北兩大區域，相互之間的市場聯繫是非常稀疏的；而清王朝的民族分化政策，更進一步阻礙了蒙古草原、青藏高原等地區與華北內地的經濟交流。

　　清朝建立以後，北方的民族對立關係有所鬆馳，但是，爲抑制蒙古族的發展壯大，清初，中央政府不僅嚴厲禁止蒙古族內部的商品交易，而且還嚴格限制蒙古民眾赴內地貿易；只有經過特許的漢族旅蒙商人，才可以從事蒙古草原與中原地區之間的商品交易。〔註15〕草原民族對內地的商品交換，也必須在蒙古王公的組織之下，依照指定的城市和路線才可以進行。這種受到嚴格限制的區際貿易，往往在深秋和冬初時節進行。屆時由蒙古王公所派出的官吏，把草原腹地參與交易的皮毛與牲畜集中起來，組成浩浩蕩蕩的官方商隊，一路跋涉到蒙漢邊界的指定城市如歸化城、張家口廳等處，與漢人進行原始的物物交換。〔註16〕一直到乾隆年間，清政府通過軍事征服，平定了邊疆地區的幾次大規模叛亂、強化了對北方地區的控制之後，才放鬆了對蒙古草原在商業方面的限制，允許內地的漢族商人，即旅蒙商人或稱撥子（貨

〔註14〕張萍：《從集市結構與商品組合看清代陝西集市發展的地域特徵》，《人文雜誌》
　　　　2009 年第 2 期。
〔註15〕阿岩、烏恩：《蒙古族經濟發展史》，第五章"清代蒙古族經濟"，（呼和浩特）
　　　　遠方出版社 1999 年。
〔註16〕盧明輝、劉衍坤：《旅蒙商──17 世紀至 20 世紀中原與蒙古地區的貿易關
　　　　係》，第 27 頁，中國商業出版社 1995 年。

郎）商，進入草原腹地，用內地所產的茶葉、布匹或其他日用品，與蒙古牧民的細皮張或牲畜相交換。旅蒙商人再把從牧區交換來的牛羊活體，賣到華北城鄉；收購來的細皮張，則在山西和張家口等地加工成皮革或者裘皮料子之後，再轉銷到華北、東北等地。內地的各種日用品也經過旅蒙商人的販運，而流入西北的草原地區。〔註17〕

西北地區內部很早就有依託驛道進行的物資交流；跨越西北、華北區域界限的陝晉、陝豫貿易也早已展開，清代中期依然。關中產的糧食、棉花是山西的主要進口貨；而山西的潞鹽、鐵、煤炭又是關中的重要進口商品。地處中原的河南因交通方便，不僅河南本省，而且山東、河北的許多商品如雜貨、藥材、海貨等，也通過河南運銷到關中；關中銷往河南的主要是棉花、牲畜和其他土產。陝晉豫三省間的主要商路有 3 條，一是由汴洛到潼關的傳統驛道；二是由西安或涇陽、三原走渭北的同州府，再經大慶關過黃河而進入山西蒲州等地的商路；三是介於上述兩條陸路通道之間、經由渭河連接黃河、汾河的水運商路。〔註 18〕另外，陝北、晉西的沿黃州縣之間，也有通過兩岸密佈的渡口，進行跨河的貿易。〔註 19〕

不過，由於受傳統交通方式和經濟發展水準的制約，西北、華北區域內部及其跨越區域界限的物資交流，依然束狹在國內區域市場的範圍之內，雙方之間更大規模、更多領域、更高層次的市場聯繫，還是近代口岸開放以後的事情。

第二節　近代西北與華北市場聯繫的加強

清代中期以後，中國和歐美國家之間的接觸日益頻繁起來。在西方列強的武力脅迫之下，清政府通過條約開放和自我開放的形式，先後在中國北方的沿邊、沿海和內陸地區，向國際市場開放了 59 個通商口岸。〔註 20〕其中，西北地方的分別是伊犁（1852 年）、塔爾巴哈臺（1852 年）、喀什噶爾（1861

〔註17〕 內蒙古政協文史委：《旅蒙商大盛魁》，《內蒙古文史資料》第 12 輯。

〔註18〕 張萍：《明清陝甘交通道路的新發展與絲綢之路變遷》，《絲綢之路》2009 年第 6 期。

〔註19〕 張萍：《黃土高原原梁區商業集鎮的發展及地域結構分析——以清代宜川縣為例》，《中國歷史地理論叢》2003 年第 3 期。

〔註20〕 樊如森：《近代北方城鎮格局的變遷》，《城市史研究》第 25 輯，天津社會科學院出版社 2009 年。

年）、庫倫（1861 年）、迪化（1881 年）、吐魯番（1881 年）、哈密（1881 年）、古城（1881 年）、肅州（1881 年）、科布多（1881 年）、烏里雅蘇臺（1881 年）、歸化（1914 年）、包頭（1921 年）等 13 個；華北地區的分別是登州（1860 年，實際爲煙臺）、天津（1860 年）、青島（1898 年）、威海衛（1898 年）、秦皇島（1901 年）、濟南（1906 年）、周村（1906 年，今山東淄博市）、濰縣（1906年，今山東濰坊市）、多倫諾爾（1914 年，今內蒙古多倫市）、龍口（1915 年）、張家口（1916 年）、赤峰（1917 年）、濟寧（1921 年）、海州（1921 年，今江蘇連雲港市）、鄭縣（1922 年，今河南鄭州市）、徐州（1922 年）等 16 個。西北、華北兩個區域的通商口岸總數達到 29 個，分別占北方和全國商埠總數（115 個）的 49% 和 25% 強，充分顯示出這兩大區域由封閉走向開放的驚人速度和實力，把西北與華北之間的市場聯繫在外向型經濟的層面上，提升到了一個全新的高度。

　　當然，受交通條件和口岸輻射強度的限制，從空間範圍上看，新疆大部和蒙古草原西部的貨物，主要還是經由新疆西部的口岸流向俄國市場；而青海、甘肅、寧夏、綏遠、陝西、新疆東部和蒙古草原東部的貨物，卻主要經由華北的沿海口岸大津流向中國沿海、日本和歐美市場。從時間上看，雙方的外貿關聯又以 20 世紀初年爲界，分爲傳統交通和現代交通兩個階段。

一、雙方傳統交通下的外貿關聯

　　口岸開放以後，西北和華北地區之間以進出口貿易爲紐帶，建立起了越來越多的市場聯繫。這種外貿關聯的國內終點市場之一，就是天津。

　　儘管到清代中葉，天津已經成爲華北最大的商業中心和港口城市了，[註21]但是，在以北京爲核心的國內政治經濟體系下，天津依舊不過是一個河海漕運中繼碼頭的配角身份，當地以民間貿易爲基礎的地方經濟，根本無法支撐天津的獨立貿易地位。祇是在 1860 年清政府被迫宣佈天津爲對外貿易的通商口岸、并允許 9 個國家在這裡建立起了享有治外法權的租界之後，北京對天津的掌控力度才變得越來越小，天津優越的地理區位和深厚的經濟發展潛質，才得到越來越多的釋放。與此同時，西北與華北之間的商品交流也在原有基礎上，開始越來越多地跨越北京，經由天津而加入到沿海和國際市場中去。

〔註21〕許檀：《清代前期的沿海貿易與天津城市的崛起》，《城市史研究》第 13～14
　　　　輯。

　　津海關貿易報告顯示，天津開埠之初，西北地方與天津之間的進出口貿易關係，就逐步建立起來。1865 年，在天津的出口貨物當中，出現了歸化城（今呼和浩特市）一帶的皮毛；天津的進口貨物，也開始運銷到「陝省之西安府、同州府（治今大荔縣）及興安府（治今安康縣），餘則運往蒙古之西南部」。到 1876 年，天津出口的駝毛 95% 購自歸化城，來自陝西、甘肅等地的大黃，不僅數量較前增加了，而且西寧府所產者還被視爲類中精品；此外，陝西、甘肅、蒙古西部所種植的鴉片，運到天津銷售的也不少。另一方面，天津洋貨輸往西北的也較前增多了。1890 年，外來「洋貨俱由本口運往河南、山西、陝西、甘肅等省銷售」。僅陝西一省，1902 年由天津輸入的洋貨就達 34,000 兩，1903 年爲 65,000 兩，1904 年爲 60,000 兩。〔註 22〕在由西北運往天津的各種貨物當中，以羊毛所占的比重最大；就區域而言，又以甘肅省的寧夏府、蘭州府、西寧府、甘州、涼州和山西省歸化城、包頭一帶最爲集中；〔註 23〕天津所出口的所有畜產品中，直接來自西北牧區的，至少要在 1/3 以上。〔註 24〕鑒於西北地方已逐步發展成爲天津重要的進口貨物銷售市場和出口貨物來源地之一，所以時人呼籲「津埠必須籌畫將商務向西推廣，緣甘肅、陝西兩省每年購運洋貨者實繁有徒也」。〔註 25〕

　　不過這一時期，西北與華北地區之間的主要貨物運輸手段，水路主要靠木船和皮筏，陸路主要靠駱駝和牛車。行進速度相當遲緩，承載的畜產品總量也非常有限。據載，「茶葉貿易之殊形繁昌，歸因於蒙古牧草異常豐茂，彼處殆皆用作駄畜之大群單峰駝，向以此草爲生，芻秣之豐歉於此項貿易之繁盛甚有影響。只緣 1885 年芻草歉收，單峰駝餓斃者甚夥，俾行此路之運茶工具極形短缺。牧草供應之無常，運輸工具便無所保證。如是則使若干俄商首領，籌畫鋪設一條輕便之窄軌鐵路，以便貫穿張家口至庫倫之蒙古草原」。〔註 26〕水路方面，從包頭運貨到寧夏府（治今銀川市），短短 1058 華里的水程，上行的木船，至少

〔註 22〕 吳弘明翻譯整理：《津海關年報檔案匯編（1865～1911 年）》，相關年份報告，天津市檔案館、天津社科院；歷史所刊印 1993 年。

〔註 23〕 日本中國駐屯軍司令部：《天津志》，侯振彤中譯本名爲《二十世紀初的天津概況》，第 291 頁，天津市地方史志編修委員會總編輯室 1986 年。

〔註 24〕 樊如森：《西北近代經濟外向化中的天津因素》，《復旦學報（社科）》2001 年第 6 期。

〔註 25〕 吳弘明翻譯整理：《津海關年報檔案彙編（1865～1911 年）》，1907 年華洋貿易情形論略。

〔註 26〕 吳弘明翻譯整理：《津海關年報檔案彙編（1865～1911）》，1886 年貿易報告。

需要 1 個月、長則需要 50～60 天才能到達。這還沒有把黃河每年長達近 5 個月的冰凍封河期考慮在內。〔註 27〕而且，貨物從甘、青、寧、新運到歸化或包頭等地後，還需要再換用行進緩慢的駝隊，再經過大量的時日才能抵達天津口岸。交通運輸的落後，成為制約西北華北之間市場聯繫一個的瓶頸。

二、交通現代化與雙方外貿關聯的增強

進入 20 世紀特別是民國時期以後，與西北華北市場聯繫加強密切相關的交通技術和設施有了很大改進，主要體現為鐵路與公路建設的發展。

鐵路交通方面，在東面的北方，早在 1881 年就修通了從唐山到胥各莊的鐵路；1888 年唐胥鐵路又經北塘、大沽延展到了天津。到 20 世紀初，膠濟（1904）、京漢（1906）、京奉（1907 年）、正太（1907 年）、京張（1909）、津浦（1912）等鐵路，也得以迅速鋪設並通車。1915 年經張家口、北京連通天津的京張鐵路，向西延伸到豐鎮，併於 1921 年擴展至歸綏，1923 年再修至包頭，成為吸納西北畜產品源源東流的大動脈。在東面的南方，1931 年，隴海鐵路向西延伸到潼關，1935 年展至西安，1936 年又修到了寶雞；同時，陝西境內的 3 條支線鐵路渭白線（渭南——白水）、寶鳳線（寶雞——鳳縣）、咸同線（咸陽——同官）也相繼建成，成為陝、甘、青聯繫華北地區的又一條現代化運輸通道。

「出口土貨，曩之用駝或土車或船隻載運來津，受途中種種耽延，種種遺失者。今則雖仍用舊法載運，不過自產地至本省之張家口，或豐臺或晉省之太原府，即可易由火車轉運本埠矣，故遲誤既少，傷耗亦輕。本年出口之貨……進步堪為猛銳」；〔註 28〕「陝西棉花向外輸出，歷年漸呈便利。當民國初年火車尚未至陝州（今河南省陝縣）之前，陝西棉花向外輸出，皆係由水路運輸。及至氾水，必需經下門、三門之險，當時運輸棉花，除時間長久之外，其危險非今日所能夢想，偶一不幸，則全舟覆沒，生命難保。至民國 10 年後，鐵路西展，水路運輸之路程漸次縮程，改由陝州登陸，而將三門之險完全避免。然沿河西岸，匪氛極熾，加以兵事頻仍，陝西棉商仍受損失。及至 22 年，火車通至潼關，轉運公司隨之而來，陝西棉花之東運者，皆由此處

〔註 27〕馬廷誥：《包頭交通運輸業梗概》，《包頭文史資料選編》第 5 輯。
〔註 28〕吳弘明翻譯整理：《津海關年報檔案彙編（1865～1911）》，1909 年華洋貿易情形論略。

裝車，棉商運輸，不特免除危險，而節省運費，縮短時間，更稱便利，此爲陝西棉花運輸史上最光榮之一頁。不獨運輸方面有利於商，而間接所得之利益，如押匯以流通金融，保險以免危險，更非昔日所能享受。以此之故，引來外省棉商爲數不少。……23 年火車通至渭南，大部分棉花皆由渭南裝車。……繼則火車達至西安，則更由多數由西安起運」。〔註29〕

在鐵路建設的同時，華北和西北地方的現代公路建設，也快速興起並發展起來。天津市內最早出現汽車的時間是 1910 年；1915 年第一家汽車行在天津開業；1917 年汽車開始在天津的貨物運輸中使用，此後逐步地普及開來。隨著汽車運輸業的發展，用於行駛汽車的公路也得到了修建。天津至北京、天津至保定、天津至霸縣、天津至德州、天津至鹽山、天津至白溝、天津至大沽、天津至滄州等幾條較爲正式的近代公路，逐步修築起來。到 1927 年，天津的商營汽車公司和運輸行，已發展到了 69 家，經營客、貨運輸的汽車在100 輛以上，並且大都具有了較爲固定的營運路線。與此同時，西北各省如綏遠、新疆、甘肅、陝西等地的現代公路建設，也有了很大的發展（參見第五章第一節）。汽車作爲一種新式的運輸工具，以其比較靈活、快捷的優點，成爲火車運輸的延伸和補充，從而爲西北、華北內部及其相互之間的經濟交流，提供了便捷的現代化運輸手段。

市場環境的改善，不僅指西北華北之間經濟交流的國內市場份額有了增加，更是指第一次世界大戰爆發後，由於交戰各國對中國西北畜產品、藥材等需求的大幅度增加而帶來的更加遼闊的國際市場。交通條件和市場環境的改善，便強化了西北華北之間的市場聯繫與雙方經濟外向化的進程。

清朝末年，天津洋行如仁記、新泰興、平和、瑞記等多家。他們將收購到的羊毛、皮張、腸衣、藥材、豬鬃等，先雇用皮筏子沿黃河水運至包頭，再通過陸路將其運到天津出口。〔註30〕民國時期，甘肅的對外輸出貨物如皮毛、水煙和藥材。多用皮筏沿黃河順流而下包頭，然後由平綏鐵路轉北寧鐵路至天津出口。

河套地區以歸綏、包頭爲中心，收集黃河上游和蒙古高原各地的皮毛和藥材，經過京包鐵路運到天津出口；同時把天津進口來的大量沿海和國外工業品，運銷到西北各地銷售。包頭的 21 家皮毛店，每年從青海甘肅陝北蒙古

〔註29〕 鐵道部業務司商務科編：《隴海鐵路西蘭線陝西段經濟調查》，第 58～59 頁。
〔註30〕 《甘肅文史資料選輯》，第 8 輯。

等地採購的各類絨毛約 600 萬斤，各類皮張 11 萬張，均銷售到天津等地，共值 250 萬元。〔註31〕

　　1924 年以前，外蒙古地區以恰克圖、庫倫、烏里雅蘇臺、科布多等地為商業中心，經由張家口等地對天津口岸的畜產品出口貿易仍然相當繁盛。中國內地商人在外蒙古市場上已經形成了一張系統嚴密的、大商號分號與獨立小商號交叉的、以天津終點市場的進出口貿易網絡。中國內地在外蒙的大商號分為北平幫和山西幫，總數約 25 家，基本操縱了外蒙通過天津的進出口貿易。其主要做法是，各大商號在各主要貿易中心均設立自己的分號，分號下面再設立支店於蒙古小鎮，如萬庫林、沙布克、萬金、庫林、烏蘭哥姆、哈達海爾等地。此外，小鎮上的支店再設分店到各草原、各盟旗、各寺院中進行流動貿易。至於名義上不隸屬於各大商號及其分號的獨立的小商號，限於人力物力的單薄，只好憑信用到大商號進貨，成為大商號實際上的附庸和支店。〔註32〕

　　1924 年以後，受蘇聯操縱的外蒙古分裂主義者，建立了半獨立於中國中央政權之外的地方割據政權，外蒙地區與中國內地的傳統經濟聯繫受到了很大的消弱。主要表現為蘇聯不僅繼承了沙俄政府在外蒙的做法，而且進一步通過干預和滲透外蒙的政治、財政、金融、外貿政策和組織，控制了蒙古的經濟命脈。到 1926 年之後，「蘇聯之商業交換，益趨發展。反之，向在外蒙營業順利之各國，特別是華商，由於外蒙政府之壓迫私營貿易，漸次陷於沒落之厄運」；1918 年，外蒙古地區「有華商 400，俄商僅 50，惟至 1926～27年度，華商遂減至 60，最有力之 2 英國商行，亦迫不得已而退卻，外蒙所產羊毛 80%入蘇聯之手。結果，蘇聯對蒙之輸出入總額比率，1924 年僅 17%，1926 年遂增至 29%。關於羊毛之輸入，1924 年僅為 18%，1926 年激增至77.7%」；到 1930 年代，中國內地對外蒙地區的貿易，「僅有少量茶葉輸出，向來華商經營外蒙所產之羊毛、毛皮、生皮及鞣皮等之委託販賣品，已完全不見於中國市場矣」。〔註33〕

　　民國時期陝西經濟的發展，以 1934 年 12 月隴海鐵路陝西段修至省城西安為標誌，分為前、後兩個階段。前段的經濟發展以驛路和水路為主幹的傳

〔註31〕綏遠省政府編：《綏遠概況》，下冊，1933 年編印，第 67～71 頁。

〔註32〕〔蘇〕克拉米息夫著、王正旺譯：《中國西北部之經濟狀況》，第 21 頁。

〔註33〕〔日〕吉村忠三著、李祖偉譯：《外蒙之現勢》，第 65～66 頁，上海商務印書館 1937 年。

統交通運輸體系爲基礎，後段的經濟發展以鐵路和公路爲主幹的現代交通運輸體系爲基礎。在後一個發展階段裡，位於抗戰後方的陝西，則進入了一個經濟上快速發展的黃金時期，初步建立起了相對完整的現代化農、工、商業體系，從而爲進一步強化和周邊其他省份，包括華北地區的經濟聯繫，奠定了物質和技術基礎。〔註34〕

民國時期陝西一省與華北地區的經濟交流，依然主要通過晉、豫二省進行。在「陝北東面，濱臨黃河東岸，爲山西省界。因有渡口之便，乃以此爲陝北交通唯一之捷徑。同時全部金融，亦多爲晉商所掌握。南北往來之行旅，均以渡河取道山西爲便。其在綏德方面，則由吳堡過河至軍渡，可直通汾陽。在延長一帶，則有屹鎮渡口。在韓城、朝邑各縣，則有芝川鎮、大慶關等渡口。故陝北對於本省，除政治上有相當聯絡外，其他則因交通之梗阻，反不若與山西關係之密切」。註35〕「陝省如中部、洛川、鄜縣、甘泉、膚施、延長、延川、宜川、韓城及榆林區各縣，年產（羊毛──筆者）數千萬斤。除供當地自制氈毯外，皆運往晉省，或經潼關，由本路（隴海鐵路──筆者）運至津、滬各埠，輸出外洋」。〔註36〕抗戰爆發以前，「陝北及綏西南各旗羊毛之運銷，多半集中榆林、安邊、神木等地，用大批駱駝或驢、騾馱運至包頭，經絨毛店轉售於包頭之中外商人，亦間有（經平綏鐵路──筆者）自行運往天津出售者。戰後，一部爲財政部貿易委員會富華公司陝豫分公司榆林收購處收買，一部用於當地之毛紡業，一小部份則仍流往敵區（包頭）」，〔註37〕運銷數量依舊相當可觀。

正是在上述新的交通和市場環境之下，西北華北兩個區域之間的經濟交流，取得了非常明顯的成效。1925 年前後，天津一埠僅輸出的羊毛一項，「青海、甘肅居其五成，山陝居其成半，蒙古居其二成半，直魯約居一成」。〔註38〕七·七事變前，西北羊毛已經佔據了天津該類畜產品出口總量的 2/3 以上，成爲天津最主要的畜產品出口基地。〔註39〕

〔註34〕樊如森：《陝西抗戰時期經濟發展述評》，《雲南大學學報（社科）》，2009 年第 5 期。

註35〕 陝西實業考察團：《陝西實業考察·交通·陝北交通之考察》，上海中文正楷書局 1933 年。

〔註36〕隴海館編輯：《第四屆鐵展會隴海館專刊》，1935 年 7 月 10 日刊行，"沿線物產"。

〔註37〕王遇春：《陝北羊毛》，《陝行匯刊》，1941 年第 5 期。

〔註38〕北京西北週刊社《西北週刊》第 15 期，1925 年 5 月 24 日版，第 2 頁。

〔註39〕李洛之、聶湯穀：《天津的經濟地位》，第 36 頁 31 表，經濟部駐津辦事處，

　　進入抗日戰爭時期以後，西北地區與華北的經濟聯繫遭到了嚴重削弱。但是，經濟問題畢竟不能完全等同於政治和軍事問題，所以，兩大區域之間長期形成的市場經濟聯繫，還是頑強地保持了下來。厚和（今呼和浩特市）、包頭依然是綏遠地區最大的工商業中心，也是河套地區的糧食、蒙古草原以及黃河上游羊毛的集散地。1942 年的數據顯示，察哈爾和綏遠所在的所謂蒙疆，是京津地區的重要農畜產品供給地。京津所需穀物的 50%約 17 萬噸，所集羊毛的 96%約 2700 萬斤，均來自蒙疆。〔註 40〕

三、以天津爲龍頭的西北華北外向型市場網絡

　　隨著西北華北經濟聯繫的不斷加強，到 1930 年代，兩大區域之間面向東方、以天津爲龍頭的外向型市場網路已經基本形成。在天津這個中心城市即一級市場之下，統領著 8 個次級城市即二級市場，包括華北地區的鄭縣（今河南鄭州市）、陽曲（今山西太原市）、張家口、西北地區的西安、蘭州、包頭、古城、庫倫。次級城市如西北地區的寶雞、平涼、歸綏、迪化、烏里雅蘇臺等，又統領其下的中小城市即三級市場，中小城市再輻射其下的鄉村市場即初級市場（詳細情況參見第三章第二節）。

圖 7-2　1934 年以天津爲龍頭的西北華北外向型市場網絡示意圖

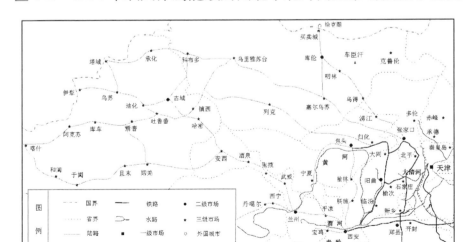

底圖爲申報館 1933 年出版的《中華民國分省地圖》

　　1948 年印行。

〔註 40〕〔日〕山田武彥：《蒙疆の農村》，第 247、259 頁，大阪錦城出版社 1943 年。

以天津爲龍頭的西北華北外向型市場網絡的構建，增進了西北華北之間的人員、物資交流，加快了雙方經濟現代化、特別是西北畜牧業經濟外向化的步伐。資料顯示，1920 年代以後，西北羊毛已經占到中國最大羊毛輸出口岸天津對外出口總量的 2/3，而羊毛等畜產品又是中國北方最大工商業城市天津出口貿易的三大支柱之一。〔註 41〕足見近代西北與華北市場間的聯繫強度和重要地位。

不斷擴大和強化與西北地區之外其他區域國內和國際市場的聯繫，不斷提升本區域農牧工商業的市場化、外向化和現代化水平，既是近代西北經濟地理格局演變的結果，也是其成功的經驗。

〔註41〕樊如森：《天津——近代北方經濟的龍頭》，《中國歷史地理論叢》2006 年第 2期。

參考書目

一、參考著作

1. 桂超萬等修、高繼珩等纂：《欒城縣志》，卷二食貨，道光二十六年刻本。

2. 陳坦纂修：《宣化鄉土志》，風俗，清康熙五十年抄本。

3. 《清實錄》，聖祖仁皇帝實錄（三），康熙五十六年，中華書局影印 2008年。

4. 常景星修，張燁纂：《隆德縣志》，上卷，風俗，康熙二年刻本。

5. 張之濬等修纂：《古浪縣志》，風俗志，乾隆十五年刻本。

6. 汪灝修、鍾研齋纂：《續耀州志》，卷 4，田賦志，乾隆二十年刻本。

7. 蘇爾德纂：《回疆志》，卷二，織紝，乾隆三十七年纂，1950 年吳豐培校訂油印本。

8. 傅恒等修纂：《欽定皇輿西域圖志》，卷三十九風俗，乾隆四十七年增修。

9. 佚名修纂：《烏里雅蘇臺志略》，《中國地方志叢書·塞北地方》第 39 號，臺灣成文出版社 1968 年影印。

10. 張穆著、何秋濤校補：《蒙古游牧記》，同治六年（1867 年）刻本，張正明、宋舉成點校，太原山西人民出版社 1991 年。

11. 左宗棠：《左文襄公全集·奏稿》，光緒十六年刊本。

12. 《欽定大清會典事例》，光緒二十五年纂。

13. 譚紹裘纂：《扶風縣鄉土志》，卷二物產，1906 年刊印。

14. 佚名纂修：《五原廳志稿》，下卷，風俗志，光緒三十四年刻本。

15. 〔俄〕婆茲德奈夜夫著：《蒙古及蒙古人》，天津北洋法政學會 1913 年。

16. 〔日〕松本儔著：《東蒙古の眞相》，東京兵林館 1913 年。

17. 張獻廷撰：《新疆地理志》，山東高等師範學校 1914 年石印本，《中國方志叢書·西部地方·第八號》，臺灣成文出版社印行。

18. 鍾廣生撰：《新疆志稿》，卷之二，商務，民國年間鉛印本。

19. 徐珂編：《清稗類鈔》，第五冊，農商類，上海商務印書館 1917 年。

20. 林競著：《新疆紀略》，日本東京天山學會 1918 年。

21. 卓宏謀編著：《最新蒙古鑒》，北京西城豐盛胡同四號卓宅發行 1919 年。

22. 東方雜誌社編纂：《蒙古調查記》，上海商務印書館 1923 年。

23. 督辦運河工程總局編輯處編著：《調查河套報告書》，北京京華印書局 1923 年。

24. 白眉初編：《中華民國省區全志》，北京求知學社 1924 年。

25. 劉安國編：《陝西交通契要》，內部刊印 1924 年。

26. 漆樹芬著：《經濟侵略下之中國》，上海獨立青年雜誌社 1926 年。

27. 吳世勳編：《河南》，上海中華書局 1927 年。

28. 劉虎如著：《外蒙古一瞥》，上海商務印書館 1927 年。

29. 包羅多著：《外蒙古》，上海崑崙書局 1928 年。

30. 劉濟南修，曹子正纂：《橫山縣志》，卷三，實業志，民國十九年石印本。

31. 張心澂著：《中國現代交通史》，上海良友圖書印刷公司 1931 年。

32. 鐵道部財務司調查科編：《包寧線包臨段經濟調查報告書》，內部刊印 1931 年。

33. 戴季陶等著：《西北》，南京新亞細亞學會 1931 年。

34. 交通部、鐵道部交通史編纂委員會：《交通史航政編》，黃河上游，內部刊印 1931 年。

35. 林競著：《西北叢編》，上海神州國光社 1931 年。

36. 呂咸等修，王文墀等纂：《臨河縣志》，卷中，紀略，商業，民國二十年鉛印本。

37. 馬鶴天著：《內外蒙古考察日記》，南京新亞細亞學會 1932 年。

38. 許濟航編：《陝西省經濟調查報告》，南京財政部直接稅署經濟研究室 1933 年。

39. 〔蘇〕克拉米息夫著，王正旺譯：《中國西北部之經濟狀況》，上海商務印書館 1933 年。

40. 陝西實業考察團編：《陝西實業考察》，上海中文正楷書局 1933 年。

41. 卓宏謀編著：《包寧鐵路建設與計畫》，北平東城王駙馬胡同卓宅 1933 年。

42. 杜延年、孫毓鈞編輯：《綏遠省實業視察記》，北平萬國道德總會 1933 年。

43. 吳紹璘編著：《新疆概觀》，南京仁聲印書局 1933 年。

44. 綏遠省政府編：《綏遠概況》，內部編印 1933 年。

45. 汪公亮著：《中國西北地理大綱》，朝陽學院講義 1933 年。

46. 平綏鐵路車務處編：《平綏鐵路沿線特產調查》，內部印行 1934 年。

47. 行政院農村復興委員會編：《陝西省農村調查》，上海商務印書館 1934 年。

48. 華北農產研究改進社編：《天津棉花運銷概況》，內部刊印 1934 年。

49. 華北水利委員會編印：《黃河中游調查報告》，華北水利委員會發行 1934 年。

50. 張其昀、任美鍔合編《本國地理》上、中、下冊，南京鍾山書局 1934 年。

51. 王益厓著：《高中本國地理》，上海世界書局 1934 年。

52. 顧執中、陸詒：《到青海去》，上海商務印書館 1934 年。

53. 青海省政府民政廳編：《最近之青海》，南京新亞細亞學會出版科 1934 年。

54. 鐵道部業務司商務科編：《隴海鐵路甘肅段經濟調查報告書》，鐵道部業務司商務科 1935 年。

55. 鐵道部業務司商務科編：《隴海鐵路西蘭線陝西段經濟調查報告書》，鐵道部業務司商務科 1935 年。

56. 賀揚靈著：《察綏蒙民經濟的解剖》，上海商務印書館 1935 年。

57. 傅作霖編著：《寧夏省考察記》，南京正中書局 1935 年。

58. 隴海館編輯：《第四屆鐵展會隴海館專刊》，內部刊行 1935 年。

59. 陳言著：《陝甘調查記》上、下冊，北平北方雜誌社 1936 年。

60. 全國經濟委員會：《山西考察報告書》，南京全國經濟委員會 1936 年。

61. 潘益民編：《蘭州之工商業與金融》，上海商務印書館 1936 年。

62. 楊文洵等編：《中國地理新志》，上海中華書局 1936 年再版。

63. 蔣軍章編著：《新疆經營論》，南京正中書局 1936 年。

64. 譚惕吾著：《新疆之交通》，北平禹貢學會 1936 年。

65. 曾問吾著：《中國經營西域史》，上海商務印書館 1936 年。

66. 高良佐著：《西北隨軺記》，南京建國月刊社 1936 年。

67. 實業部國際貿易局編纂：《中國實業志（山西省）》，內部刊印 1937 年。

68. 佚名纂修：《中部縣鄉土志》，商務，民國二十六年鉛印本。

69. 廖兆駿纂：《綏遠志略》，南京正中書局 1937 年。

70. 〔日〕吉村忠三著、李祖偉譯：《外蒙之現勢》，上海商務印書館 1937 年。

71. 周振鶴著：《青海》，長沙商務印書館 1938 年。

72. 獨立出版社編：《我們的外蒙古》，漢口獨立出版社 1938 年。

73. 黃奮生編：《蒙藏新志》，廣州中華書局 1938 年。

74. 〔日〕一氏義良編：《最新北支那寫真帖》，東京市綜合美術印刷社 1938年。

75. 周宋康著：《山西》，上海中華書局 1939年。

76. 王望編：《新西安》，上海中華書局 1940年。

77. 馬凌甫編著：《青海調查報告》，西北實業調查團 1940年。

78. 馬無忌著：《甘肅夏河藏民調查記》，貴陽文通書局 1941年。

79. 王志文編著：《甘肅省西南部邊區考察記》，蘭州甘肅省銀行經濟研究室 1942年。

80. 〔日〕米内山庸夫著：《蒙古草原》，東京改造社 1942年。

81. 經濟部資源委員會經濟研究室編著：《隴海（潼寶）沿線經濟調查》，經濟部資源委員會經濟研究室 1942年。

82. 察哈爾蒙旗特派員公署編：《偽蒙政治經濟概況》，重慶正中書局 1943年。

83. 任美鍔、張其昀、盧溫甫著：《西北問題》，重慶科學書店 1943年。

84. 韓清濤編著：《今日新疆》，貴陽中央日報總社 1943年。

85. 許公武匯編：《青海志略》，重慶商務印書館 1943年。

86. 周開慶編：《西北剪影》，重慶中西書局 1943年。

87. 蔣中正著：《中國之命運》，重慶正中書局 1943年。

88. 〔日〕山田武彥著：《蒙疆の農村》，大阪錦城出版社 1943年。

89. 余正東等纂修：《宜川縣志》，卷十八，衛生志，1944年刊。

90. 徐旭著：《西北建設論》，重慶中華書局 1944年。

91. 甘肅省銀行經濟研究室編：《甘肅之工業》，蘭州甘肅省銀行印刷廠 1944年。

92. 甘肅省銀行經濟研究室編：《甘肅之特產》，內部刊印 1944年。

93. 崔宗塤編：《河南省經濟調查報告》，財政部直接稅署經濟研究室 1945年。

94. 許公武編：《青海志略》，鉛印本 1945年。

95. 張之毅著：《新疆之經濟》，重慶中華書局 1945年。

96. 楊景雄、李慶成、邱祖謀、盛敘功、葛尚德繪編：《中華民國最新分省地圖》，上海寰澄出版社 1946年。

97. 葉祖灝著：《寧夏紀要》，南京正論出版社 1947年。

98. 黃河治本研究團編：《黃河上中游考察報告》，南京水利委員會發行 1947年。

99. 吳懷冰編著：《外蒙古內幕》，上海經緯書局 1947年。

100. 呂敢編著：《新新疆之建設》，上海時代出版社 1947年。

101. 李洛之、聶湯谷著：《天津的經濟地位》，經濟部駐津辦事處 1948 年。

102. 天津工商業叢刊：《天津市皮毛腸衣業經營的方向》，天津進步日報社 1951 年。

103. 芮喬松著：《祖國的大西北》，北京新知識出版社 1955 年。

104. 章有義編：《中國近代農業史資料》，第三輯，北京三聯書店 1957 年。

105. 余元盦著：《內蒙古歷史概要》，上海人民出版社 1958 年。

106. 中國邊疆歷史語文學會編：《新疆研究》，臺北中國邊疆歷史語文學會 1964 年。

107. 趙爾巽等撰：《清史稿》，卷 120，食貨志，中華書局 1977 年。

108. 〔俄〕尼‧維‧鮑戈亞夫連斯基著，新疆大學外語系俄語教研室翻譯：《長城外的中國西部地區：其今昔狀況及俄國臣民的地位》，北京商務印書館 1980 年。

109. 朱壽朋編：《光緒朝東華錄》，北京中華書局 1982 年。

110. 沈斌華著：《內蒙古經濟發展史簡記》，呼和浩特內蒙古人民出版社 1983 年。

111. 許道夫編：《中國農業生產及貿易統計資料》，上海人民出版社 1983 年。

112. 日本中國駐屯軍司令部編，侯振彤中譯本：《天津志》，天津市地方史志編修委員會總編輯室 1986 年。

113. 劉彥群、劉建甫、胡祖源著：《新疆對外貿易概論》，烏魯木齊新疆人民出版社 1987 年。

114. 王玲著：《北京與周圍城市關係史》，燕山出版社 1988 年。

115. 馬汝珩、馬大正主編：《清代邊疆開發研究》，北京中國社會科學出版社 1990 年。

116. 王應榆著：《伊犁視察記》（1935 年），《中國西北文獻叢書》，總第 139 冊，蘭州古籍書店影印 1990 年。

117. 鄒逸麟著：《千古黃河》，香港中華書局 1990 年。

118. 青海省志編纂委員會編：《青海歷史紀要》，西寧青海人民出版社 1991 年。

119. 袁森坡著：《康雍乾經營開發北疆》，中國社會科學出版社 1991 年。

120. 王戎生主編：《清代的邊疆開發》，重慶西南師範大學出版社 1991 年。

121. 鋼格爾主編：《內蒙古自治區經濟地理》，北京新華出版社 1992 年。

122. 吳弘明編譯：《津海關年報檔案彙編（1865～1911 年）》，天津市檔案館、天津社科院歷史所刊印 1993 年。

123. 天津市政協文史委、西青區政協文史委編：《津西古今采珍》，天津百花文藝出版社 1993 年。

124. 厲聲著：《新疆對蘇（俄）貿易史（1600～1990）》，新疆人民出版社 1993年。

125. 韋勝章主編：《內蒙古公路交通史》，北京人民交通出版社 1993年。

126. 劉建生等著：《山西近代經濟史》，太原山西經濟出版社 1995年。

127. 盧明輝、劉衍坤著：《旅蒙商——17至20世紀中原與蒙古地區的貿易關係》，北京中國商業出版社 1995年。

128. 張正明著：《晉商興衰史》，太原山西人民出版社 1995年。

129. 陳樺著：《清代區域社會經濟研究》，北京中國人民大學出版社 1995年。

130. 殷晴主編：《新疆經濟開發史研究》，新疆人民出版社 1995年。

131. 馬國榮著：《中國新疆民族民俗知識叢書——回族》，新疆美術攝影出版社 1996年。

132. 孫健主編：《北京古代經濟史》，北京燕山出版社 1996年。

133. 寶山區史志委編：《吳淞區志》，上海社會科學院出版社 1996年。

134. 薛宗正主編：《中國新疆古代社會生活史》，新疆人民出版社 1997年。

135. 許檀著：《明清時期山東商品經濟的發展》，北京中國社會科學出版社 1998年。

136. 阿岩烏恩著：《蒙古族經濟發展史》，呼和浩特遠方出版社 1999年。

137. 安介生著：《山西移民史》，山西人民出版社 1999年。

138. 柴彥威著：《城市空間》，北京科學出版社 2000年。

139. 吳承明著：《中國的現代化：市場與社會》，北京三聯書店 2001年。

140. 牛敬忠著：《近代綏遠地區的社會變遷》，呼和浩特內蒙古大學出版社 2001年。

141. 史培軍：《地理環境演變研究的理論與實踐——鄂爾多斯地區晚第四紀以來地理環境演變研究》，北京科學出版社 1991年。

142. 葛劍雄主編，侯楊方著：《中國人口史》第六卷（1910～1953年），上海復旦大學出版社 2001年。

143. 柴彥威等著：《中國城市的時空間結構》，北京大學出版社 2002年。

144. 米鎮波著：《清代中俄恰克圖邊境貿易》，天津南開大學出版社 2003年。

145. 來新夏主編，陳衛民編著：《天津的人口變遷》，天津古籍出版社 2004年。

146. 閆天靈著：《漢族移民與近代內蒙古社會變遷研究》，北京民族出版社 2004年。

147. 米鎮波著：《清代西北邊境地區中俄貿易——從道光朝到宣統朝》，天津社會科學院出版社 2005年。

148. 李全武、曹敏著：《陝西近代工業經濟發展研究》，陝西人民出版社 2005

年。

149. 蘇德畢力格著：《晚清政府對新疆、蒙古和西藏政策研究》，內蒙古人民出版社 2005 年。

150. 謝國楨選編，牛建強等校勘：《明代社會經濟史資料選編》，福州福建人民出版社 2005 年。

151. 〔美〕拉鐵摩爾著，唐曉峰譯：《中國的亞洲內陸邊疆》，南京江蘇人民出版社 2005 年。

152. 劉卓著：《新疆的內地商人研究——以晚清、民國為中心》，復旦大學歷史系博士學位論文，未刊稿 2006 年。

153. 烏日陶克套胡著：《蒙古族游牧經濟及其變遷》，北京中央民族大學出版社 2006 年。

154. 蕭瑞玲、曹永年、趙之恒、于永合著：《明清內蒙古西部地區開發與土地沙化》，北京中華書局 2006 年。

155. 王建革著：《農牧生態與傳統蒙古社會》，濟南山東人民出版社 2006 年。

156. 蔡家藝著：《清代新疆社會經濟史綱》，北京人民出版社 2006 年。

157. 張萍著：《地域環境與市場空間——明清陝西區域市場的歷史地理學研究》，北京商務印書館 2006 年。

158. 吳松弟主編：《中國百年經濟拼圖——港口城市及其腹地與中國現代化》，濟南山東畫報出版社 2006 年。

159. 樊如森著：《天津與北方經濟現代化（1860～1937）》，上海東方出版中心 2007 年。

160. 王衛東著：《融會與構建——1648～1937 年綏遠地區移民與社會變遷研究》，上海華東師範大學出版社 2007 年。

161. 陳慧生、陳超著：《民國新疆史》，新疆人民出版社 2007 年。

162. 鍾銀梅著：《近代甘寧青皮毛貿易與畜牧經濟開發研究》，銀川寧夏人民出版社 2010 年。

163. 郭海成著：《隴海鐵路與近代關中經濟社會變遷》，成都西南交通大學出版社 2011 年。

二、參考論文

1. 劉家璠：《陝西省之棉業情形》，《農商公報》1921 年第 1 期。

2. 劉穆：《最近新疆經濟狀況》，《西北》1929 年第 8 期。

3. 村之：《西北商務衰落之原因及其救濟之方策》，《西北》1929 年第 10 期。

4. 〔日〕大島讓次著，王振勳譯：《天津棉花》，《天津棉鑒》1930 年第 4 期。

5. 楊希堯：《西北經濟概況及開發芻議》，《邊事月刊》，1932 年第 1 期。

6. 石筍：《陝西災後的土地問題和農村新恐慌的展開》，《新創造半月刊》1932 年第 12 期。

7. 閻偉：《陝西實業考察報告書》，《開發西北》1934 年第 1 期。

8. 伊志：《明代「棄套」始末》，《禹貢半月刊》1934 年 2 卷 7 期。

9. 顧（頡）剛：《王同春開發河套記》，《禹貢半月刊》1934 年 2 卷 12 期。

10. 李秀潔：《後套沖積地的自然環境概況》，《禹貢半月刊》1934 年 6 卷 5 期。

11. 蒙思明：《河套農墾水利開發的沿革》，《禹貢半月刊》1934 年 6 卷 5 期。

12. 段繩武：《開發後套的商榷》，《禹貢半月刊》1934 年 6 卷 5 期。

13. 張瑋瑛：《後套兵屯概況》，《禹貢半月刊》1934 年 6 卷 5 期。

14. 汪胡楨：《民船之運輸成本》，《交通雜誌》1935 年第 3 卷第 3 期。

15. 吳兆名：《西北牧畜業概述》，《中國實業染志》1935 年 1 卷 12 期。

16. 陸亭林：《青海省皮毛事業之研究》，《拓荒》1935 年第 3 卷第 1 期。

17. 蕭啓旗：《西北問題研究》，《蘇衡半月刊》，1936 年第 20 期。

18. 葆眞：《陝西棉業概況》，《陝行彙刊》1941 年第 5 期。

19. 王遇春：《陝北羊毛》，《陝行彙刊》1941 年第 5 期。

20. 陳鴻臚：《談甘肅省的內銷貨物》，《甘肅貿易季刊》1942 年創刊號。

21. 宋國荃：《陝西省工業建設之演進》，《陝行彙刊》1943 年第 2 期。

22. 雲章：《抗戰以來之陝西工業概述》，《陝行彙刊》1944 年第 1 期。

23. 屈秉基：《陝西金融業之現狀及其展望》，《陝行彙刊》1944 年第 1 期。

24. 黎小蘇：《西北經濟的透視》，《戰幹半月刊》1943 年第 199、200 期合刊。

25. 王世昌：《甘肅的六大特產》，《甘肅貿易季刊》1943 年第 5～6 期。

26. 袁翰青：《西北五省工業現況》，《甘肅貿易季刊》1943 年第 7 期。

27. 王肇仁：《甘肅藥材產製運銷概況》，《甘肅貿易季刊》，1944 年第 10～11 期。

28. 詹模：《論茶葉與西北茶銷》，《西北通訊》1948 年第 2 卷第 12 期。

29. 胡華：《關於承認和保證蒙古人民共和國的獨立地位》，《人民日報》1950 年 2 月 24 日第 4 版，人民日報圖文數據庫 1950 年 2 月，第 271 條。

30. 譚其驤：《黃河與運河的變遷》，《地理知識》，1955 年第 8～9 期。

31. 王懷遠：《舊中國時期天津的對外貿易》，《北國春秋》1960 年第 1 期。

32. 吳震：《新疆新石器時代文化的初步探討》，《光明日報》1962 年 2 月 18 日第 4 版。

33. 尹子衡等：《解放前原綏遠省甘草和甘草行業的概況》，《內蒙古文史資料》第 2 輯 1962 年。

34. 侯仁之、俞偉超：《烏蘭布和沙漠的考古發現和地理環境的變遷》《考古》1973 年第 2 期。

35. 史念海：《兩千三百年以來鄂爾多斯高原和河套平原農林牧地區的分佈及其變遷》，《北京師範大學學報》1980 年第 6 期。

36. 趙永復：《歷史上毛烏素沙地的變遷問題》，《歷史地理》第 1 輯，上海人民出版社 1981 年。

37. 寶衛華：《我省最早的汽車路——張庫公路早期通車運營簡況》，《河北文資料選輯》第 7 輯 1982 年。

38. 李紹欽：《古代北方各民族在包頭地區的活動》，《包頭文史資料選編》第 4 輯 1983 年。

39. 王鑫崗等：《天津幫經營西大營貿易概述》，《天津文史資料選輯》第 24 輯 1983 年。

40. 孟慶華：《塘沽地區簡史》，《天津文史叢刊》第 2 期 1984 年。

41. 馬廷誥：《包頭交通運輸業梗概》，《包頭文史資料選編》第 5 輯 1984 年。

42. 內蒙古政協文史委：《旅蒙商大盛魁》，《內蒙古文史資料》第 12 輯 1984 年。

43. 任步奎：《解放前的太原商業》，《太原文史資料》第 7 輯 1986 年。

44. 謝玉明：《趕大營的「路單」和「大篷車」》，《西青文史資料選編》第 4 輯 1990 年。

45. 譚其驤：《歷史上的中國和中國歷代疆域》，《中國邊疆史地研究》1991 年第 1 期。

46. 張學厚：《鄭州棉花業的興衰》，《河南文史資料》第 37 輯 1991 年。

47. 董光榮、李森等：《中國沙漠形成演化的初步研究》，《中國沙漠》1991 年第 4 期。

48. 陳秉榮：《話說走西口》，《山西文史資料》第 84 輯 1992 年。

49. 王鴻逵、於煥文、謝玉明合著：《天津商幫「趕大營」始末》，載於天津市政協文史委、西青區政協文史委編《津西古今采珍》，天津百花文藝出版社 1993 年。

50. 鄒逸麟：《明清時期北部農牧過渡帶的推移和氣候寒暖變化》，《復旦學報（哲社）》1995 年第 2 期。

51. 魏麗英：《論近代西北市場的地理格局與商路》，《甘肅社會科學》1996 年第 4 期。

52. 許檀：《清代前期的沿海貿易與天津城市的崛起》，《城市史研究》第 13

～14 輯 1997 年。

53. 孔德祥等：《鹽池半荒漠風沙區土地沙漠化》，《乾旱區資源與環境》1997 年第 3 期。

54. 徐玉圻、頓時春：《蘇聯與新疆三區革命》，《西域研究》1999 年第 3 期。

55. 許檀：《明清時期城鄉市場網路體系的形成及意義》，《中國社會科學》2000 年第 3 期。

56. 童遠忠：《劉錦棠與近代新疆的開發和建設》，《常德師範學院學報（社科版）》2000 年第 6 期。

57. 李士成等：《寧夏土地沙漠化現狀及防治對策》，《寧夏農林科技》，2000 年第 4 期。

58. 王濤、朱震達：《中國北方沙漠化的若干問題》，《第四紀研究》2001 年第 1 期。

59. 成崇德：《論清代前期的西部邊疆開發》，《清史研究》2001 年第 4 期。

60. 諸葛達：《抗日戰爭時期工廠內遷及其對大後方工業的影響》，《復旦學報》（社科）2001 年第 4 期。

61. 黎小龍：《論兩漢王朝西南邊疆開發中的「各以地比」之治理方略》，《西南師範大學學報（社科）》2001 年第 6 期。

62. 侯甬堅：《北魏（AD386～534）鄂爾多斯高原的自然——人文景觀》，《中國沙漠》2001 年第 2 期。

63. 祁美琴：《五十年來的近代新疆開發史研究綜述》，《西域研究》2001 年第 1 期。

64. 張力小、宋豫秦：《青藏高原的隆起對中國沙漠與沙漠化時空格局的影響》，《人口、資源與環境》2001 年第 4 期。

65. 袁澍：《王樹楠與近代新疆開發建設》，《新疆社科論壇》2001 年第 1 期。

66. 樊如森：《天津開埠後的皮毛運銷系統》，《中國歷史地理論叢》2001 年第 1 期。

67. 樊如森：《西北近代經濟外向化中的天津因素》，《復旦學報（哲社）》2001 年第 6 期。

68. 楊天宏：《近代中國自開商埠研究述論》，《四川師範大學學報（社科）》2001 年第 6 期。

69. 閆希娟：《民國時期西安交通運輸狀況初探》，《中國歷史地理論叢》2002 年第 1 期。

70. 樊鏵：《民國時期陝北高原與渭河谷地過渡地帶商業社會初探——陝西同官縣的個案研究》，《中國歷史地理論叢》2003 年第 1 期。

71. 梁四寶：《清代邊疆開發的經濟動因及其影響》，《中國經濟史研究》2003

年第 3 期。

72. 張萍:《黃土高原原梁區商業集鎮的發展及地域結構分析——以清代宜川縣爲例》,《中國歷史地理論叢》2003 年第 3 期。

73. 韓昭慶:《明代毛烏素沙地變遷及其與周邊地區墾殖的關係》,《中國社會科學》2003 年第 5 期。

74. 賈秀慧:《試析近代新疆商業史上的「津幫八大家」》,《新疆地方志》2004年第 3 期。

75. 王建軍、陳釗:《民國時期陝西棉麥良種改進的成就與經驗》,《西北大學學報 (哲社版)》2004 年第 1 期。

76. 黃正林:《近代甘寧青農村市場研究》,《近代史研究》2004 年第 4 期。

77. 瑪麗亞木·阿布來提:《論左宗棠收復新疆》,《新疆地方志》2005 年第 3期。

78. 薛嫻、王濤、吳薇、孫慶偉、趙存玉:《中國北方農牧交錯地區沙漠化發展過程及其成因分析》,《中國沙漠》2005 年第 3 期。

79. 曹國芬:《蘇聯與二區革命前夕新疆邊境地區的社會政治局勢》,《北京科技大學學報 (社科)》2005 年第 2 期。

80. 董朝陽、樊勝岳、鍾方雷、馬永歡:《中國沙漠化過程中人文作用研究進展》,《中國沙漠》2006 年第 4 期。

81. 阿依木古麗·卡吾力:《楊增新主政新疆的經濟政策與近代中國西部開發》,《喀什師範學院學報》2006 年第 1 期。

82. 關毅:《略論盛世才主政時期新疆近代工礦業的發展》,《新疆師範大學(哲社版)》2006 年第 1 期。

83. 樊如森:《天津——近代北方經濟的龍頭》,《中國歷史地理論叢》2006年第 2 期。

84. 樊如森:《民國時期西北地區市場體系的構建》,《中國經濟史研究》2006年第 3 期。

85. 樊如森:《開埠通商與西北畜牧業的外向化》,《雲南大學學報 (社科)》2006 年第 6 期。

86. 齊小娟、楊萍:《內蒙古地區土地沙漠化成因分析及防治措施》,《內蒙古環境科學》2007 年第 1 期。

87. 王曉燕:《論清代官營茶馬貿易的延續及其廢止》,《中國邊疆史地研究》2007 年第 4 期。

88. 樊如森:《陝西抗戰時期經濟發展述評》,《雲南大學學報 (社科)》,2009年第 5 期。

89. 樊如森:《近代北方城鎮格局的變遷》,《城市史研究》第 25 輯,天津社

會科學院出版社 2009 年。

90. 張萍：《從集市結構與商品組合看清代陝西集市發展的地域特徵》，《人文雜誌》2009 年第 2 期。

91. 張萍：《明清陝甘交通道路的新發展與絲綢之路變遷》，《絲綢之路》2009 年第 6 期。

92. 馬合木提・阿布都外力：《新疆「三區革命」研究綜述》，《新疆社會科學》2009 年第 6 期。

93. 樊如森：《內河航運的衰落與環渤海經濟現代化的誤區》，《世界海運》2010 年第 5 期。

94. 李大龍：《試論中國疆域形成和發展的分期與特點》，《中國邊疆史地研究》2011 年第 3 期。

95. 樊如森、楊敬敏：《清代民國西北牧區的商業變革與內地商人》，《歷史地理》第 25 輯，上海人民出版社 2011 年。